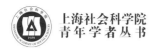

信用评级机构
法律制度的完善研究

陈玲 著

Research into Improvement of
Legal System on Credit Rating Agencies

上海人民出版社

编审委员会

主　编　王德忠

副主编　王玉梅　朱国宏　王　振　干春晖　王玉峰

委　员　（按姓氏笔画排序）

王　健　方松华　朱建江　刘　杰　刘　亮

杜文俊　李宏利　李　骏　沈开艳　沈桂龙

周冯琦　赵蓓文　姚建龙　晏可佳　徐清泉

徐锦江　郭长刚　黄凯锋

总　序

2020年,尽管新冠肺炎疫情对人类生活和经济社会发展造成一系列影响和冲击,但在党中央的坚强领导和全国人民的共同努力之下,中国实现了全球主要经济体唯一的经济正增长,在脱贫攻坚、全面建成小康社会等方面成绩斐然,交出了"一份人民满意、世界瞩目、可以载入史册的答卷"。在此期间,上海社会科学院的广大科研人员在理论研究和社会实践中坚决贯彻落实党中央和上海市委市政府的决策部署,积极发挥自身优势,以人民为中心、以抗疫与发展为重点,与时代同步,"厚文化树信心,用明德引风尚",在理论支撑和智力支持上贡献了积极力量,也取得了一系列重要的学术理论研究和智库研究成果。

在上海社会科学院的科研队伍中,青年科研人员是一支重要的骨干研究力量,面对新时代的新使命、新阶段的新格局、新发展的新情况,上海社科院的青年人以其开放的思想、犀利的眼光、独到的新视角,大胆探索,深入研究社会科学中的前沿问题,取得了一系列突出的成果,也在这生命最美好的时光中谱写出一道道美丽的风景。面对这些辈出的新人和喜人的成果,上海社会科学院每年面向青年科研人员组织和征集高质量书稿,出版"上海社会科学院青年学者丛书",把他们有价值的研究成果推向社会,希翼对我国学术的发展和青年学者的成长有所助益。

我们2021年出版的这套丛书精选了本院青年科研人员的最新代表作,涵盖了经济、社会、生态环境、文学、政治法律、城市治理等方面,反映了上海社会科学院新一代学人创新的能力和不俗的见地,是过去一年以来上海社会科学院最宝贵的财富之一。丛书的出版恰逢中国共产党建党百年的大事、喜事,这是社科青年用自己的"青春硕果"向中国共产党百年华诞献礼!

"青年是生命之晨,是日之黎明",是人类的春天,更是人类的期望,期待在这阳光明媚的春天里上海社科院的青年人才不负韶华,开出更加绚丽的花朵。

上海社会科学院科研处

2021 年 4 月

目　录

导　论

　　信用评级机构通过信用评级活动向投资者提供经过专业处理的信用信息，解决发行人和投资者之间的信息不对称问题，降低投资者的风险补偿要求，减轻发行人的融资成本，也为市场监管部门提供了有效的监管工具，被誉为资本市场的"看门人"。然而，信用评级机构若评级失灵则会误导市场参与者做出错误投资决定，打击市场和投资者信心，甚至引发系统性金融风险，给市场和投资者造成巨大的损失。我国2016年颁布实施的《国民经济和社会发展第十三个五年规划纲要》中指出，要发展信用评级等产业，支持征信、信用评级机构规范发展。信用评级产业的兴起以及信用评级机构的规范发展离不开法律制度的推动、支持和保障。我国于1992年开始在企业债券发行中开展信用评级，为促进和规范信用评级业的发展，中央到地方的各级政府、中国人民银行、中国证券监督管理委员会（以下简称"证监会"）等政府部门相继出台了一些管理办法和行业标准。迄今为止，我国已经形成了信用评级机构法律制度的基本框架，但相关规范法律层级不够、细化度不够，监管冲突和监管空白并存，有些重要问题没有厘清，因此完善信用评级机构的法律制度是摆在我们面前的一道重要课题。

　　本书分为五章。第一章"信用评级机构法律制度完善的逻辑起点"对信用评级机构法律制度所涉及的基本概念进行了界定，从法学立场和权利义务视角对"信用"进行了语义分析和解读，明确了"信用"与"诚信"之间的区别与联系、"征信"与"信用评级"之间的区别与联系，指出了"信用评级"名称的统一问题,区分了信用评级机构的基本功能、延伸功能和衍生功能以及这些功能之间的辩证关系,即信息功能是信用评级机构的本质功能,后续的延伸功能和衍生功能的产生与发展都是基于市场主体和监管者对评级机构信息功能的认可,监管引用属于信用评级机构的衍生功能。对信用评级机构本质和信用评级监管引用的认识是构建和完善信用评级机构法律制度的起点。

第二章"信用评级机构法律制度完善的规范基础"对我国信用评级机构法律制度的发展与现状进行了梳理,将我国信用评级机构的发展分为三个阶段:起始阶段(1992—2005 年)、发展阶段(2006—2011 年)和寻求突破阶段(2012 年至今)。我国信用评级机构法律制度的发展有着自身的特点:在制定主体上,可以概括为"国务院起头—中国人民银行领头—证监会迎头赶上";在规范内容上可以归纳为"评级引用驱动+评级机构业务规范";在制度发展上,可以总结为"与征信法律制度的混同发展到独立发展"。经过近三十年的发展,我国信用评级机构法律制度已经取得了一定的成绩,相关法律法规和规章制度数量不少,对信用评级机构的设立、市场准入和业务许可、业务规范、内部规章制度建设、利益冲突防范和管理、评级结果信息披露、信用评级机构自身及评级行为信息披露、信用评级机构的法律责任、信用评级的监管引用等方面都制定了初步的规范,已经具备了信用评级机构法律制度建设的基本框架,若干方面的立法规定十分前沿,展现了我国立法技术和立法内容的前瞻性和先进性。但我国信用评级机构法律制度仍有需要提高与改进之处。宏观层面,我国对信用评级机构的法律规范并没有完全统一且立法层级较低。微观层面,我国信用评级机构法律规范内容不够具体、细致和完善;主权评级、结构性金融工具等方面缺乏专门的规范;缺乏对信用评级机构民事责任的具体可操作性规定;多头监管模式未变,过度监管和监管不足并存。

第三章"信用评级机构法律制度完善的参考借鉴"对国外信用评级机构

规则和制度的构建与发展进行了梳理,介绍和分析了 2004 年国际证监会组织(以下简称 IOSCO)制定《信用评级机构基本行为准则》的背景及其在 2008 年的修订和在 2015 年的完善与补充;美国全国认可的统计评级组织(以下简称 NRSRO)制度的确立、《2006 年信用评级机构改革法》及其实施细则、2010 年《多德-弗兰克华尔街改革和消费者保护法》,以及后危机时代美国证券交易委员会的规则发展和探索;2009 年《欧盟信用评级机构管理条例》的制定背景和监管思路、2011 年《欧盟信用评级机构管理条例(二)》及第 2011/61 号指令的修订、2013 年《欧盟信用评级管理条例(三)》及第 2013/14 号指令的补充和完善、2014 年第 2014/51 号欧盟指令,以及欧盟委员会授权立法和实施决定的细化和补充。在上述介绍和梳理的基础上,该章总结了国外信用评级机构规则和制度发展的共同之处,即加强监管,单独立法,对信用评级机构从事结构性债务融资工具时予以特别规范,加强对非公开信息的保护,提高监管机构的市场服务和投资者保护能力,以及面对不断的阻力,在博弈中前行;比较分析了其差异所在,包括发展进路差异(他律监管与自律监管)和背后理念差异(声誉资本理论的坚守与否定、信息披露主义与核准主义的取舍、监管许可理论的认同和质疑)以及竞争与垄断的艰难取舍(对自由竞争悖论的不同回应)。这些比较研究为我国信用评级机构法律制度的完善提供了宝贵的经验和参考:我国应根据本国国情修改和完善信用评级机构法律制度,思考声誉机制的定位、信用评级引用制度的取舍、竞争制度的安排和付费模式的选择。

第四章"信用评级机构法律制度完善的宏观思考与微观考察"分析了我国信用评级机构所面临的市场新环境("刚性兑付"时代宣告终结、债券违约数量激增,信用评级机构合规情况不容乐观,信用评级市场进入对外开放实质性阶段),提出我国信用评级机构法律制度完善应当秉承"投资者保护""国家干预与市场自治的平衡""安全优先、兼顾效率"等立法理念,采纳"信用评级法律制度与征信法律制度独立""评级规范法律制度与评级引用法律制度独立""区分结构性债务融资工具与非结构性债务融资工具的法律制度构建"的立法模式,由国务院制定《信用评级机构管理条例》,对信用评级机构予以规范和监管,具体内容包括放宽市场准入、扩大改革开放、鼓励竞争、加强事中事后监管、防范恶意竞争、加强利益冲突防范和管理、强化信用评级机构信息披露、促进信用评级机构内控和合规机制建设、构建结构性债务融资工具的特别制度安排和主权评级的特殊制度安排、改革现行"多头监管"模式、建立单一监管机制、强化对信用评级机构的民事责任追究等。

第五章"结语:《信用评级业管理暂行办法》的文本优化和制度构建"从文本优化和制度构建这两个方面对 2019 年 11 月 26 日中国人民银行、国家发展和改革委员会、财政部、中国证券监督管理委员会联合颁布的《信用评级业管理暂行办法》提出完善建议,为国务院制定出台《信用评级机构管理条例》提供立法建议。该修改意见和立法建议也正是本书的主要观点和创新所在,主要包括以下几点。

(一)名称:建议将《信用评级业管理办法》改为《信用评级机构管理条例》。

(二)层级:建议由国务院制定颁布。

(三)加强监管:建议改革现行"多头监管"模式,建立单一监管机制,确认证券监督管理委员会信用评级机构主管机关的法律地位,由证监会负责信用评级机构的注册登记、业务许可和日常监管;建议建立信用评级机构办公室,建议建立统一信息共享平台;建议加强自律监管,设立信用评级机构行业协会,举行信用评级从业资格考试。

(四)加强利益冲突防范和管理:建议区分"禁止性利益冲突"和"需披露的利益冲突",禁止信用评级机构进行预评级和评级要挟、为被评级对象提供评级咨询服务、为其参与设计的金融产品进行信用评级等。

(五)加强信息披露:建议区分"在信用评级报告中的信息披露内容"和"在证监会统一信息平台上的信息披露内容"。在信用评级报告中增加披露

"被评级对象是否属于创新性金融工具,信用评级机构对此类创新性金融工具的评级是否有经验;现有信息质量情况;初步评定等级,对于评定等级是否征求被评级实体的意见以及信用评级机构是否根据其意见进行了调整;本次信用评级的性质以及信用评级的局限性"等内容。在证监会统一信息平台的信息披露中增加披露"信用评级机构合规情况、信息披露报告、信用评级机构的薪酬安排"等内容。

（六）加强信用评级机构内控和合规机制建设:建议通过赋予信用评级机构董事会质量控制和合规职责、强化独立董事的人数要求和任职期限、要求信用评级机构设立专门的合规人员以及评级方法和评级假设复核人员,来加强信用评级机构内控和合规机制建设。

（七）鼓励小型信用评级机构参与市场竞争:建议以上内控和合规机制规定对小型信用评级机构（全部员工人数不超过 50 名）适当豁免,以减轻小型信用评级机构的合规成本,鼓励其参与市场竞争。

（八）结构性债务融资工具的特殊制度安排:建议对结构性债务融资工具实行双评级制、小型信用评级机构参与评级制、轮换制,并要求其发行人、发起人以及信用评级机构承担额外的信息披露义务。

（九）主权评级的制度构建:建议对主权评级建立日程安排制度和详细说明制度,禁止信用评级机构假借信用评级活动干涉他国经济、劳动和其他相关政策,并赋予我国信用评级机构法律制度的域外效力,使其可以适用于在国外发布我国主权评级和评级展望的国外信用评级机构。

（十）信用评级机构民事责任的制度构建:建议规定"信用评级机构故意或重大过失违反本条例,给投资者带来损失的,应当承担相应的赔偿责任""信用评级机构可以事先与发行人约定其民事责任限额或者在信用评级报告中向投资者做出民事责任限制的声明,但此种民事责任限制必须有充足理由且数额合理"。

第一章
信用评级机构法律制度完善的逻辑起点
——基本概念的界定

第一节　信　用

　　"信用"一词是研究信用评级机构法律制度的起点。随着历史的发展，其在不同时期，在不同领域，从不同角度和不同层面进行解释，具有不同的含义。《辞海》对其的解释为：（1）谓以诚信用人，信任使用；（2）遵守诺言，实践成约，从而取得别人对他的信任；（3）经济学名词，价值运动的特殊形式。①在我国一般语境中，往往采用其上述第二种含义，它既包括笃诚不欺、恪守承诺、有约必践的道德准则，也包括社会对受信者的道德评价，可见，传统意义上的"信用"是一个道德术语。②我国自古以来就十分重视"守诺"和对"信用"的追求。《老子》曰："夫轻诺必寡信"；孔子曾经说过："人而无信，不知其可也。大车无，小车无，其何以行之哉？"诚信是社会对每个人的基本道德要求，是"立人之本"，不讲信用的人寸步难行。有学者指出，信用在道德伦理层面的含义是信用概念发展的出发点和逻辑起点，在这一层次上与

---

① 夏征农：《辞海》，上海辞书出版社 1980 年版，第 247 页。
② 李红玲：《论信用权的若干问题》，载《政治与法律》2006 年第 4 期。

"诚实"属于同一概念。[①]也有学者从道德出发,从伦理角度对信用进行现代意义的解读,指出信用是一种承诺的可期性,是委托方和受托方之间的责任承诺,是有条件的相互信任担保和平等对应的信用责任。[②]

信用使用最广泛的领域还是经济和金融。马克思、恩格斯将其定义为"借贷资本的运动形式,即货币或商品的有条件的让渡这一独特形式的运动"[③]。《经济大辞典》将其定义为"以偿还为条件的价值运动的特殊形式,产生于货币借贷和商品交易的赊销或预付等经济活动中"[④]。《金融大辞典》则将其限定在商品货币经济的范畴,是指发生在不同人、不同团体或国家之间有条件让渡货币或商品的一种经济关系。[⑤]此外,在经济领域,信用还变成了一种市场价值、一种虚拟资本(由信用主体所持有,社会授信而形成的、非实物的资本)。英国学者约翰·穆勒(John Mill)指出,一个人所具有的购买力是由他拥有或者应当付给他的货币以及他具有的全部信用构成的。[⑥]我国经济学者也从规则和契约的角度对信用进行了新的解读,例如李纪建(1998 年)认为,信用是基于交易理性体现契约精神的一种关于各种财产跨期交易活动的制度规则。[⑦]还有学者将其定义为,建立在信任基础上的基于各种财产的当期或跨期交易并维护交易双方利益的制度规则,包括正式的、以书面契约形式表示出来的明确性交易规则,还包括隐藏在书面契约背后的、由整个市场体制约定俗成的隐形契约规则,如对法律制度共同遵守的合法经营规则、平等竞争规则,以及不得损害市场其他当事人受契约保护

① 林浩鼎:《论信用利益的范围与信用权损害赔偿的探讨》,载《齐齐哈尔大学学报》(哲学社会科学版)2019 年第 9 期。
② 万俊人:《信用伦理及其现代解释》,载《孔子研究》2002 年第 5 期。
③ [德]马克思、恩格斯:《马克思恩格斯全集(第 25 卷)》,中共中央马克思恩格斯列宁斯大林著作编译局译,人民出版社 1974 年版,第 390 页。
④ 于光远主编:《经济大辞典》,上海辞书出版社 1992 年版,第 1756 页。
⑤ 郭振乾等主编:《金融大辞典》,四川人民出版社 1992 年版,第 1461 页。
⑥ [英]约翰·穆勒:《政治经济学原理及其在社会哲学上的若干应用》,商务印书馆 1995 年版,转引自范南:《信用理论、制度与实践问题研究》,2004 年东北财经大学博士学位论文,第 49 页。
⑦ 沈杰:《西方发达国家个人诚信制度及其运行机制》,载《社会科学管理与评论》2006 年第 2 期。

的合法利益的原则。①这实际上是一种道德上的诚信发展为有约束力的规则在市场经济领域中的表现,与法律上的诚实信用原则有若干相通之处,但比法律上的诚实信用原则涵盖范围更广。

一、信用的法律演进

在法律上使用"信用"一词,最早可以追溯到罗马法,其对应的拉丁语为 Fides,翻译成中文为诚实、信用、忠实,并由此发展出了 Bonfires(诚实信用)这一法律原则以及 fiduciary 这一法律术语,后者是指具备受托人应有的信任和信用以及受托所需要的谨慎诚实和坦率品格的人。②德国很早就在交易活动的誓约中使用"信用"一词,以确保契约义务的履行。③1900 年《德国民法典》第 242 条规定了诚实信用原则:"债务人有义务依诚实和信用,并参照交易习惯,履行给付",这是"信用"作为法律准则在法律主体主观状态层面的含义,即守信。此外,该法第 824 条还规定了"信用"的第二个层面的法律含义:"违背真相主张或传播适于妨害他人的信用或对他人的生计或前途造成其他不利益的事实的人,即使其虽不明知、但应知不真实,仍应向他人赔偿由此而发生的损害。"④这是信用作为法律上的人格利益或财产利益上的含义。在普通法系国家,信用则与契约紧密地联系在一起。美国《布莱克法律词典》将信用(credit)解释为,企业或个人及时贷得钱款或取得货物的能力或债权人赋予债务人延期支付或承担债务缓期偿还的权利,这是一种授信行为,是某一债权人对债务人偿债能力和信用记录的肯定。⑤英国

---

① 王一兵:《信用资本问题》,2007 年湖南大学博士学位论文,第 22 页。
② Henry Campbell Black, *Black's Law Dictionary* (Abridged Fifth Edition), West Publishing Co., Ltd. 1983, p.321.
③ 徐国栋:《民法基本原则解释》,中国政法大学出版社 1992 年版,第 75 页。
④ 石佳友:《人格权立法的进步与局限:评〈民法典人格权编草案(三审稿)〉》,载《清华法学》2019 年第 5 期。
⑤ Bryan A.Gamer(Editor in Chief), *Black's Law Dictionary* (Sixth Edition), West Publishing Co., Ltd. 1990, p.196.

《牛津法律大辞典》将信用(credit)定义为,在得到货物后并不立即而是允诺在将来付给报酬的做法,一方是否通过信贷与另一方做交易,取决于他对债务人的特点、偿还能力和提供的担保的估计,是否以利息形式征收延期偿付的费用,亦由当事人决定。①

　　信用在我国也经历了从伦理层面和经济层面上升到法律层面的发展。不管是道德伦理层面的信用还是作为经济关系或经济价值的信用都需要社会制度提供普遍法制予以保障,由此发展出诚实信用原则与信用法律制度。诚实信用原则是民商事法律制度中的"帝王条款",许多法律原则例如禁反言原则也都来源于此。诚实信用原则,是道德上的诚实守信得到法律的认可,成为指导法律主体行为的准则。例如《民法通则》第 4 条规定,民事活动应当遵循自愿、公平、等价有偿、诚实信用的原则;《民法总则》第 7 条规定,民事主体从事民事活动,应当遵循诚信原则,秉持诚实,恪守承诺;《合同法》和《担保法》等多部法律中也有类似规定。信用在法律上的另一层含义是指对特定主体客观上进行经济活动的能力以及主观上履行交易合约意愿的社会评价。②这其中又分为两个阶段。第一阶段,信用作为道德的表现形式,反映出他人为对法律主体的可信任性和社会评价,成为法律主体人格的组成部分。此时的社会评价因素虽然同时包含经济能力和道德水平,使得信用兼具财产意义和人格意义,但体现的主要还是人格属性,其与财产的联系并不紧密。随着信用经济的产生和发展,信用评价与财产利益有了直接联系,使得信用本身在具有人格属性的同时具有了财产性,表现为企业或个人如果被评价为具有良好的偿债能力和信誉,就更容易以更低的成本赊购商品、借贷资金或产生潜在的交易机会。③此种法律维度上的"信用"构成了现代意义上信用法律制度产生和发展的基石。

---

① ［英］戴维·沃克主编:《牛津法律大辞典》,光明日报出版社 1989 年版,第 225 页。
② 王利明:《人身权法研究》,中国人民大学出版社 2005 年版,第 540 页。
③ 刘铭卿:《论电子商务信用法律机制之完善》,载《东方法学》2019 年第 2 期。

二、信用的法律特征

从上文对信用含义的解读,我们可以看到信用具有如下法律特征。

(一) 含义的多层次性

信用的含义随着社会的发展不断拓展和深化,在不同的法律语境下呈现不同的含义,主要包括诚实信用原则和社会评价两方面内容。而社会评价层面,根据不同的标准,又可以进行不同的分类。根据信用利益的性质,信用可以被分为人格属性的信用、财产属性的信用以及兼具人格属性和财产属性的信用。有学者将信用在法律层面的理解总结为三个维度:诚实信用原则、人格组成部分和客观评价机制。作为人格组成部分的"信用"属于名誉权范畴,与人格属性的信用是同一含义,是指信用作为道德上人格的重要因素由他人做出主观评价,直接指向人格利益;作为客观评级机制的信用指的是,当信用作为评价机制时,评价本身形成了信用利益,原来表现为主观评价的人格属性无法再完全覆盖客观评价所带来的与其直接联系的财产利益,即征信系统的评价主体不再是社会成员的主观评价,而是征信机构快速动态地通过积累的信用信息对特定人做出的客观评价。[①]笔者并不完全赞同此种划分。首先,人格组成部分意义上的信用与客观评价机制意义上的信用都是社会评价意义上的信用,只不过前者只单纯包括信用的人格属性,而后者则可能同时包括信用的人格属性和财产属性。其次,征信机构做出的评价并不都是客观评价,与人格组成部分的信用的核心区分点不在主观评价和客观评价上。作为人格组成部分的信用评价也应当是客观公正的,否则构成了侵权。再次,对于被评价对象具有人格时,作为人格组成部分的信用仍然包含在客观评价机制中,后者的信用包含人格属性和财产属性。因此,笔者认为可将社会评价意义上的信用作为与诚实信用原则相区

[①] 林浩鼎:《论信用利益的范围与信用权损害赔偿的探讨》,载《齐齐哈尔大学学报》(哲学社会科学版)2019 年第 9 期。

分的概念来理解,并将其细分为人格属性的信用、财产属性的信用以及兼具人格属性和财产属性的信用。

　　根据社会评价的内容不同,可将信用分为对特定主体综合经济能力的评价和对特定主体特殊经济能力的评价。我国民法学界普遍认为,信用是外界对特定主体的经济方面的能力的信赖与评价。①当然,其内部对于经济能力的理解仍有不同意见,有的学者认为,这种经济能力是一种综合能力,包括特定主体的经济状况、生产能力、产品质量、偿付债务能力、履约态度、诚实守信的程度等等;②有的学者则认为,此处的经济能力是一种特殊的经济能力,以债务偿付能力为主要内容,包括资金实力、兑付能力、结算信誉等,但与主体的生产经营能力、服务态度、人事或人际关系等其他经济能力无关。③笔者认为,法学界对经济能力理解的争议正说明了信用在不同法律术语中不同层面上具有不同含义,各个学者只是从不同层面上对信用进行了解读。信用兼具这两种经济能力的内涵。特殊经济能力意义上的信用是信用评级所涉及的信用,例如中国人民银行《信贷市场和银行间债券市场信用评级规范》将信用定义为"以偿还为条件的价值运动的特殊形式,多产生于融资行为和商品交易的赊销或预付之中,如银行信用、商业信用等";而综合经济能力意义上的信用则是征信所涉及的信用之内涵。④

　　总而言之,我国的"信用"包含了多层次的法律含义,这一个中文词语对应了国外的若干法律术语,例如 bona fidies、credit(loan)、credit(worthiness)。信用评级术语中的"信用"一词,只对应 credit(worthiness)的含义。狭义的征信中的"信用"一词对应的是 credit(loan)层面上的含义,失信被执行人名单的"信用"则包含了客观层面的 credit(worthiness)以及主观层面

---

① 李红玲:《论信用权的若干问题》,载《政治与法律》2006 年第 4 期。

② 杨立新:《人身权法论》,中国检察出版社 1996 年版,第 638 页。

③ 吴汉东:《论信用权》,载《法学》2001 年第 1 期。

④ 如第一章第二节所述,信用评级评价的是债务人按照约定如期履行债务的能力和意愿,而不是债务人的价值或经营业绩。

的 bona fidies 含义。①"社会信用体系"中的"信用"则涵盖 bona fidies、credit(loan)、credit(worthiness)等术语的所有含义。这些名词虽然都包含"信用"一词,但他们背后所指代的内涵和所涉及的制度都是有区别的,因此这三个层面的"信用"之间不能互相替代使用。

作为诚实信用(bona fides)原则的信用(为加以区分,以下称为"诚信")与征信(credit[loan])和信用评级(credit[worthiness])所涉及的信用不是同一个概念,必须加以区分。信用强调债务人善意履行其债务,实现债权人的利益期待,强调具有延期性的支付与偿还,不是所有的诚信因素都属于后二者信用的内容。诚信涉及承诺的遵守、善意行事和利益的平衡。而信用应当被局限于与"偿付"相关,涉及偿付意愿和偿付能力这两个方面。对偿付意愿的理解不宜过于宽泛,不宜将很多与偿付无关的内容或因素理解为与信用相关。

但在实践中,一些规范性文件、监管主体、市场主体还是在一定程度上混淆了信用和诚信之间的界限。例如近期引起网上众多讨论的浙江省拟将频繁跳槽纳入个人征信系统事件。员工频繁跳槽固然可以对其进行道德评价,作为公司可以不喜欢频繁跳槽的员工,但这与偿付无关、与信用无关,将其纳入个人征信系统只会导致征信系统的滥用和征信权威性的减损。再比如,上海市将"专业运输单位因主体责任不落实,导致一年内名下营运车辆百车事故达到 30 起及以上的"纳入市公共信用信息服务平台,这在一定程度上也属于信用信息采集的扩大化。

---

① 根据最高人民法院于 2013 年 7 月和 2017 年 3 月先后颁布的《关于公布失信被执行人名单信息的若干规定》和《关于修改〈最高人民法院关于公布失信被执行人名单信息的若干规定〉的决定》,被执行人未履行生效法律文书确定的义务,具有下列情形之一的,人民法院应当将其纳入失信被执行人名单,依法对其进行信用惩戒:(1)有履行能力而拒不履行生效法律文书确定义务;(2)以伪造证据、暴力、威胁等方法妨碍、抗拒执行;(3)以虚假诉讼、虚假仲裁或者以隐匿、转移财产等方法规避执行;(4)违反财产报告制度;(5)违反限制消费令;(6)无正当理由拒不履行执行和解协议。因此,被执行人客观上没有履行债务并不当然构成失信被执行人,只有主观上缺乏诚信意愿的拒不履行、规避履行等相关行为才构成。

（二）信用是社会评价主客观相统一的产物

此处的主客观相统一包括两个层面的含义。第一，信用是债务人主观守信意愿和客观经济履约能力的综合评价，前者是对债务人道德层面的评价，后者是对债务人经济能力的评价。信用评价涵盖了主观意愿和客观能力的评价，具备履约能力不具备履约意愿或具备履约意愿不具备履约能力，其信用等级就低，信用风险就高。

第二，信用是评价主体以客观事实为基础对被评价对象做出的主观评价。信用评价不管是征信还是信用评级都必须以客观事实为基础，尽可能收集全面的信用信息，不带偏见地客观地对其进行加工处理，从而对被评价对象的信用状况或信用风险做出评价。这种评价必须是客观和公正的，如果评价主体恶意降低被评价对象的信用或故意拉高被评级对象的信用，就会侵犯相关主体的信用利益（信用主体）或信用依赖（信用评价的受众）。同时，信用评价不可避免地受评价者信息采集能力、信息处理能力、评价方法等各方面的主观影响，不同评价对象对同一被评价对象做出的信用评价内容及等级可能会有所不同。

也有学者对信用的主观因素和客观因素做出不同的解读，认为信用的主观因素表现为主体的守信意愿和经济能力；而信用的客观因素表现为社会对该主体的评价，而非主体对自己的评价，以及社会对该主体的信赖，即信用是特定主体主观能力和社会客观评价的结合，主体的主观经济能力是社会客观评价的基础和根据，二者有机统一才产生信用。[1]这是学者们对主观和客观的理解上的不同。此处的客观与主观的区分标准为是否与债务主体的意志有关，而前面笔者的论述中，主观与客观的区分标准为是否与评价主体的意志有关。不管主观与客观的区分标准为何，大家对信用是主客观的有机统一这一点是达成共识的。

---

[1]　杨立新、尹艳：《论信用权及其损害的民法救济》，载《法律科学》1995年第4期。

（三）信用的人格属性和财产属性的统一与分离

信用从道德层面上升到经济、法制层面后,随着信用经济的发展,信用也显现了其人格属性和财产属性的统一和分离。信用的人格性表现在信用与人或组织密不可分的关系上。信用是一种独立的人格利益,是一种资格,表明一种特定的法律和社会身份、地位,具备了权利能力的性质。[①]信用的财产性表现在信用具有经济价值。从自然经济时代到货币经济时代再到信用经济时代,信用本身的经济价值被逐步开发,成为一项无形的财产利益。良好的信用可以增加交易机会,减少融资成本,提高盈利能力,因此可以说,信用是一种可以产生经济价值的资源、一种获利工具、一种生产力。[②]当然,信用的财产利益与传统的财产利益相比,有其独特之处。这种财产利益是一种期待利益,并非实际存在的物质利益。[③]信用的财产利益体现在经济活动中,需通过经济活动将其潜在经济利益转换为实际享有的经济利益,它不能脱离经济活动独自存在,信用本身不能用来等价交换。

信用的人格性和财产性的统一表现在两个方面。一方面,对于信用主体而言,影响其信用的既有财产因素也有人格因素。正如有的学者所言,信用的内在因素是主体的经营能力,包括经济状况、生产能力、产品质量、市场占有份额等,其外在因素来自社会因受主体信誉、形象的影响而给予的评价和信赖。[④]另一方面,信用主体的信用也具有人格利益和财产利益。正如有的学者所总结的,在现代法律框架下,信用既包括财产信用,也包括人格信用,前者反映主体的综合经济状况,包括主体的注册资本额、授信额度、业务范围、经营能力等,后者反映主体的道德与作风。[⑤]

信用的人格性和财产性的分离表现在二者的相互独立存在。此种相互

[①] 江平、程合红:《论信用-古罗马法到现代社会》,载《东吴法学》2000 年特刊。
[②] 林鸿:《信用的含义和属性与中国信用制度建设》,载《福建金融》2003 年第 10 期。
[③] 胡大武:《信用权性质论》,载《西南民族大学学报》(人文社科版)2008 年第 10 期。
[④] 吴汉东:《财产的非物质化革命与革命的非物质化财产法》,载《中国社会科学》2003 年第 4 期。
[⑤] 雷兴虎、蔡晔:《论我国的商事信用调节机制》,载《法商研究》2003 年第 5 期。

独立存在也有两种表现形式,一是信用只具有人格性,不具有财产性,比如进入信用经济之前的信用;二是信用只具有财产性,不具有人格性,或者说主要表现为财产性,而人格属性逐渐减弱。信用评级中的产品信用评级正凸显这种趋势,尤其是随着资产证券化的发展,产品设计越复杂,其信用的财产属性越突出,人格属性渐减至无。

(四) 信用的信息化

信用的信息化也包括两层含义。首先,信用的信息化是指信用蕴含在各种信息中,称为信用信息。征信和信用评级的基础都在于对信用信息的收集。只有在充分可靠的信用信息的基础上,才能准确地理解和评价信用。其次,信用的信息化是指对信用的理解和评价的量化,使其成为新的信息。信用评级采用专用符号或简单的文字形式来传达主体或产品的信用风险,通过对信用信息的加工而向社会传递新的信息。此外,信用的信息化还体现在信用信息的可得性上。根据相关法律规定和合同约定,征信机构和信用评级机构可以采集相应的信用信息,其征信信息和信用评级结果按照法律规定和相关合同约定,也可为相关主体所获悉。信用的信息化,促进了信用所蕴含信息的快速和便利传播、识别和运用,提高了市场交易意愿和交易效率,降低了交易成本,有效提升了市场资源配置。

三、信用的法律性质

(一) 权利还是义务?

如上文所述,信用在法律层面具有多种含义。不同含义信用的法律性质不同。信用作诚实信用原则这一含义理解时,它是对法律主体的一种要求,是法律主体应当承担的义务,是道德义务向法律义务的转化,狭义上包括诚实和恪守承诺的义务,广义上包括守法义务、履约义务、先合同义务、公平竞争义务、不侵犯他人合法权益的义务等等。

作为社会评价和信赖意义上的信用是一种权利,这一点已经得到学界共识。但是我国学者对"信用权"是否是一种独立的权利以及信用权的定义和性质还未形成统一的定论。认为信用权不是一种独立的民事权利的理由包括信用权是已经死亡的权利,不必加以规定;信用不属于权利,而是一般的财产利益。①在我国《民法通则》《民法总则》《侵权责任法》已经明确将名誉法益纳入保护范围的情况下,似已没有必要再创设一项信用法益或信用权。②那种试图将各种可能的人格利益都称为权利的做法,其价值仅在于创造了众多权利概念,而这些所谓的权利却几乎没有任何实质内容。③

支持信用权作为一种独立权利的学者则认为,信用权的重要性日益凸显,单独规定更符合实践需要。但学者们在信用权的权利属性上存在不同观点。(1)信用权属于人格权。例如,有学者认为,信用权是维护民事主体社会影响与评价的精神性人格权。④有学者认为,信用权是指民事主体有权获得和维护关于其经济能力和履约意愿的公正的社会评价与相应的社会信赖,并享有和支配此种社会评价和信赖所带来的经济利益,是一种人格权。⑤(2)信用权是介乎人格权和财产权的"混合型权利",具有人格和财产的双重属性。⑥(3)信用权是一种新型无形财产权,是受到法律保护的资信利益。⑦(4)信用是一种新型权利。信用主体普遍性、利益交换的客体凝练及内容要素中义务承担者指向明确且义务正当化理由充分,使信用权构成要素清晰,信用权不属于人格权、债权与知识产权的权利束成员,是一种新型权利。⑧

① 周云涛:《信用权之反思与重构》,载《北方法学》2010 年第 6 期。
② 张继红:《个人信用权保护的司法困境及其解决之道——以个人信用权益纠纷的司法案例(2009—2017)为研究对象》,载《法学论坛》2018 年第 3 期。
③ 韩强:《人格权确认与构造的法律依据》,载《中国法学》2015 年第 3 期。
④ 李双元、温世扬:《比较民法学》,武汉大学出版社 1998 年版,第 148 页。
⑤ 杨立新:《论信用权及其损害的民法救济》,载《法律科学》1995 年第 4 期。
⑥ 谢怀栻:《论民事权利体系》,载《法学研究》1996 年第 2 期;李建革、刘文革:《基于法经济学视角的信用权》,载《东北师大学报》(哲学社会科学版)2016 年第 3 期。
⑦ 吴汉东:《论信用权》,载《法学》2001 年第 1 期。
⑧ 李晓安:《论信用的法权性质与权利归属》,载《法学论坛》2020 年第 2 期。

从以上分歧可以看出,学者们对信用的不同内涵的理解决定了其对信用的法权性质及其权属的理解。由于本书的研究对象为信用评级机构法律制度的完善,因此对信用的法权研究也将局限于"信用评级"中的信用内涵,即偿债能力和偿债意愿,而无意扩大至具有其他法律内涵的信用上。笔者将从信用的法权主体及法权权能进行分析。

(二) 信用的法权主体、法权客体和法权内容

围绕"偿债能力和偿债意愿"这一社会评价,会出现各个维度的主体,包括以下几个主体。其一,信用主体,即被评级对象,负有偿债能力和偿债意愿的主体。它是信用的来源,是信用权益享有者。其法权权能包括(1)信用信息所有权,信用机构收集其信用信息应征得其同意或基于法律的规定。(2)信用使用权,信用主体可以利用评级机构做出的偿债能力和偿债意愿的评价来获取经济利益。(3)信用知情权和异议权,信用主体基于信用评级合同可以在信用评级公布之前获悉其信用等级信息并提出异议;对于主动评级,虽然在被评级对象和信用评级机构之间没有信用评级合同,但信用主体也应当享有信用知情权和异议权,也就是评级机构在向市场发布其偿债能力和偿债意愿前,应当告知被评级对象该信用评级存在的事实以及信用等级,并允许被评级对象提出异议并予以回应。(4)信用增级权,是指信用主体在法律规定的范围内,通过一定的行为或言论提升信用等级的权利。[1](5)信用维护权,是指信用主体维护其信用不受不当或非法侵害的权利。这是一种消极的、第二顺位的权利,当其信用与事实不符时,可以采取救济权,以恢复其信用并弥补其因此遭受的损失。救济手段包括但不限于停止损害、恢复信用及损害赔偿等。当被评级对象为产品时,情况较为复杂,产品并不能成为信用主体,其信用主体变为发行人,但上述有些权利发行人并不享有,例如涉及基础资产池的相关信用信息的所有人并不是发行人而是发

---

[1]　林浩鼎:《论信用利益的范围与信用权损害赔偿的探讨》,载《齐齐哈尔大学学报》(哲学社会科学版)2019 年 9 月。

起人。除此之外,发行人享有其他的信用使用权、信用知情权和异议权、信用增级权和信用维护权等。权利和义务是相对应的。信用主体的义务包括按照法律规定或合同约定向特定征信机构或政府职能部门或信用评级机构提供充分的信用信息或允许其获取这些信息,以及将信用评级相关信息向社会公众或相关主体公开。

虽然此处信用的法权客体可能也会涉及人格属性的某些方面。但根据偿债能力和偿债意愿这一评价的使用目的,从信用的核心利益来看,还是一个解决市场信息不对称的问题,是一个融资成本的问题,所以其人格属性即使有所涉及的话,也是非常弱的,不是此处信用的关注点所在。至于其人格属性所涉及的有关问题,完全可以通过名誉权和姓名权等规范基础予以规范,藉由名誉权、隐私权的适度扩张来弥补若干法律滞后与社会发展之间存在的差距。因此,作为偿债能力和偿债意愿的法权客体更应该被认定为财产利益。

其二,评级主体,即信用评级机构,是对被评级对象的偿债能力和偿债意愿做出评价的机构。它是信用的评价者,是信用级别的制造者。其权能首先包括信用信息的收集、使用、加工、提供和发布。此种信用的评价具有公共产品的性质,应当鼓励主动评级,并在一定程度上保证主动评级者对信用信息的获取和收集;同时,评级主体有信用的发布权,对于委托评级主体为发行人的,其信用的发布是针对社会公众,即便发行人没有合理理由不得阻碍该发布,不希望将此信用情况公布于众不构成合理理由。与其权利相对应,其义务包括按照法律规定对信用信息加以保护,涉及国家秘密、商业秘密或隐私的信息应当予以保密;尊重信用主体的知情权,不管是主动评级还是被动评级,在发布信用信息发布之前,都应告知信用主体,并提供合理的异议期间,以供信息主体对其信用进行反馈,根据其反馈合理修正对其信用的评价;谨慎对信用主体或产品的偿债能力和偿债意愿做出专业的评估,不得故意出具虚假的信用信息或因重大过失出具错误的信用信息,否则应承担相应的法律责任。

其三,信用获悉主体,即需要对信用主体或产品的偿债能力或偿债意愿加以了解的人,包括金融市场参与者、监管者等。信用获取主体具有信用信息的知悉权和信赖利益,可以通过公开渠道、法律规定或合同约定的特定路径查询或知晓信用主体或产品的信用状况及信用信息,以帮助其做出市场决策或实施监管行为。

第二节 信用评级

通说认为,信用评级源于美国,由穆迪公司(Moody's)首创。20 世纪初,美国致力于西部大开发,大肆修建铁路。为募集所需资金,铁路公司发行大量公司债。为满足投资人对这些铁路债券信用风险信息的市场需求,1909 年,穆迪公司出版了《穆迪铁路投资分析手册》,开创性地对当时250 家公司发行的 90 种债券进行了信用评级,以简单的字母和加减号来表示其信用级别,这一举动受到了债券市场的普遍欢迎。此后信用评级进入发展和普及阶段,评级对象的范围也不断扩大,覆盖了工业企业、公共事业企业、非铁路债券、外国政府债券、市政债券、商业票据、结构性债务融资工具等等。

一、术语的统一

信用评级对应英文 credit rating 一词翻译。在我国实务界和理论界还存在其他诸如"资信评级""资信评估"等表达。

目前我国在政策层面用词大多为"信用评级",例如,《国务院关于印发社会信用体系建设规划纲要(2014—2020 年)的通知》指出,"推进并规范信用评级行业发展。培育发展本土评级机构,增强我国评级机构的国际影响力。规范发展信用评级市场,提高信用评级行业的整体公信力。探索创新双评级、再评级制度。鼓励我国评级机构参与国际竞争和制定国际标准,加强与其他国家信用评级机构的协调和合作"。又如,全国人民代表大会发布的《国民经济和社会发展第十二个五年规划纲要》指出,"加快社会信用体系建设,规范发展信用评级机构"。在法律层面使用的术语大多为"资信评级",例如《证券法》第 169 条"资信评级机构从事证券服务业,必须经国务院证券监督管理机构和有关主管部门批准"。

在部门规章、地方性法规和政府规章层面,"资信评级"和"信用评级"两种术语都有所使用。我国证券业包括证监会颁布的信用评级相关法规、中国证券业协会发布的行业规范性文件以及证监会在日常工作中使用的术语主要为"资信评级",例如《公司债券发行与交易管理办法》第 7 条"为公司债券发行提供服务的承销机构、资信评级机构……"《证券市场资信评级业务管理暂行办法》《资信评级机构出具证券公司债券信用评级报告准则》《证券资信评级机构执业行为准则》《证券市场资信评级机构评级业务实施细则》《资信评级机构行政许可工作指南》《资信评级机构行政许可审核工作制度》等;但偶尔也使用"信用评级"一词,例如《公司债券发行与交易管理办法》第 19 条"公开发行公司债券,应当委托具有从事证券业务资格的资信评级机构进行信用评级"。

银行业监管机构在其发布的规范性文件中对"资信评级"和"信用评级"这两个术语予以混用,例如 2011 年《中国银监会关于规范商业银行使用外部信用评级的通知》中第 2 条第一款"商业银行在决定使用外部信用评级机构时,应当对其进行下列内容的尽职调查:……3.拥有足够数量具有资信评级业务经验的评级从业人员……";中国人民银行 1997 年《关于中诚信证券评估有限公司等机构从事企业债券信用评级业务资格的通知》中"为加强企业债券资信评级工作,总行初步确定以下机构的企业债券资信评级资格……。企业债券发行前,必须经人民银行总行认可的企业债券信用评级机构进行信用评级"。但相对而言"信用评级"这一术语被使用的更多,例如《中国人民银行信用评级管理指导意见》《信贷市场和银行间债券市场信用评级规范》,中国银行间市场交易商协会最近几年使用的术语几乎全部为"信用评级"。

保险业也更多使用"信用评级"这一术语,例如中国保险监督管理委员会(以下简称"保监会",现在已和中国银行业监督管理委员会[以下简称"银监会"]合并为中国银行保险监督管理委员会[以下简称"银保监会"])2007年发布的《保险机构债券投资信用评级指引(试行)》。国家发展改革委员会在其规范性文件中几乎全部使用的是"信用评级"这一术语,例如2012年《关于进一步强化企业债券风险防范管理有关问题的通知》第6条"规范信用评级,防止评级虚高"。一些地方性政府规章也使用"信用评级"这一术语,例如2016年石家庄人民政府办公厅发布的《石家庄企业信用评级标准》。

一些评级机构的名称带有"资信评级"或类似提法,例如大公国际资信评估有限责任公司、深圳市资信评估公司、云南资信评估事务所、长城资信评估有限公司、上海远东资信评估公司、辽宁省资信评估公司、福建省资信评级委员会等。有一些机构则采用了含有"信用评级"的名称,例如中诚信国际信用评级有限责任公司等。

我国有学者曾试图对"信用评级""资信评级"做出区分,指出资信评级是一个广义的评级概念,包括对有价证券的评级,还包括对各类公司的评级,以及对主权国家的评级。信用评级则主要是针对有价证券的评级,是狭义的资信评级概念。[①]但也有学者认为,这种区分没有价值和必要,也没有得到其他学者的广泛认可和立法上的支持回应。[②]该学者认为"信用评级"

①　梁雪春等:《企业资信等级的定性定量评估模型研究》,载《东南大学学报(哲学社会科学版)》,2006年第5期。
②　封红梅:《信用评级法律制度研究》,法律出版社2014年版,第33页。

"资信评估"和"资信评级"的用词语境和实质所指并无大异,所以将它们视为同一指代,并倾向于统一使用"信用评级"。

然而,用精确的法律术语对法律概念进行表述,是法律语言最基本的要求,也是法律语言最重要的特点。[1]所以在表述同一指代时,应在法律上统一该名词的使用,这有助于法律制度构建的体系化和专业化,也有助于社会公众对法律的理解。因此,即便认为没有区分"信用评级"和"资信评估"必要的学者也倾向统一使用某一个名词来指代。从上文介绍可以看出,我国在提及机构时用词有"资信评级机构"和"信用评级机构",证券业相对比较固定,几乎都为"资信评级机构",而在其他行业内则更多地称呼其为"信用评级机构";在提及业务时,"资信评级"和"信用评级"都有所使用,相对使用"信用评级"更多一些;在提及评估内容或行为时,使用的都是"信用评级"这一术语。而从时间和发展趋势来看,近年似乎对"信用评级"的使用占据上风。2016年中国人民银行会同发展改革委、证监会起草的《信用评级业管理暂行办法(征求意见稿)》也统一采用了"信用评级"这一术语。因此,为了法律术语的统一和公众理解的便利,建议在相关法律法规中统一使用"信用评级"这一术语,拒绝"资信评级"和"信用评级"的混用。资信可作为更广义的概念,包含范围更广的所有涉及诚实信用方面的因素,而信用评级则局限于与偿付意愿和能力相关的内容。

二、概念的界定

IOSCO《信用评级机构基本行为准则》将信用评级定义为"以事先确定和定义的等级制度来表示的对某一实体或债务如期偿还债务的可能性的评估"[2];美

---

[1] 李克兴:《论英文法律文本中古旧词的使用原则》,载《中国翻译》2010年第4期。

[2] The Board of the International Organization of Securities Commissions, Code of Conduct Fundamentals for Credit Rating Agencies, https://www.iosco.org/library/pubdocs/pdf/IOSCOPD482.pdf, visited on May 5, 2018.

国《信用评级机构改革法案》将信用评级定义为"对一个实体作为债务人、或者关于特定证券或金融市场工具如期偿还债务的可能性的评估"[①]；欧盟《信用评级机构监管规则》将其定义为"以事先确定的和定义的评级类别的等级制度来表示的就某一实体、债务、金融负债、债务证券、优先股或其他金融工具或上述金融工具的发行人到期偿还债务可能性的意见"[②]；中国人民银行2006年发布的第一部信用评级行业标准《信贷市场和银行间债券市场信用评级规范》将信用评级定义为"由独立的信用评级机构对影响评级对象的诸多信用风险因素进行分析研究，就其偿还债务的能力及其偿债意愿进行综合评价，并且用简单明了的符号表示出来"。我国证监会从评级对象的角度，对评级业务进行了定义。"本条例所称证券评级业务，是指对下列评级对象开展资信评级服务：(1)中国证监会依法核准发行的债券、资产支持证券以及其他固定收益或者债务型结构性融资证券；(2)在证券交易所上市交易的债券、资产支持证券以及其他固定收益或者债务型结构性融资证券，国债除外；(3)本款第(1)项和第(2)项规定的证券的发行人、上市公司、非上市公众公司、证券公司、证券投资基金管理公司；(4)中国证监会规定的其他评级对象。"[③]

　　实务界，各信用评级公司几乎都对信用评级这一概念作了解释和说明。穆迪公司将信用评级表述为"穆迪在当下时间对有关实体、信用负担、债务或债务证券的未来信用风险(到期无法偿还其债务以及违约事件出现时产生财务损失的风险)的意见"[④]；标准普尔将其定义为"对信用风险的前瞻性

---

① Credit Rating Agency Reform Act of 2006, section 3(a)(60), https://www.govtrack.us/congress/bills/109/s3850, visited on May 3, 2018.

② Regulation(EC) No 1060/2009 of the European Parliament and of the Council of 16 September 2009 on credit rating agencies, (a) of 1 of article 3, https://eur-lex.europa.eu/legal-content/EN/TXT/?uri=CELEX:02009R1060-20150621, visited on May 3, 2018.

③ 《证券市场资信评级机构评级业务实施细则(试行)》第2条第2款。

④ 《穆迪投资者服务公司在监管格局变化下的展望》，http://moodys.com/researchdocument/contentpage.aspx?docid=PBC_135623，2015年3月1日访问。

意见,即对债务发行人到期全部履行债务的能力和意愿的意见,反映的是特定债务的信用质量及其违约的相对可能性"①;惠誉国际信用评级有限公司将其定义为"对被评级对象履行财务承诺的相对能力所发布的意见,是信用风险的排序结果"②。中诚信国际信用评级有限公司认为,信用评级反映的是发债主体按时偿本付息的能力和意愿,以及各类债务如约还本付息的可能性或预期损失。信用评级用简单的符号向投资者提示风险程度。③联合信用评级有限公司认为,信用评级就是通过对影响评级对象的诸多信用风险因素进行分析研究,就其偿还债务的能力及其偿债意愿进行综合评价,给出关于评级对象信用风险的意见,并用简单明了的符号将评级结果表示出来。④

学理上,学者们也从各个角度提出了各自的观点,总体而言对信用评级的界定尚未完全达成共识,各种定义的区别主要体现在以下几个方面。

第一,各种定义在主体认识上有所不同。有的学者认为信用评级的主体专指第三方信用评级机构;⑤有的学者则认为信用评级的精要在于对信用风险的评估,其定义应当与信用评级机构的定义区别开来,对信用风险做出专业评估的除了独立的信用评级机构以外还包括商业银行、机构投资者等内部评级部门。⑥实务中,也有将内部机构列入信用评级主体的事例,例如,我国 2007 年颁布的《保险机构债券投资信用评级指引(试行)》中规定的

---

① Standard & Poor's Ratings Definitions & FAQs, http://www.standardandpoors.com/ratings/definitions-and-faqs/en/ap, visited on Mar.1, 2015.

② Fitch Ratings, Definitions of Ratings, https://www.fitchratings.com/site/definitions/, visited on March 1, 2015.

③ 中诚信国际:《评级定义》, http://www.ccxi.com.cn/cn/Init/baseFile/1005, 2018 年 8 月 1 日访问。

④ 联合信用评级有限公司:《信用等级划分及定义》, https://wenku.baidu.com/view/9b2ae46602768e9951e73839.html, 2018 年 8 月 1 日访问。

⑤ 寇勇、李晓珊、陈斌:《信用评级理论与实践》,中国工商出版社 2007 年版,第 9 页;袁敏:《资信评级的功能检验与质量控制研究》,上海立信会计出版社 2007 年版,第 6 页,等等。

⑥ 聂飞舟:《信用评级机构法律监管研究——美国法的考察和中国借鉴》,2011 年华东政法大学博士学位论文。

信用评级就是指内部信用评级,其主体为保险机构内设部门。

　　笔者认为,信用评级的本质在于通过信用风险的评估以解决市场信息的不对称问题,其市场重要性和监管特许性也都来源于此,因此,信用评级的主体应局限于独立的、专业的第三方信用评级机构。内部评级是金融机构(主要是商业银行和贷款公司)自己按照内部的标准和收集到的信息对客户或债项进行的信用评估,不应纳入我们这里讨论的信用评级。①按照前文对资信评级和信用评级的区分,内部评级属于资信评级的一种,是一种管理活动,是金融机构用来控制信贷风险和资产风险的管理手段。而信用评级是社会分工细化后,区别于投融资双方的独立主体所提供的一种金融中介活动。

　　这种理解与我国信用评级机构的发展历程以及未来发展趋势也是相符的。1987 年,我国成立第一家信用评级机构——吉林省资信评估公司,之后各省市也紧跟着成立了信用评级机构,但它们的信用评级机构大多为中国人民银行各地分行设立的下属公司。1989 年,中国人民银行撤销了其各地分行和各专业银行下属的所有信用评级机构,业务转由信誉评级委员会接管,沈阳、武汉等地先后设立了相应的信誉评级委员会。1992 年我国第一家银行体系外的信用评级机构——上海新世纪资信评估投资服务有限公司成立,其后中国诚信证券评估有限公司、大公国际资信评估有限公司、联合资信评估有限公司、东方金诚国际信用评估有限公司等信用评级机构相继成立。换而言之,我国信用评级机构的发展经历了内部机构的设立、清理再到外部机构的设立的过程,因此,真正意义上的信用评级主体不应包括金融机构的内设部门,而应仅指独立的、专业的第三方机构。2016 年我国中国人民银行会同发展改革委员会、证监会起草的《信用评级业管理暂行办法(征求意见稿)》将信用评级定义为"信用评级机构对影响经济主体或者债务

---

① 2004 年修订的《巴塞尔资本协议》推出了内部评级法,允许信用风险和市场风险的内部评级,以内部评级代替风险加权。

融资工具的信用风险因素进行分析,就其偿债能力和偿债意愿做出综合评价,并通过预先定义的信用等级符号进行表示",也采纳了狭义的主体说。

第二,各种定义在客体理解上有所不同。有的学者认为,信用评级的客体是债券;[1]有的学者认为信用评级的客体为信贷企业;但更多的学者或者说通说认为,信用评级的客体是各类经济主体和融资工具。根据这一广义客体论,信用评级可以分为主权信用评级、主体信用评级和产品信用评级。(1)主权信用评级是信用评级机构对一个主权国家中央政府及其中央银行对国家外债的偿还能力及意愿的评估,体现了评级机构对该国整体经济信用水平的看法,也同时反映了该国整体公共事业、企业商业以及个人对其债务的偿还能力和信用程度。[2]所以,国家主权评级不但会给国际市场本身带来冲击,还会对该国的债务人的评级产生影响。[3]决定主权信用评级级别的因素主要包括:政治结构、政治体制、政治生态等政治因素;经济结构、经济资源、收入分配、储蓄率等经济因素;货币政策、预算编制、通货膨胀、国际收支状况等财政因素;债务负担、偿债记录、外汇储备、借贷能力等外债及外部流动性因素。(2)企业信用评级,具体又可分为两类:非金融机构信用评级和金融机构信用评级。前者是对所有不属于金融机构的各类公司、企业和集团(包括贸易、交通、建筑与工程、房地产开发与管理、机械、电子电器设备、制药、水务、化工、旅游等行业)的信用评级;后者是对各类金融机构(包括商业银行、证券公司、基金公司、保险公司、贷款公司、担保公司、信托公司、投资公司等)的信用评级。(3)产品信用评级是指对各种融资债务工具进行信用评级,其对象较为广泛和多样化,包括长期债务工具和短期债务工具。目前我国信用债主要包括企业债、一般公司债、私募公司债、短期融资

---

① 梁雪春等:《企业资信等级的定性定量评估模型研究》,载《东南大学学报(哲学社会科学版)》,2006年第5期。
② 叶伟春主编:《信用评级理论与实务》,格致出版社、上海人民出版社2011年版,第18页。
③ 赵国君:《从次贷危机看信用评级机构的道德风险及其改革》,载《经济论坛》2011年第2期。

券、中期票据、超短期融资券、非公开定向债务融资工具(PPN)、交易商协会发布的资产支持票据(ABN)、银监会主管的资产抵押债券(ABS)、证监会主管的资产抵押债券(ABS)等等。

第三,内容。学者们对信用评级所评价内容的措词详略有别。有的使用"将来一段时间内偿债意愿及能力"[①],有的使用"如约还本付息的能力和可信任程度"[②],有的将其表述为"履行承诺的能力、可能出现的各种风险"[③],有的将其概括为"信用风险"等。笔者认为,虽然这些表述各不相同,但其内涵都是一致的,都是针对债务人的信用因素进行分析,从偿债意愿和偿债能力的角度,得出债务人到期偿付债务的可能性,并以事先设定的等级符号表示出来,只不过有的定义强调了具体衡量指标,有的定义强调了结果的展示。信用评级是对信用风险因素的评价,并通过简明易懂的符号予以表达。《信用评级业管理暂行办法(征求意见稿)》认为信用评级是"信用评级机构对影响经济主体或者债务融资工具的信用风险因素进行分析,就其偿债能力和偿债意愿做出综合评价,并通过预先定义的信用等级符号进行表示",这是比较全面的定义。

而这一定义也将信用评级与征信活动区分开来了。首先,从对象上看,信用评级针对的是信用风险,而征信针对的是信用本身。正如第一节所言,"信用"意味着"借"与"还"的时滞性,意味着债务延期履行的时间间隔,时间间隔则意味着不确定性,不确定性中则必然包含着一定程度的风险,这就是信用风险。它又被称为违约风险,是金融风险的主要类型之一,指交易对手未能履行合同约定的义务而造成经济损失的风险,亦即受信人不能按期还本付息而使授信人的实际收益偏离预期收益的可能性。在借贷活动中,信

---

① 刘晓剑:《中国信用评级行业监管研究》,2012 年湖南大学博士学位论文;袁敏:《资信评级的功能检验与质量控制研究》,立信会计出版社 2007 年版,第 8 页,等等。

② 李振宇、陈东明等编著:《资信评级原理(修订版)》,中国方正出版社 2003 年版,第 8 页。

③ 寇勇、李晓珊、陈斌:《信用评级理论与实践》,中国工商出版社 2007 年版,第 9 页。

用风险是借款人因各种原因未能及时、足额地偿还债务或银行贷款而违约的可能性。[①]信用风险涉及两个方面：一是债务人的履约意愿，即债务人在约定的期限内主动付款或还款的主观意愿；二是债务人的履约能力，即债务人在约定的期限内实际付款或还款的客观能力。[②]信用风险是投资者做出投资决策的重要依据之一，也是监管者评估市场主体资本充足和稳健经营的重要因素之一。信用风险的准确评估对资本市场的健康发展具有十分重要的意义。

信用评级评价的是信用风险，而不是信用本身（征信报告针对的是信用本身）。信用本身的含义和涵盖范围要大得多，二者评价的标准虽然有重叠之处，但不尽相同。信用风险评价的对象虽然也包括债务主体的主观还款意愿，但最重要的还是预估债务到期时债务主体客观上是否偿还债务；以信用为对象的报告，虽然也包括债务主体客观上的债务偿还能力，但更重要的是债务主体主观上的还款意愿是否可以实现。信用风险的时间阶段性更强，而信用的时间跨度更大。我们可以以一个生动的例子来做一个通俗的比喻：A借了B一笔钱，约定2020年1月1日归还，但由于资金周转的原因，1月1日没有能力归还，A破产，法律程序上说，A可以不再归还欠款，但A坚持欠钱还钱，于是在1年后重新获得了资金能力的情况下，归还了B的欠款并支付了相应的利息。此时，对信用风险的评价和对信用的评价，可能就是两个不完全一致的答案，即信用风险的评价为负，而信用评价则为正。概而言之，信用风险更注重对主观意思支配下的客观行为的预测，信用则更注重客观行为表现出来的主观状态。所以，信用风险评级不仅包括主体评级还包括产品评级，而征信则主要是主体评级。

其次，征信的目的，在于为判断个人或企业未来是否会按期履行合同义

[①] 陈勇阳主编：《信用评估——理论与实务》，清华大学出版社、北京交通大学出版社2011年版，第4页。

[②] 吴弘：《诚信价值观融入信用立法研究》，载《东方法学》2018年第1期。

务的可能性提供依据,为经济活动主体提供信用信息服务。这一服务不等于信用评级。征信活动包括按一定规则合法采集企业、个人的信用信息,并整理、保存、加工和提供信用信息。征信和信用评级是两类不同的信用信息服务活动。征信的英文可以翻译为 credit investigation 或 credit checking,其本质是一种信用调查活动,通过采集和加工整理信用信息,形成信用报告等征信产品,供信息需求者使用。

再次,征信报告一般不宜公开,只局限于当事人之间使用,供报告使用人决策参考。信用评级的英文翻译为 credit rating,强调在信息收集、整理、保存和加工的基础上,运用自己的专业知识和技能(评级模型),确定信用风险等级。信用评级报告主要面向广大投资者公开发布,为公众决策提供参考。征信报告的重点在于收集和分析企业或个人的以往信用状况和信息;而信用评级报告的重点则偏向于对未来的预测与判断。在信息的客观性上,征信报告更注重客观信息的呈现;而信用评级报告更注重信用评级专业人员对信用风险等级做出的主观判断。在表现形式上,征信报告注重信息的提供;信用评级报告在信息的基础上以特定的评级符号简明扼要地揭示信用风险。

如果从广义上理解征信活动,那么可以说信用评级是征信活动的高阶行为,是建立在征信活动基础上对数据的深度加工,以获取更有价值的信息。有观点提到,征信和评级密不可分,征信形成信用数据,信用评级则将信用数据应用于数学模型,去构建风险等级。[1]但现行法律法规似乎回避了征信与信用评级的关系这一问题。我国 2013 年颁布的《征信业管理条例》没有针对信用评级做出任何规定,全文找不到有关信用评级的表述。在《征信业管理条例》第一次征求意见稿中有一句话"信用评级法律制度由国务院

---

[1]　方圆资信:《征信机构和信用评级机构有区别吗?》,http://www.360kuai.com/pc/99ed9f7a
43258dbe1?cota=4&kuai_so=1&tj_url=so_rec&sign=360_57c3bbd1&refer_scene=so_1,
2018 年 10 月 5 日访问。

另行规定",但这句话在其后的正式稿中被删掉。要构建和完善信用评级机构法律制度,必须首先对信用评级的法律概念和特征进行明晰。笔者认为,信用评级法律制度应当独立于征信法律制度,与征信法律制度并列,这是信用评级的功能特征和法律属性所决定的。我国 2016 年颁布实施的《国民经济和社会发展第十三个五年规划纲要》指出,要发展信用评级等产业,支持征信、信用评级机构规范发展。可见,信用评级机构是与征信机构并列的一个概念。

综上,结合《信用评级业管理暂行办法(征求意见稿)》对信用评级的立法定义,我们可以从学术上将信用评级定义为"独立的信用评级机构对影响经济主体或者债务融资工具的信用风险因素进行分析,就其偿债能力和偿债意愿做出综合评价,并通过简明的信用等级符号予以揭示的一种金融中介服务活动"。

三、内涵的把握

首先,信用评级是一种主观评价。信用评级不是对被评级对象的信用状况和信用风险的客观反映,而是一种主观评价。针对同一被评级对象,不同的评级机构收集的信用信息、使用的评级方法、采纳的评级模型都可能有所不同,给出的信用评级结果也可能不同。信用评级机构对此的表述是"信用评级无法对信用质量或未来信用风险提供保证"[1]。

其次,信用评级是对未来的预测。信用评级是预测被评级对象在未来债务到期时还本付息的可能性,是一种前瞻性判断。信用评级根据"未来"所代表的时间长短,可以分为长期信用评级和短期信用评级。虽然信用评级是基于被评级对象的历史信息和当前信息,但评估的却是未来状况。这就使得信用评级与资产评估和会计审计的业务内容有着本质的不同。资产

---

[1] 《标准普尔信用评级基础指南(1.2 版)》,http://www2.standardandpoors.com/spf/pdf/fixedin-come/GuideToCreditRatingEssentials_CN.pdf,2014 年 9 月 10 日访问。

评估是对资产在产权让渡时的现金价值进行评定,而会计审计关注企业过去、现在的财务活动和会计核算是否符合会计准则和有关审计制度的要求。①正因为信用评级是对未来的预测,所以信用评级是动态变化的。有的评级机构的信用评级语言包括信用等级、评级展望(对未来大约 12—18 个月信用趋势做出的标示)、信用观察名单(反映未来可能级别的修正情况)。评级机构在做出信用评级之后,要跟踪评级,根据实际情况及时对被评级对象的信用风险做出调整。但需要认识到的是,信用评级是对被评级对象长远的、结构性的信用展望,既是对被评级对象当前信用状况准确性的判断,又是对被评级对象稳定性的预测,但更侧重于对被评级对象长期风险的判断。这使得它有别于市场上的其他信息,因为它反映的是市场即刻的变化情况。②

再次,信用评级是对信用风险的等级评估。第一,信用评级仅揭示被评级对象的信用风险,不反映价格波动风险、利率风险、通货膨胀风险、外汇风险等等,也不表示债务工具收益率高低或流动性强弱。惠誉公司在有关于信用评级的定义中指出:"信用评级并不直接解决信用风险之外的风险。特别是,信用评级并不处理因为利率变化……以及其他市场因素导致市场价值损失的风险"③。穆迪公司也一再强调,信用评级并不针对其他风险,例如流动性风险、市场价值风险等等。第二,信用评级评估的是债务人到期依约履行其债务的意愿和能力,而不是债务人本身的商业价值或经营业绩。第三,信用评级不是投资意见,不涉及推荐或劝阻投资者是否做出某项投资决策。穆迪公司在定义信用评级时特别说明,它对相对未来信用风险的意见并不构成投资或财务建议,也不是对某一证券的持有、购买和抛售的推荐

① 石新武:《资信评估的理论和方法》,经济管理出版社 2002 年版,第 3—4 页。

② Jeffrey Manns, "Rating Risk after the Subprime Mortgage Crisis: A User Fee Approach for Rating Agency Accountability," *North Carolina Law Review*, Vol.87, 2009.

③ Fitch Ratings, Definitions of Ratings, https://www.fitchratings.com/site/definitions/, visited on March 1, 2015.

意见。

以上三点,大家都存有共识,但对信用风险等级的高低是否代表违约率的高低的理解却不一致。信用评级机构对其评级类别的定义一般都清晰地表明,任何一个评级类别并不能反映量化的预计违约概率。同时,信用评级机构强调,信用评级是信用风险的排序结果,低等级评级的债务工具或债务人发生违约的概率或频率要高于高等级评级的债务工具或债务人,但信用评级不是对违约或损失频率的预测,因为违约的损失和整体情况上的违约率以及与评级等级对应的损失并不是单纯地由评级结果决定的,而是在某种程度上由经济周期决定。当然,相对性的序数评价这一提法并不能引起投资者的注意,不具有"市场价值",所以评级机构在宣传时还是会从绝对表现入手,断言高等级评级的债务工具很少违约。换而言之,评级机构一方面高调宣传评级越高违约率越低,一方面又强调评级结果的次序性而非基数性,任何一项给定的评级并不反映违约的具体概率或预期损失的大小。笔者认为,所谓信用风险,就是债务人到期不能偿还债务的可能性;信用风险的等级高低应该要反映出债务人违约可能性的大小,信用评级机构所谓的"相对性"或"序数"的说明和强调与评级机构一直以来不受监管无须承担责任的状态有关,是为了逃避责任而做出的"免责声明"或"托词",是一种概念上的偷换。因为在违约可能性的大小或违约率的高低中所使用的"大小""高低"等词本身就是相对概念和相对风险,并不是一种绝对值。违约率的高低并不保证一定违约或一定不违约,也就是说,概率的绝对值与其他数字的绝对值有本质的区别。对于概率事件,在未验证前有概率高低之分,但发生时就是百分之百和零的区别。至于经济周期影响整体的违约率和违约水平,在同一经济周期内,高等级和低等级债务工具受到的影响是一样的。在不同经济周期内的债务工具的违约率我们通常不会放在一起比较,或者说比较时我们也会考虑经济周期的影响。所以既然存在相对意义上或序数意义上的高等级债务工具比低等级债务工具违约概率低,评级机构在宣传时也断言,高等级评级的债务工具或债务人很少违约,那么从投资者的角度去理解,信用风险等级的高低与违约率的高低相关则是顺理成章的。当然,违约率的高低本身的相对性就决定了它们的比较必须在同一序列内,也就是说,同一类别的债务工具才有彼此相比较的可能。此外,还必须再次强调的一点是,违约率的高低仍然是一种概率事件,违约率高的债务工具不代表一定不会违约,违约率低的债务工具不代表一定会违约。因此,公众不能以某一评级高的债务工具的实际违约或某一评级低的债务工具的实际未违约来武断判定评级机构评级错误,信用评级机构也不能以"信用评级结果不等于违约率的预测"来逃避对信用评级结果可靠性的评估。

正因为信用评级具有上述专业性、主观性和相对性特点,所以当市场在期待和寻求信用评级机构提供更高效的信用信息传达、更准确的信用风险评估时,法律规范不应也不能僵硬地去对评级结果和专业的评级行为本身提出要求。我们构建法律制度的重点应放在信用评级机构上,通过规范信用评级机构本身,来达到追求更高效更符合市场需求的信用评级的目的。欧美国家的法律制度演变也证实了这一点,美国 2006 年颁布了《信用评级机构改革法》,欧盟 2009 年颁布了《信用评级机构管理条例》。另外,国际证监会组织 2004 年颁布《信用评级机构行为准则》,并成立国际证监会组织信用评级机构委员会,其出发点和着力点也是放在信用评级机构上。因此,建议我国信用评级法律制度的构建也围绕信用评级机构展开,将《信用评级业管理暂行办法》的名称改为《信用评级机构管理条例》。

第三节　信用评级机构

信用评级机构,从文义上理解,就是从事信用评级业务的专业机构,但具体如何对其概念进行界定,目前存在多种角度。有学者从评级机构性质的角度进行描述,例如"将债券能否按合同还本付息的相对可靠性程度,用简单的符号提供给投资者的情报机构"①"评估债务和类似债务的证券的发行人的信用价值的私有的、营利性公司"②"依法设立的从事信用评级业务的社会中介机构"③;有学者从评级启动程序的角度进行界定,例如"应相关利益方的要求,提供有关评级对象的信息并给予相应评级的机构";有学者从评级机构的业务和运营角度进行定义,例如美国《信用评级机构改革法》规定,信用评级机构是指符合以下条件的任何主体:(1)免费或者收取合理费用通过互联网或者其他便利的方式发布信用评级,但商业征信报告公司除外;(2)采用定量模式或定性模式或综合采用定量和定性模式以确定信用等级;(3)向发行人、投资人或其他市场参与人分别或组合型收取费用。④

虽然对于信用评级机构在法律上如何定义,目前尚没有统一的定论,但在前文已经清楚界定信用评级的基础上,将信用评级机构简单定义为"从事信用评级活动的专业机构"已足够满足概念上的要求。但是,要全面掌握和理解信用评级机构就必须对其特征、功能和法律地位进行进一步的阐释。

一、信用评级机构的特征

(一)商业性

信用评级机构自诞生之日起就采用商业性公司形式经营,⑤充满着浓厚的商业气息。20 世纪 70 年代之前,信用评级机构主要通过向有需求的投资者出售评级报告获取收入(订购人付费模式,又称为投资者付费模式)。

① 吴晶妹主编:《资信评级》,中国审计出版社 2001 版,第 61 页。
② Richard Cantor & Frank Packer, "the Credit Rating Industry," *Journal of Fixed Income*, Vol.5;3, 1995, p.3.
③ 《信贷市场和银行间债券市场信用评级规范》(中华人民共和国金融行业标准 JR/T0030.1—2006)第 2.4 条。
④ Credit Rating Agency Reform Act 2006, SEC.3.
⑤ 聂飞舟:《信用评级机构法律监管研究——美国法的考察和中国借鉴》。

随着市场特别是债券发行人对信用评级的需求增大,发行人付费模式(发行人向信用评级机构支付信用评级费用),逐渐取代了投资者付费成为主流商业收费模式。①从法律主体资格上看,全球范围内的信用评级机构普遍是具有独立商事法人主体资格的营利机构。中国人民银行颁布的《信用评级管理指导意见》规定,信用评级机构必须向其提交企业法人营业执照和公司章程;证监会颁布的《资信评级业务管理暂行办法》规定,申请证券评级业务许可的资信评级机构向其提交企业法人营业执照和公司章程。其他监管部门发布的相关规范也有类似规定,由此可见,我国信用评级机构是公司法所规定的商事主体。

信用评级机构具有商业性,它们通过提供信用评级服务获取利润,并尽可能追求利润最大化,这无疑会为信用评级机构带来道德风险,例如发行人付费模式下的利益冲突。在研究如何克服信用评级过程中可能存在的利益冲突等问题时,有学者提出由国家或政府组建公益性信用评级机构,为投资者提供真实可靠的信用信息和评级信息,新加坡以科研项目资助的形式组建课题组对市场经济主体和各类债务工具进行评级,免费向公众提供。但笔者认为,这些都是辅助性或临时性措施,不能动摇信用评级机构商业性的本质。信用评级机构的诞生是基于市场的信息需求,其收费方式的转变也是市场发展的必然结果。从经济理性角度,只有商业化运作,只有盈利,才能有足够数量的信用评级机构和从业人员长时间活跃于市场。对比债务市场规模,其他模式不具有经济可持续性,不能胜任这一市场角色。此外,从市场自律的角度,信用评级机构作为市场信息的传导者,属于整个资本市场的一部分,进行商业化运作也是市场自律的一部分。当然,市场自律并不排斥政府干预,因此信用评级机构在商业化运作、追求利润最大化的同时,也需要遵守相应法律法规,接受政府监管。

---

① Richard Cantor and Frank Packer, "the Credit Rating Industry," p.4.

（二）专业性

信用评级虽然是对被评级对象（债务主体或债务工具）未来发生违约的可能性或违约后可否继续进行债务偿还的可能性的风险预测，但这种预测是经过众多专业评级人员对历史和当前信息进行收集、加工、分析、整合之后得出的结果，具有高度的专业性，因此才能有效解决市场信息不对称的问题。信用评级机构拥有内容丰富、准确、不断更新的大量信用信息，通过专业的评级方法和评级模型，按照完善的评级程序和制度，由致力于对信用风险进行长期研究的专业团队对被评级对象的信用风险进行评估，并向市场提供专业的评级信息。这也是信用评级机构与征信机构的本质区别所在。也正是通过提供专业性的信用评估，信用评级机构发挥着金融市场"守门人"的角色。[1]信用评级机构出具的评级结果是对信用风险的预测，是违约可能性的排序，是其主观评价，所以对信用评级机构的评价和监管无法绝对地从某一特定评级的结果上来进行，而只能从信用评级的过程上来要求，专业性就是其中之一。信用评级机构的专业性也是投资者以及其他市场主体信赖评级结果的根本原因。当前，信用评级成为一个高技术密集和高知识溢出的信息生产过程。随着资本市场的发展，越来越多的数学、物理学以及计算机、工程学等学科的知识被引入，各种越来越复杂的金融产品被开发出来，这也进一步提升了信用评级的难度和对其专业性的要求。

（三）公共性

信用评级机构的公共性主要表现在以下三点。第一，评级机构提供的信用产品本身就具有公共产品的属性。一般认为，如果一种产品的消费具有非排他性（一个人的消费不会排斥或减少其他人的消费）和非竞争性（增加一个人消费不会增加产品的成本，即边际提供成本为零），那么这种产品

---

[1] Johnthan S.Sack and Kefira R. Wilderman, "Civil Liability of Rating Agencies: Past Success, Future Danger?" *New York Law Journal*, 2010(9).

就是公共产品或具有公共产品性质。①信用评级符合公共产品的这两个特性。并且,信用评级通常都是可公开获取的,即便是在投资者付费模式下,其产品也面向整个投资者公开,只要你支付费用。欧盟《信用评级机构管理条例》就明确规定,那些不予以公开披露或经订阅而传达的对信用风险的评估不属于本条例所规定的信用评级。第二,信用评级机构提供信用信息,优化资本市场的资源配置,增强市场信心,对资本市场所起的作用具有公共服务性质。第三,信用评级机构通过其提示信用风险的良好表现赢得了市场主体和监管当局的认可,评级结果不但成为投资者投资决策的依据,也成为监管措施中的被引用对象,从而树立了信用评级机构自身的公信力。一方面,投资者对评级结果的认可使得评级结果决定了债务人的融资成本并进一步决定了债务人的融资结构和经营方式,从而使信用评级机构在资本市场获取了"实质性权威";另一方面,评级机构的评级结果得到监管部门的许可和引用,从而得到了政府授权而具备"合法性权威"。信用评级机构由此成为私人权威机构(private authority)和分享监管权力的私人治理机构。在条文当中引用信用评级结果的监管规则越来越多,有力地展示了信用评级机构的公共效应。

二、信用评级机构的功能

关于信用评级机构的功能,实务界和学术界分别从不同的角度进行了阐述。有的认为,信用评级机构的功能表现为信号传递功能(signaling)和认证功能(certification)。②信号传递功能,是指信用评级机构将现有信用信息加以综合,形成新的更高质量的信用信息,并以简明的符号为载体、以信用评级报告为辅助向市场提供。信用评级结果包含了新的信用信息,亦即

---

① 黄鑫:《信用评级的本质》,2011 年辽宁大学博士学位论文。
② Roy C.Smith and Ingo Walter,"Rating Agencies:Is There an Agency Issue?" 2001 working paper, at 33.

在综合分析现有信用信息的基础上形成了新的内容。从静态上看,信用评级级别让市场参与者通过简单的评级符号掌握被评级对象的信用风险水平;从动态看,信用评级级别调整或列入信用观察名单向市场传递新的信息。①认证功能是指以信用评级来表明发行的债券或评级的企业满足和符合一定的条件。信息功能和认证功能的区分基于一种潜在假说:当信用评级不能提供可信赖的信用风险信息时,它对监管和风险管理而言就不能起到应有的作用。而在这种认证功能得到监管部门认可后,信用评级机构就具有了监管功能。所谓信用评级机构的监管功能,是指信用评级被监管部门在其监管规则中引用,成为金融市场的监管性工具之一,从而使得信用评级机构通过其出具的信用评级对经济主体或债务融资工具进入资本市场、降低监管要求、减轻监管负担给予"许可"。

有的学者将信用评级机构的功能划分为三类。②一是信息功能。在新制度金融理论中,评级机构被称为信息中介,通过降低市场中的信息成本创造价值,即评级机构通过发布评级信息向投资者提供经过专业处理的包括隐藏信息在内的发行人信用信息,为发行人提供一种发布信息的可靠渠道和有效机制,减少发行人和投资者之间的信息不对称,降低投资者的风险补偿要求,减轻发行人的融资成本。发行人、投资者和其他市场参与主体以及监管机构都从信息生产的规模经济中获益。二是认证功能。监管部门引用信用评级机构的评级结果作为监管工具,从而使信用评级机构拥有了颁发经济主体或债务融资工具进入资本市场或减轻其监管负担"许可"的认证作用。在私人领域,评级结果成为银行或投资基金等的风险管理尺度,决定了合格资产的范围,或有时被当作"评级触发"使用。③三是标准化功能。信用

---

① 袁敏:《资信评级的功能检验与质量控制研究》,立信会计出版社 2007 年版,第 38—41 页。

② Fabian Dittrich, "The Credit Rating Industry: Competition and Regulation," Lulu.com, 2007, p.14.

③ 高汉:《金融创新背景下的信用评级及监管的法律经济学分析》,法律出版社 2012 年版,第16 页。

评级机构通过规范化信用评估过程,提供简单明了的信用等级符号,使得所有种类的债务融资工具和经济主体的风险可以较为容易地被进行比较。这一标准化和规范化本身就能创造价值。

有学者从资本市场主体的角度,分析了评级机构的重要性。[1](1)对发行人而言,信用评级可以提高其融资的可能性并降低其融资的成本。(2)对于投资者而言,信用评级为其提供信用信息,成为其投资决策的依据之一。在监管机构引用信用评级结果辅助监管时,信用评级机构确保投资者的投资和资产持有符合各种监管要求。(3)对监管者而言,信用评级被广泛用于监管用途,用来保障系统性风险,增强公众信心,保护消费者。监管者对评级结果的引用动力源于信用评级的有效性和易获得性(所有市场参与者可以以较为容易的方式免费地无差别地获取这些信息)。监管部门对信用评级的引用,使得信用评级机构具有了一定的"权力性"。(4)对其他市场主体而言,信用评级机构的信用评级具有"合约引用"功能,例如金融合约中广泛使用的"评级触发"。

有学者将信用评级的功能总结为四个方面。[2](1)信息媒介功能。信用评级机构以中立第三方媒介的角色向市场提供债务主体及其债务工具的信用风险信息,解决市场信息不对称问题。因为投资者拥有的信息收集和分析能力相对有限,无法像专业的评级机构那样卓有成效和颇具效率地做出信用风险评估;[3]对于资源不够丰富的投资者来说,收集与投资有关的重要的、潜在的信息并对这些信息做出完全的分析可能要付出不可接受的昂贵代价。[4]而

---

① U.S.Securities and Exchange Commission, Report on the Role and Function of Credit Rating Agencies in the Operation of the Securities Markets, at http://www.sec.gov/news/studies/cre-dratingreport0103.pdf, January, 2003, pp.27—29.

② 聂飞舟:《信用评级机构法律监管研究——美国法的考察和中国借鉴》。

③ David M.Ellis, "Different Sides of the Same Story: Investors and Issuers Views of Rating Agen-cies," *Journal of Fixed Income*, Vol.7:4, 1998, p.35.

④ Steven L.Schwarcz, "Private Ordering of Public Markets: the Rating Agency Paradox," *University of Illinois Law Review*, Vol.2002, No.1, 2002, pp.21—22.

信用评级机构具备更强的信息收集和分析能力,提供的服务具有规模效应,通过专业收集、分析、检查和散播信息,消除个人从事该活动重复和浪费(无效率或低效率)的投入,①降低了整个资本市场的投资成本,提高了市场效率。当然,不同的投资者使用或者依赖评级机构传递信息的程度和范围有所不同。大型机构投资者因为掌握更多信息资源并且具有强大的信息收集和分析能力,能够独立地做出信用分析,往往将评级机构的评级结果作为外来参考因素之一或者将之作为内部信用风险分析的检验或校正;而大量自身缺乏资源建立内部评级系统的小型机构投资者或者个人投资者则更为依赖信用评级机构的信用评级。②(2)品质认证功能。信用评级机构对被评级对象进行信用评级相当于为交易对手或者投资对象颁发"品质认证书",因为监管机构和投资者可以据此判断被评级公司是否处于良好的经营状态、是否具有持续的经营能力、是否具有良好的投资价值。③对作为市场参与者的贷方而言,可以由此来确定适当和合规的投资范围和投资比例,帮助资产管理人从事或修正其管理行为;对作为市场参与者的借方而言,可以决定其能否进入市场以及进入市场的条件。(3)监管标准功能。为了限定商业银行、保险公司等被监管机构持有资产的信用风险,各国金融监管部门以及国际金融组织常常采用信用评级机构的信用评级作为监管标准。信用评级等次结果决定了被监管机构的投资目标范围、资金使用自由度、信息披露内容等等,具有降低监管机关核查难度、简化监管机关工作流程和便利监管机关采取层级化监管措施的功能,所以得到监管机关的青睐,被采纳为监管标准。(4)合约管控功能。信用评级机构对私人合约的控制和管控最集中的体现就是"评级触发"条款,亦即当合约一方或合约所涉及的对象信用评级

---

① Frank Partnoy, "The Siskel and Ebert of Financial Markets: Two Thumbs Down for the Credit Rating Agencies," *Washington University Law Quarterly*, Vol.77, No.3, 1999, p.629.

② 聂飞舟:《信用评级机构法律监管研究——美国法的考察和中国借鉴》。

③ 缪心豪:《跨境资产证券化私人治理法律问题研究》,厦门大学出版社 2010 年版,第 35 页。

低于某个特定等级或被下调时,另一方将享有特定的合同权利,例如要求对方额外提供担保、提前还款、终止合约、调整利率或票息等等。信用评级机构的评级下调藉由评级触发条款往往会引起"级联效应",即信用评级下调导致融资困难、成本上升,同时引起评级触发,导致流动性危机,并引起评级进一步下调,于是企业融资更加困难、成本更加巨大,甚至破产。

以上阐述比较全面地揭示了信用评级机构的作用,为我们理解信用评级机构的功能和性质提供了重要的参考意义,但这些分析和阐述没有明晰信用评级机构功能之间的区别和联系,也没有厘清各功能的本质和发展的异化。笔者认为,信用评级机构的功能可以分为三类,即本质功能、延伸功能和衍生功能。

(一) 基本功能：信息功能

信息不对称问题存在于各个市场,在融资市场的表现尤为突出,而信息不对称则会带来逆向选择和道德风险,[1]因此必须借助第三方的介入来解决此种信息不对称问题。信用评级机构的存在基础和历史逻辑就是:金融贷款方如何确定潜在的借款人的信用,并保证这些借款人的状况在贷款后能一直保持稳健。[2]信用评级机构正是通过提供信用信息满足这一需求。信用评级机构的信息功能可以细分为信息传递功能和信息整合功能。

1. 信息传递功能

信用评级机构在信用信息的收集和汇总基础上对信用风险进行分析和评估,因此向市场提供和传递信用信息是其基础功能。信用评级机构提供信息较之投资者搜寻信息具有如下优势。第一,信用评级机构能力更强、成

---

[1]　逆向选择是指,在信息不对称的情况下,为规避风险,贷款人往往会根据信用风险的平均值,为每一个借方设定同样的利率,从而使得高风险的借方获得了融资,但低风险的借方则会因为利率过高成本太大而选择退出融资市场。道德风险是指,在信息不对称的情况下,借方会利用贷方的信息劣势,从事一些损害贷方利益而有利于己方的行为。

[2]　Wakeman Macdonald, *The Real Function of Bond Rating Agencies*, New York: McGraw-Hill, 1984, pp.111—123.

本更低、效率更高。信用评级机构通过专业技能和资源优势建立信息数据库,形成信息规模经济,相比单个投资者分别获取的信息更为全面、成本更低、效率更高。第二,信用评级机构信息信赖度更强、信息利用率更高。信用评级机构是处于借贷资金交易之外的第三方主体,其独立和中立的地位更能赢得投资者的信赖,并由此提高信息利用率。第三,信用评级机构的信息传递更为集中和通畅。信用评级机构使用简洁明了的标识和补充解释说明的信用评级报告向市场集中传递信用信息,渠道更为通畅。

信用评级机构的信息传递功能还可以包含评级行为本身,这是与声誉价值密切联系的潜在信息价值,亦即先不去考虑实际的评级结果如何,仅仅是被评级这一行为就是资本市场的一个积极符号,因为被一个广泛认可的信用评级机构评级显示了发行方极其重视自身信誉。①

2. 信息整合功能(产生新的信息)

信用评级机构在广泛掌握被评级对象的信用信息后,分析不同信用信息中揭示的信用风险,然后通过特定的理论和技术度量出相应的信用等级。②换而言之,信用评级的结果是在对信用信息资源整合的基础上形成的,信用评级机构通过整合信息来生产信息。在当今信息社会,信息的广泛传播是一把双刃剑,给人们带来知识和分享的同时,也不可避免地带来了信息污染、信息垃圾、信息泛滥等负面问题。信用评级机构通过对信用信息资源和信用信息内容进行整合,提炼信息所反映的信用风险并对信用风险进行度量,进而产出市场和投资者需要的高质量的信用信息,以简单明了的符号传达给市场,并保持评级追踪,根据实际情况对信用等级进行调整。此种专业化的信息整合并产生新的信用信息正是信用评级机构与一般信用信息服务机构的本质区别,因此信息整合功能是其本质功能。

换而言之,信用评级机构的基础功能是解决金融市场中借方和贷方之

① 高汉《金融创新背景下的信用评级及监管的法律经济学分析》,法律出版社 2012 年版,第 16 页。
② 欧志伟、萧伟:《中国资信评级制度建设方略》,上海财经大学出版社 2005 年版,第 52 页。

间的信息不对称问题。信用评级机构提供的信息包括两类,一类是被评级对象的信用数据本身,这些数据来自信用评级机构的自身收集,以及被评级对象的主动提供。第二类是基于信用数据做出的信用风险等级信息。投资者不能解读信用数据,不知道这些数据可以反映的信用风险,需要借助信用评级机构的专业评估。信用评级机构将评估结果以简单明了的符号表示出来。此外,信用评级机构对信用等级的调整本身也可以传递一定的信息。在信用评级的信息价值主要来自第一类信息、第二类信息还是潜在信息的问题上,学界存在不同的观点,对信用评级的精确信息价值(信用评级在多大程度带给市场新的信息效应)的实证研究结论也并不一致。[①]

(二)延伸功能

1. 投资决策参考功能

回顾信用评级机构的诞生和发展历史,我们可以看到,满足市场投资者的需要是信用评级机构的存在基础。信用评级不是对投资者做出投资决策提出的意见,但却是投资者做出投资决策的依据之一。在进行投资时,一个理性的投资者首先应该考虑的问题就是投资的风险,其次才是投资的收益,并且风险决定投资者对收益的预期。但对于大部分普通投资者而言,投资风险是相当专业的一个问题,很难把握。即便是经验丰富的资深投资者,甚至专业的机构投资者,也不可能对世界上各个国家各个地区各种行业的投资品种都有深入了解,这时投资者就很可能因为掌握的信息不充分而不敢贸然进入不完全熟悉的投资领域,放弃投资,失去市场投资机会。而信用评级机构通过向投资者提供独立客观的有关信用风险的意见,帮助投资者进入更多的投资领域,选择适合其风险承受能力的投资品种,[②]并帮助投资者及时识别投资风险以及在必要的时候退出市场。

---

① 例如,就信用评级的变化是否会影响债券价格所进行的实证研究而言,有的研究发现市场价格对评级变化有显著反应,有的研究发现市场价格对评级变化根本没有反应。

② 李力:《信用评级》,知识产权出版社 2010 年版,第 26—29 页。

2. 金融资产定价功能

金融产品的安全性、收益性、流通性这三个因素共同决定了其价格,而风险和收益是否匹配决定了投资者是否会投资该金融产品。如果投资者认为某种金融产品的风险较高,那么该金融产品的发行利率必须也随之提高到其收益对比风险仍具有足够吸引力的水平。但投资者对金融产品的风险并不了解,需要借助信用评级机构对金融产品及其发行人的信用评级来判断信用风险的大小,因此信用评级机构的信用评级成为衡量风险溢价的有效工具。从应然的角度来看,金融产品的信用价差可以用信用等级来确定,金融产品的收益应在金融基准利率的基础上加上由信用等级确定的风险溢价。换而言之,信用评级机构确定的信用等级决定了金融产品的利率,为金融产品的定价提供了科学标尺。信用评级机构的金融资产定价功能建立了资本市场的可信度,树立了投资者的信心,增加了发行人的融资可能性,降低了投资者的风险补偿要求,从而减少了发行人的融资成本,让风险和收益进一步匹配,让资源配置更加合理和高效。

(三) 衍生功能

1. 监管辅助功能

除了作为信息中介之外,信用评级机构通常还具有第二个显著职能,即金融市场的监管工具——也被称为"以信用评级为基础的监管方式"[1]。也就是说,监管机构在其监管规则中引用信用评级机构做出的评级结果,辅助其进行金融监管。早在 20 世纪 30 年代,信用评级作为当时安全与稳健监管的一个非常重要的副产品,首次被美国纳入实质性的行政监管中,并由此创造了"投资级"这一金融术语,[2]以维持银行体系的系统稳定和保护债权人。目前,信用评级机构辅助的监管主要有以下几种类型:市场准入(例如

---

[1] Fabian Dittrich, "The Credit Rating Industry: Competition and Regulation," 2007, p.9.

[2] L.White, "An Assessment of the Credit Rating Agencies: Background, Analysis, and Policy," Mercatus Working Paper, 2011.

规定发行短期商业票据必须取得评级机构较高的信用等级）；确定披露要求
或监管等级（监管规则规定，适格的信用评级可以降低市场主体的信息披露
义务，从而使得该主体完全避免相应的监管）；限定投资范围，保护投资者
（监管规则规定，禁止某些金融机构投资未通过评级或较低信用等级的证
券，从而控制整体投资组合的风险）；资本审慎监管（监管规则利用信用评级
来确定资产的风险以及受监管主体所需的适宜资本数量）；辅助银行信贷风
险防范（例如规定商业银行必须或可同时采用借款人的信用评级结果，作为
授信工作的基础）。

　　但必须注意的是，监管辅助功能不是所有评级机构都具有的。美国于
1973 年制定了明确引用信用评级的监管规则，证券交易委员会首次明确了
关于信用评级的标准化定义，并规定只有来自全国认可的统计评级机构
（NRSROs）出具的信用评级才能被用于监管辅助。美国目前有 10 家全国
认可的统计评级机构具有这一功能，法律规定这些评级机构除了符合所有
信用评级机构应该满足的要求外，还必须符合其他条件，包括根据《1934 年
证券交易法》相关条款向证券交易委员会注册登记、具有 3 年以上的从事外
部信用评级活动的经验、发布的信用评级经合格机构买家认可等。我国也
采用了评级机构认可制度，监管规则中所规定的信用评级机构必须是经相
关监管部门认可的那些机构。

　　关于评级机构的监管功能是否合理，金融危机后曾引发了激烈的讨
论和研究。欧美国家的信用评级法律制度改革的其中一个重点就是减少
监管机构对信用评级的依赖。但也有不少学者论证了信用评级机构监管
功能存在的合理性，欧美国家的监管规则中也还大量保留着对信用评级
的引用。

　　2. 私人合约管控功能

　　除了监管机构会引用信用评级机构的评级结果外，私人主体也会在其
合约中引用信用评级结果，从而使得信用评级机构有了管理和掌控私人合

约的功能。亦即信用评级及其变化作为一种法律事实激活某一条款的适用，从而直接导致合同当事人权利义务的变化，信用评级机构由此掌握了决定当事人权利义务的开关。①

（四）功能之间的辩证关系

学术界和实务界都曾经出现过信用评级机构的价值到底来自其信息功能还是辅助监管功能的争议，即如何区分实践中评级的信息价值与监管价值。有学者指出，评级本身就是一种信息，并且评级的价值仅来自其对债券监管地位的影响。②针对发行人和投资人的调查研究也没能回答清楚这一问题。约十分之九的受访发行人认可信用评级与融资的广度和低成本之间有很大关系或至少是有关系，但并不确定其原因是来自信用评级本身对信息的提供还是在评级基础上的监管。约十分之八的受访投资者认为，信用评级影响融资广度和成本的原因在于它对内部风险管理的价值。但同时超过二分之一的受访投资者表示，相比信用评级他们更为注重自己进行的内部研究，只有约百分之五的投资者更为重视信用评级结果。

金融危机后，学术界和实务界也出现了信用评级否定论和监管引用否定论。前者追问信用评级机构是否有必要存在，提出了对私人信息公开提供的正当性的质疑，对保密信息和非公开信息保护的忧虑，对公共知情权、个人隐私权和商业秘密保护权的冲突和平衡的关切，对信用评级机构主动评级并公开被评级对象信用级别权限的质疑，③对免于追究信用评级机构责任的司法判定的忧虑，④并基于频繁出现的信用评级失灵事件（评有没有

---

① 王彦鹏：《管控的失语与权力的高歌——美国信用评级机构助推次贷危机根源论》，载北京大学金融法研究中心编《金融法苑》（总第78辑），中国金融出版社出版2009年版，第48页。
② F.Partnoy, "Overdependence on Credit Ratings was a Primary Cause of the Crisis," *San Diego Legal Studies Paper*, No.09—015, 2009.
③ 封红梅：《信用评级法律制度研究》，法律出版社2014年版，第122页。
④ Qinn v. Mcgraw Hill Cos., Inc., 168 F. 3d pp.331—336(7th Cir. 1999); Jefferson Country Sch. Dist. v. Moody's Investor Services, Inc. 988 F.Supp. 2d pp.1341—1348; Orange Country v. Standard Poor's, 203 B.R. pp.983—989.

缓解金融市场信息不对称问题，不能进行基本的金融产品定价，反而加剧金融市场的流动性风险）而主张信用评级机构没有存在的必要。后者质疑监管部门对信用评级结果的引用，[①]认为信用评级的监管引用使信用评级机构享有了其本身并不具备的特权，改变了信用评级市场模式，加剧了信用评级市场的利益冲突，人为制造信用评级市场的垄断，导致监管部门对金融创新产品评级的过分依赖，进而引发了评级失灵，对金融危机起到推波助澜的作用。因此主张减少监管部门对信用评级结果的依赖，并废除信用评级的监管引用规则。

可以说，上述质疑都是由于信用评级的信息功能出现了偏差导致的。从应然角度看，信用评级机构具有重要的信息价值，投资者需要借助信用评级机构给出的信用评级来考量收益风险比从而做出投资决策；债务人需要信用评级机构为其传递信用信息和风险等级从而以合理的成本获取融资；资本市场需要信用评级机构为其提供整体融资效率和安全；监管机构需要引用信用评级机构的评级结果来优化金融监管和提高监管绩效。但从实然角度看，信用评级的信息价值从 20 世纪 70 年代中后期开始急剧下降，评级机构失灵现象一再发生，例如，20 世纪 70 年代美国宾州中央铁路公司债券破产案、1997 年亚洲金融危机、2001 年安然事件、2002 年世通财务丑闻、2008 年金融危机、2009 年希腊主权债务危机等一系列事件。因此，投资者、监管机构以及其他市场主体一方面不再完全信赖信用评级结果，但另一方面又不得不依赖信用评级结果，这才出现了上述实证研究结论不一致，信用评级不能反映信用利差、不能为投资者提供及时有效的投资参考、不能为监管机构提供有效监管等异化现象。

因此，我们必须认识到，信息功能是信用评级机构的本质功能，后续延

---

① Timothy E. Lynch, "Deeply and Persistently Conflicted: Credit Rating Agencies in the Current Regulatory Enviornment", *Indiana Legal Studies Research Paper*, No. 133, September 14, 2010.

伸功能和衍生功能的产生与发展都是基于市场主体和监管者对评级机构信息功能的认可。如果信用评级机构不能正确发挥其信息功能，后续延伸功能和衍生功能的设定就是空中楼阁，会受到公众质疑，甚至陷入恶性循环，进一步加剧金融市场的系统性风险，引起整个金融系统的危机。换而言之，信用评级是一把"双刃剑"，公正准确的信用评级可以缓解市场信息不对称，引导市场资源合理配置，维护金融市场安全和稳定；但低质量的信用评级则会扭曲市场信息传递，加剧市场信息不对称，引起市场资源错配，给投资者带来巨大的损失，并由此导致金融市场的系统性风险。所以前述信用评级机构否定论的本质不是一个信用评级机构是否应当存在的问题，而是如何促进信用评级机构信用评级的公正性并确保其高质量，保证其有效发挥信息功能，使其"市场守门人"角色定位名副其实的问题。信息评级机构的信息权和评级权有正当的法权渊源，信息评级机构对信息的收集和占有以及评级行为是投资者知情权的实现方式，信用评级机构是信用经济、信息社会和金融市场发展的必然产物，有助于维护社会和经济的安全并提高市场效率。信息不对称理论、交易成本理论、委托代理理论也可以作为支持信用评级机构存在与发展的理论基础。因此，我们要做的是如何夯实信用评级机构的信息功能，确保信用评级机构按照社会和市场的需求尽可能地提供充分可靠的信用信息并做出专业的信用风险预测，以切实解决市场信息不对称问题，为后续市场主体以及监管机构对信用评级机构的延伸功能和衍生功能的利用打下坚实的正当性和可靠性基础。因此，在信用评级机构法律制度的设计和完善时，我们的出发点应当放在信用评级机构的信息功能上，只有当制度构建能够保证一定程度的信息功能实现时，我们才能考虑后续衍生功能的利用，并且在信息功能的保障法律制度和衍生功能的利用法律制度之间建立联动机制。换而言之，对于信用评级机构应具有基本要求和特殊要求，基本要求对应一般市场准入制度、一般合规制度和一般法律责任规则，而特殊要求则对应特殊市场准入制度、特殊合规制度和特殊法律责任制度。此外,我们还应该构建和完善信用评级机构的配套法律法规和规章制度,例如进一步完善征信业管理条例,解决信用评级机构获取信用信息、披露信用信息和保护保密信息以及非公开信息之间的冲突等问题。

三、信用评级机构的法律定性

信用评级机构的法律定性是一个非常有争议的问题,尤其在其发源地美国,已经被争论了近 80 多年。信用评级机构认为自己与新闻出版人一样,都是收集公众关注的信息,通过对信息进行分析得出意见,并公布于众,因此其评级应当充分享有美国《宪法第一修正案》保护。[①]但反对者认为,信用评级机构与新闻出版机构具有明显的差别。首先,在信息的收集和传播上,信用评级机构的行为是建立在客户付费的基础上(少数的主动评级除外),而新闻机构收集和传播信息是基于信息的新闻价值性。其次,在行为的目的和信息的用途上,信用评级机构知道其评级目的和客户对评级信息的用途,而新闻机构在收集和发布新闻信息时并不知道读者会利用信息从事什么样的活动。[②]

还有美国法律界人士建议将信用评级机构认定为承销商,因为信用评级机构参与了结构性债务融资工具的设计,信用评级的目的是为了加快资产证券化运作,其评级结果不是事后意见,且决定了结构性债务融资工具的市场销售。因此可以说,信用评级机构直接或间接地参与了资产证券化产品的承销活动,符合美国 1933 年《证券法》对承销商的定义。[③]但这只是对

[①] Report of the Staff to the S, Comm. On Govt AR' airs, Financial Oversight of Enron: the SEC and Private-Sector Watchdogs(2002), p.123, at http://hagac.senate.gov/10072watchdogreport.Pdf, 2016 年 7 月 5 日访问。

[②] 赵磊等著:《信用评级失灵的法律治理——美国次贷危机对中国的启示》,中国政法大学出版社 2013 年版,第 22 页。

[③] Stephen Harper, "Credit Rating Agencies Deserve Credit for the 2007—2000 Financial Crisis: An Analysis of CRA Liability Following the Enactment of the Dodd-Frank Act," *Washington & Lee Law Review Fall*, 2011.

在次贷危机中贪婪而越位的信用评级机构的现实描述,并不符合信用评级机构的现实存在基础和历史逻辑。后续的欧美信用评级机构立法都要求信用评级机构的评级部门不得从事此类活动,因为它违反了利益冲突规则。

我国没有美国那样的法律历史问题需要考虑,反而具有后发优势,可以仅根据信用评级机构的特征、功能以及市场发展和法律制度构建与完善的需要,对其进行规定。根据第一章第二节的相关分析,我国信用评级机构应当被定义为具有公司法上商事主体资格并从事信用评级活动的中介服务机构。

第一,信用评级机构是中介机构。与会计师事务所、律师事务所等其他金融市场的中介机构相似,评级机构在某种程度上也可被视为"声誉中介"[①],在借方和贷方之间传递信用信息。我国最高人民法院2012年印发的《关于人民法院为防范化解金融风险和推进金融改革发展提供司法保障的指导意见》的通知中也进一步明确,信用评级机构是中介机构。信用风险信息提供的中介性质决定了信用评级机构必须保持独立。信用评级机构的信用风险信息之所以被认为是可信的和可靠的,原因在于信用评级机构并不直接参与资本市场借贷交易,以超然的第三方或旁观者的角度对债务工具或债务主体的信用风险做出分析、评估和判断,从而具备公正性和独立性。

第二,信用评级机构是服务机构。信用评级机构作为金融市场的参与者之一,为投资者、发行人以及其他市场主体提供信用评级服务。信用评级机构的服务方式是向社会和投资者发布信用信息,揭示信用风险等级。我国《证券法》将信用评级机构定位为证券服务机构。信用评级机构的服务对象本质上是投资者,所以不管投资者和信用评级机构之间是否有合同关系,信用评级机构在合理谨慎范围内就其提供的信用信息对投资者承担相应的

---

① [美]约翰·C.科菲:《看门人机制:市场中介与公司治理》,黄辉、王长河等译,北京大学出版社2011年版,第2页。

法律责任。信用评级机构应发行人要求发布信用评级报告的,发行人与信用评级机构之间存在合同关系。

第三,信用评级机构是从事特定金融活动的专业机构。信用评级机构的专业性要求信用评级机构在信用评级时尽到合理谨慎的义务,在合理谨慎的范围内承担相应的法律责任。信用评级机构通过专业而科学的方法对被评级对象的信用风险做出准确、客观和及时的等级判断,市场和时间证明了信用评级的判断大部分情况下值得信赖(危机和丑闻除外),因此信用评级的结果逐渐被自发地或强制地当作投资、决策和监管的依据。评级机构一方面希望追求市场、投资者和监管主体对其评级结果的认可,另一方面对报告使用者的期望(评级结果准确及时客观)又不完全认同和接受。标准普尔公司指出,信用评级的主要作用是向投资者和市场参与者提供被评级对象发生信用风险的可能性的评价意见,但这种评价意见不同于医生做出的判断,也不同于律师提供的意见。①这或者也是评级机构逃避法律责任承担的一种方式和借口。信用评级是对信用风险的一种预测,既然是预测就一定不会绝对,所以评级结果不具备最高的可靠性。此外,评级结果的质量受到被评级对象提供的信息和材料的完整性、准确性和及时性的影响,因此法律不会因为信用评级机构没有做出完整准确的评级就要求其承担法律责任。但如果信用评级机构没有尽到合理谨慎的义务,则有违其专业机构的操守,理应承担相应的法律责任。所以尽管信用评级机构通常都会在其官方网站或评级报告中做出声明,他们并不保证和确认其得出评级结果所依据的信息和资料的准确性、完整性和及时性,但这并不能因此免除他们发布这些信息时所应承担的合理谨慎义务。

明确信用评级机构的法律定性,是构建和完善信用评级法律制度的起点。这一起点是与信用评级机构的基本功能相联系的。监管功能属于衍生

---

① Standard & Poors, Guide to Credit Rating Essentials, http://www2.standardandpoors.com/spf/pdf/pdf/fixedincome/GuideToCreditRatingEssentials_CN.pdf, 2018 年 9 月 30 日访问。

功能,在基本功能之外,因此不宜以监管功能来分析所有信用评级机构的法律定性。监管机构如果引用某些信用评级机构的评级结果作为监管工具,赋予了这些机构的"准监管机构"特性,那么享有"监管辅助功能"利益的信用评级机构应承担与其"权力"和"地位"相匹配的义务和责任,满足权利义务相适应的法律正当性要求。

第二章
信用评级机构法律制度完善的规范基础
——我国信用评级机构法律制度的现状及评述

第一节 我国信用评级机构法律制度的发展与现状

我国目前在法律和行政法规层面尚没有专门的信用评级法律法规。我国 2013 年颁布《征信业管理条例》,没有针对信用评级做出专门法律规定。其第一次征求意见稿写道:"信用评级法律制度由国务院另行规定",但这包括在其后的正式稿中被删掉。2019 年 11 月 26 日,中国人民银行、国家发展和改革委员会、财政部、中国证券监督管理委员会联合颁布《信用评级业管理暂行办法》。这是我国信用评级机构制度建设向统一化专门化方面发展迈出的重要一步。

一、起始阶段(1992—2005 年)

1992 年底,中国国务院下发了《国务院关于进一步加强证券市场宏观管理的通知》,首次规定债券信誉评级工作应作为债券发行审批的一个程序。①1993 年国务院发布《企业债券管理条例》,规定企业发行企业债券,可

---

① 《国务院关于进一步加强证券市场宏观管理的通知》第 2 条规定:"证券的发行必须按上述程序和职责分工,在国家下达的规模内,经过严格财务审核、信用评级,按照产业政策的要求从严掌握。"

以向经认可的债券评信机构申请信用评级，自此拉开了我国信用评级相关法律法规制定的序幕。

（一）评级引用方面的相关法规和部门规章

这一阶段有关信用评级的相关法律法规大多针对信用评级机构的推荐或强制聘用，包括规定债券的发行可以或必须经过信用评级机构的信用评级，以及贷款的发放可由信用评级机构对企业进行信用评级，这也是学者们称我国信用评级市场为"政府主导而非市场驱动"的原因。相关法律法规包括 1993 年国务院发布的《企业债券管理条例》、1995 年中国人民银行发布的《贷款证管理办法》、1996 年中国人民银行发布的《贷款通则》、1997 年中国人民银行发布的《关于中国诚信证券评估有限公司等机构从事企业债券信用评级业务资格的通知》、2001 年财政部发布的《中小企业融资担保机构风险管理暂行办法》、2001 年 4 月证监会发布的《上市公司发行可转换公司债券实施办法》、2001 年劳动和社会保障部出台的《全国社会保障基金投资管理暂行办法》、2003 年证监会出台的《证券公司债券管理暂行办法》、2003 年保监会发布的关于《保险公司投资企业债券管理暂行办法》①、2004 年 6 月中国人民银行和银监会联合发布的《商业银行次级债券发行管理办法》、2004 年 6 月国家发展改革委（以下简称"发改委"）发布的《关于进一步改进和加强企业债券管理工作的通知》、2004 年银监会发布的《商业银行授信工作尽职指引》、2004 年 8 月证监会和中国人民银行联合颁布的《货币市场基金》、2004 年 8 月保监会公布的《保险外汇资金境外运用管理暂行办法》、2004 年 9 月保监会发布的《保险公司次级债定期债务管理暂行办法》、2004 年 10 月年中国人民银行、银监会和证监会联合发布的《证券公司短期融资券管理办法》、2005 年 2 月中国人民银行、财政部、国家发改委、证监会联合颁布的《国际开发机构人民币债券发行管理暂行办法》、2005 年 4 月中

---

① 第 2 条规定："本条例所称企业债券是指经国家主管部门批准发行，且经监管部门认可的信用评级机构评级在 AA 级以上的企业债券。"

国人民银行发布的《全国银行间债券市场金融债券发行管理办法》、2005 年
4 月中国人民银行、银监会联合颁布的《信贷资产证券化试点管理办法》、
2005 年 5 月中国人民银行发布的《短期融资券管理办法》、2005 年 8 月保监
会发布的《保险机构投资者债券投资管理暂行办法》、2005 年 12 月银监会
发布的《商业银行发行混合资本债券补充附属资本问题的通知》等。

（二）业务认可和市场准入的相关规定①

1993 年,中国人民银行致函国家工商行政管理局,指出企业资信、证券
评估属金融服务性机构,其业务涉及金融活动,此类机构由中国人民银行负
责审批管理。②为了保证监管引用的信用评级的质量,加强信用评级工作,
相关监管部门也进一步规定只有得到监管部门认可的信用评级机构进行的
信用评级才具有评级资格或监管引用功能,并对这些得到认可的信用评级
机构予以公告。例如,1997 年中国人民银行发布的《关于中国诚信证券评
估有限公司等机构从事企业债券信用评级业务资格的通知》规定,中国诚信
证券评估有限公司、深圳市资信评估公司、大公国际资信评估有限责任公
司、云南资信评估事务所、上海远东资信评估公司、长城资信评估有限公司、
上海新世纪投资服务公司、福建省资信评级委员会、辽宁省资信评估公司具
有企业债券资信评级资格,其他机构所进行的企业债券信用评级人民银行
不予承认。1999 年《证券法》授权证监会规定证券资信评估机构的设立条
件、审批程序和业务规则以及认定资信评级机构业务人员从事证券业务资
格的标准和管理办法,并规定专业资信评估机构的业务人员必须具备证券
专业知识和从事证券业务两年以上经验,明确证监会对资信评估机构及其

---

① 上述评级引用的法律文件在规定评级引用时往往也同时规定必须是经由得到认可的信用评级
机构的信用评级,所以很多评级引用的法律文件同时也是市场准入和业务许可的法律文件,这
里不再重复。这里的市场准入和业务许可方面的法律文件重点关注涉及更详细具体的市场准
入和业务许可的内容和条件的法律法规或规章制度等。
② 《中国人民银行关于企业资信、证券评估机构审批管理问题的函》(银函〔1993〕408 号)。

业务活动进行监督管理。①2001 年国家工商行政管理总局发布《对能否核定"企业资信评估"等经营范围问题的答复》，规定"根据《证券法》和《中国人民银行关于企业资信、证券评估机构审批管理问题的函》（银函（1993）408号）的规定，经有关部门批准，工商行政管理机关可以依照批准文件核准相关企业从事企业资信评估的经营范围。其中，从事与银行业务有关的企业资信评估业务的，应经中国人民银行批准；从事证券资信评估业务的，应经国务院证券监督管理机构批准。未经批准，工商行政管理机关不得核准其相关经营范围"。2003 年保监会发布的《保险公司投资企业债券管理暂行办法》中明确，目前中国保监会认可的信用评级机构为中诚信国际信用评级有限公司、大公国际资信评估有限公司，其他评级公司需另行认可，但相关法律文件对于特许认可的条件或审查标准没有明确和详细的规定。2004 年 6 月，国家发改委发布《关于进一步改进和加强企业债券管理工作的通知》，规定"发行人应当聘请有资格的信用评级机构对其发行的企业债券进行信用评级，其中至少有一家信用评级机构承担过 2000 年以后下达企业债券发行规模的企业债券评级业务"。2005 年《证券法》修订，明确"资信评级机构从事证券服务业务，必须经国务院证券监督管理机构和有关主管部门批准。其审批管理办法，由国务院证券监督管理机构和有关主管部门制定。资信评级机构从事证券服务业务的人员，必须具备证券专业知识和从事证券业务或者证券服务业务二年以上经验。认定其证券从业资格的标准和管理办法，由国务院证券监督管理机构制定"②，"投资咨询机构、财务顾问机构、资信评级机构、资产评估机构、会计师事务所未经批准，擅自从事证券服务业务的，责令改正，没收违法所得，并处以违法所得一倍以上五倍以下的罚款"③。2005 年保监会《保险机构投资者债券投资管理暂行办法》

---

① 1999 年《证券法》第 157 条、第 158 条。
② 2005 年《证券法》第 169 条、第 170 条。
③ 2005 年《证券法》第 226 条。

第 61 条规定，"中国保监会核准保险机构可投资债券的信用评级机构，有关规定另行制定。新规定颁布前，本条例所称信用评级机构适用经中国保监会认可的企业债券信用评级机构"。

（三）对信用评级机构法律责任的规定

我国证券法将信用评级机构定性为证券服务机构，从 1999 年证券法首次颁布以来，就对证券服务机构的虚假陈述和信息误导的法律责任做了统一的规定，①2005 年《证券法》修订时，更是进一步明确"证券服务机构为证券的发行、上市、交易等证券业务活动制作、出具审计报告、资产评估报告、财务顾问报告、资信评级报告或者法律意见书等文件，应当勤勉尽责，对所依据的文件资料内容的真实性、准确性、完整性进行核查和验证。其制作、出具的文件有虚假记载、误导性陈述或者重大遗漏，给他人造成损失的，应当与发行人、上市公司承担连带赔偿责任，但是能够证明自己没有过错的除外"②，"证券服务机构未勤勉尽责，所制作、出具的文件有虚假记载、误导性陈述或者重大遗漏的，责令改正，没收业务收入，暂停或者撤销证券服务业务许可，并处以业务收入一倍以上五倍以下的罚款。对直接负责的主管人员和其他直接责任人员给予警告，撤销证券从业资格，并处以三万元以上十万元以下的罚款"③以及"投资咨询机构、财务顾问机构、资信评级机构、资产评估机构、会计师事务所未经批准，擅自从事证券服务业务的，责令改正，没收违法所得，并处以违法所得一倍以上五倍以下的罚款"④。此外，2003 年证监会发布的《证券公司债券管理暂行办法》第 11 条规定，"证券资信评级机构对评级结果的客观、公正和及时性承担责任。信用评级报告的内容

---

① 第 189 条规定："证券交易所、证券公司、证券登记结算机构、证券交易服务机构、社会中介机构及其从业人员，或者证券业协会、证券监督管理机构及其工作人员，在证券交易活动中作出虚假陈述或者信息误导的，责令改正，处以三万元以上二十万元以下的罚款；属于国家工作人员的，还应当依法给予行政处分。构成犯罪的，依法追究刑事责任。"

② 2005 年《证券法》第 173 条。

③ 2005 年《证券法》第 223 条。

④ 2005 年《证券法》第 226 条。

和格式应当符合有关规定"。2004 年中国人民银行和银监会联合发布的《商业银行次级债券发行管理办法》第 15 条规定,"证券信用评级机构对评级的客观、公正和及时性承担责任";第 35 条规定,"对发行人进行财务审计、法律咨询评估及债券信用评级的会计师事务所、律师事务所和证券信用评级机构应客观、公正地出具有关报告文件并承担相应责任"。2004 年 6 月,国家发改委发布的《关于进一步改进和加强企业债券管理工作的通知》规定,"参与企业债券发行的中介机构应遵纪守法,勤勉尽责,出具的文件必须真实、准确、完整,不得有虚假材料、误导性陈述和重大遗漏"。2005 年中国人民银行发布的《短期融资券管理办法》第 35 条规定,"为融资券的发行、交易提供专业化服务的承销机构、信用评级机构、注册会计师、律师等专业机构和人员所出具的文件含有虚假记载、误导性陈述或重大遗漏的,其将不能再为融资券的发行和交易提供专业化服务;给他人造成损失的,应当就其负有责任的部分依法承担民事责任"。

（四）信用评级机构专门性法律文件

随着信用评级机构信用评级实务的展开,主管机构也相应地对信用评级机构从事信用评级业务提出了若干要求,制定了专门针对信用评级机构信用评级的部门规章。例如 2003 年证监会颁布《资信评级机构出具证券公司债券信用评级报告准则》规定了信用评级机构出具评级报告的基本要求、评级报告的内容或格式以及跟踪评级报告等。2004 年中国人民银行第 22 号《在银行间债券市场发行债券的信用评级的有关具体事项公告》规定了信用评级机构的市场准入、发行债券的强制评级、评级原则、信用评级报告备份、信用评级报告内容、信用评级结果事后检查以及评级机构评级能力评价等内容。在这一阶段,还有一些地方人民银行制定了信用评级机构在信贷市场进行信用评级的一些规则,例如 1999 年 4 月中国人民银行上海市分行发布的《上海市贷款证企业资信等级评估暂行办法》①、2002 年中国人

---

① 该办法规定上海市贷款企业资信等级评估由中国人民银行上海分行认定的资信评估机构进行,金融机构协助资信评估机构进行评估工作,同时该规定了管理机关、评级对象、评级原则、评级内容（资信评级指标体系）等。

民银行深圳市分行发布的《深圳市贷款企业资信等级评估管理办法》①。一些地方政府也相应地制定了针对企业信用评级的规章和规定,例如 2002 年深圳市人民政府颁布的《深圳市企业信用征信和评估管理办法》②、2002 年汕头市人民政府颁布的《汕头市企业信用评级管理办法》(2005 年修正)③、2003 年杭州市人民政府办公厅发布的《杭州市中小企业信用评级和管理办法》④等。这些规章和规定主要还是针对信贷市场而言的,是为了防范和控制信贷市场的信用风险,只涉及信用评级机构的一个方面。

二、发展阶段(2006—2011 年)

随着我国企业债券评级、公司债券评级、贷款企业评级和非金融企业债务融资工具信用评级等业务平台的建立,我国信用评级业进入快速发展时期。美国次贷危机的爆发,也再一次引起了主管部门对信用评级机构的关注。为进一步规范评级机构的发展和加强对信用评级机构的管理,中国人民银行、证监会、发改委、银监会、保监会等出台了一系列相关规章制度。

(一)信用评级机构专门性法律文件

这一阶段,我国出台了几部比较重要的专门针对信用评级机构的法律文件,例如 2006 年《中国人民银行信用评级管理指导意见》,全文共十二条,

---

① 该办法规定从事深圳市贷款企业资信等级评估复评工作的资信评估机构必须获得管理机关的资格认定,未经管理机关资格认定的资信评估机构不得从事深圳市贷款企业资信评估业务,同时明确了资格认定的条件和报送材料以及审批程序、资信评估机构的专家评审委员会、资信评估对象、内容和程序、信息披露、评估结果检验和评估业务监督、对资信评估机构的处罚等。

② 该办法将征信机构和信用评级机构放在一部法律文件中予以规定,内容涵盖了信用评级机构的设立条件和业务范围,企业信用信息的征集、披露和管理,信用评级机构的业务规范,信用评级报告的内容和公布,信用评估机构的法律责任。

③ 该办法共 16 条,简要地规定了信用评级的定义、信用评级机构的评级原则、监管机关、评级业务、收费、更正流程、信用评级机构及其工作人员的法律责任。

④ 该办法全文共 29 条,简要地规定了企业信用行业协会、对企业信用评级的引导和支持、信用评级机构的条件、评级原则、信用评级机构和人员的法律责任、信用评级报告的内容和公布、信用评级机构的收费和内部管理、跟踪评级等内容。

规定了信用评级机构在银行间债券市场和信贷市场从事金融产品信用评级的要求,借款企业信用评级和担保机构信用评级业务的注册登记义务,信用评级机构的评级人员要求,信用评级工作制度和内部管理制度,信用评级机构的原则、评级程序、禁止性事项,信用评级机构的其他监管义务和中国人民银行的监管举措(建立检验体系,验证评级质量,公开披露信用评级机构违规行为和中止违规机构在银行间债券市场和信贷市场的信用评级业务),并在附件部分统一了信用评级要素、标识及含义。《中国人民银行信用评级管理指导意见》的内容比较原则性和简单化,只有简单的十二条,很多重要内容没有涉及,例如对于信用评级机构的信息披露义务尚未涉及;对于信用评级机构的违约责任,意见中只提到"对信用评级机构不遵守评级程序、恶性竞争、评级诈骗、以级定价或以价定级等行为,中国人民银行将向社会公开披露,并中止违规机构银行间债券市场和信贷市场信用评级业务",没有规定相应的民事责任和其他行政责任,威慑力不够;另外,对违反意见中规定的信用评级机构的其他义务,例如按时提供违约率统计所需信息的义务、建立信用评级工作制度和内部管理制度,没有规定相应的违约责任,等等。

2006 年 11 月,中国人民银行颁布了《信贷市场和银行间债券市场信用评级规范》,这是我国第一个关于信用评级的行业标准,一方面促进了信用评级业务的标准化,另一方面促进了信用评级监管的标准化,为信用评级主管部门确立了政府监管与市场检验相结合的监管方式。[①]该规范包括《信用评级主体规范》《信用评级业务规范》和《信用评级业务管理规范》三个文件,分别就与信用评级主体、信用评级业务与信用评级管理有关的主要问题进行了规定,界定了相关术语和定义,对信用评级机构进入信贷市场和银行间债券市场开展信用评级的程序以及退出的程序和情形、信用评级机构的从业要求和行为准则、信用评级基本原则、信用评级小组、信用评级信息、信用

---

① 中诚信国际信用评级有限责任公司:《信用评级行业规范发展的指南》,载《金融市场化》2007 年第 3 期。

评级程序、信用评级结果及其发布、信用评级业务的准则及具体要求、评级业务主管部门对评级业务的管理、信用评级业务的质量检查、信用评级业务数据的管理与统计等问题做出了规定。内容相比以前的规定更为详实，也相对更有操作性。但整体而言《信贷市场和银行间债券市场信用评级规范》内容还是比较简单，例如该规范规定了在信贷市场和银行间债券市场从事信用评级的机构进入该市场的程序，但没有规定具体的审查内容，没有规定信用评级机构在信贷市场和银行间债券市场从事信用评级的具体市场准入条件和业务许可审查标准。

2007年证监会颁布《证券市场资信评级业务管理暂行办法》，全文共六章43条，规定了证券评级的定义、信用评级机构从事证券评级的业务许可和市场准入条件和程序、信用评级机构中负责证券评级业务的高管的条件、信用评机构的证券评级业务规则（业务流程、回避制度、信息披露和禁止行为等）、对信用评级机构的监督管理（监管机构、监管方式和手段）、信用评级机构的自律监管（必须加入证券协会）以及信用评级机构的法律责任等内容。《证券市场资信评级业务管理暂行办法》是证监会第一部系统性地规范信用评级机构的法律文件，内容较为详细具体，对利益冲突问题做了更详细的规定。以前的文件只规定要建立防火墙和回避制度，规定有利益冲突或利害关系的要回避，但没有详细规定什么构成利益冲突、什么是利益关系。证监会《证券市场资信评级业务管理办法》对信用评级机构和被评级对象的利益关系以及评级委员会委员和评级从业人员与被评级对象的利益关系做了比较详细的规定，同时对防火墙制度做了一定的规定，但没有规定相应的民事责任。该管理办法仍有可以改善的空间，比如其信息披露制度比较简单，要求评级机构建立评级结果公布制度（其中评级结果包括评级对象的信用等级和评级报告），要求评级报告应当采用简洁、明了的语言对评级对象的信用等级做出明确解释，但没有涉及其他方面的信息披露内容。

2008年，中国人民银行发布《关于加强银行间债券市场信用评级作业管理的通知》,对信用评级机构现场访谈作业管理、评级作业时间要求、债券发行人是否为集团企业的判定、《信用评级机构评级作业主要流程单》的报备要求等内容做出规定。2008年6月,国家质量监督检验检疫总局和中国国家标准化管理委员会发布《信用中介组织评价服务规范信用评级机构》(GB/T 22119—2008)①,对信用评级机构提供评级服务所涉及的术语和定义以及基本原则、信用评级机构的组织和从业人员、定性与定量方法相结合的信用评级服务程序、定量评级服务程序、信用评级数据、信息和报告的管理等问题进行了标准化规定。在这一阶段,一些地方性规章也有关于信用评级方面的专门规定,例如2006年《河南省民营暨中小企业资信评级工作指引(暂行)》②。

(二) 评级引用方面的规定

监管机构对信用评级的引用仍然是信用评级相关法律法规中重要的一部分,从而使得信用评级结果成为融资工具发行的前提条件、债务工具发行范围的筛选条件、公司或客户资质的认可条件等。相关法律法规包括2007年证监会发布的《公司债券发行试点办法》、2007年银监会发布的关于印发《申请设立企业集团财务公司操作规程》的通知、2007年3月国家发改委颁布的《关于下达2007年第一批企业债券发行规模及发行核准有关问题的通知》、2007年银监会发布的《非银行金融机构行政许可事项实施办法》、2008年银监会发布的《农村中小金融机构行政许可事项实施办法》、2008年中国人民银行发布的《银行间债券市场非金融企业债务融资工具管理办法》、2009年中国银监会发布的《关于进一步加强银行业金融机构与机构客户交易衍生产品风险管理的通知》、2009年中国人民银行和中国银行业监

① 根据《中华人民共和国标准化法》第14条的规定,强制性标准具有强制约束力,企业必须遵守,而推荐性标准,则没有强制约束力,仅鼓励企业自愿采用。
② 该工作指引共六章三十二条,规定了企业资信评级的定义和主管单位,资信评级机构的定义和市场准入条件、权利和义务,评级人员的条件,评级对象、内容和等级划分,企业资信评级工作程序,主管单位的监督管理等内容。

督管理委员会发布的《金融租赁公司和汽车金融公司发行金融债券的有关事宜》、2010 年 4 月保监会发布的《保险公司股权管理办法》、2010 年 7 月保监会发布的《保险资金运用管理暂行办法》,等等。

(三) 关于信用评级机构的监管和业务规范方面的规定

2007 年 3 月,国家发改委颁布《关于下达 2007 年第一批企业债券发行规模及发行核准有关问题的通知》,指出"评级机构应在报告中同时公示债券信用等级和发行人长期主体信用等级。评级机构在开展评级业务过程中,应诚信尽责,严禁承诺评级级别、恶意价格竞争等不正当行为。发行人聘请评级机构后,原则上不得更换,如认为评级结果不公允,可以再聘请另一家评级机构进行评级,但两个评级机构的评级报告全文均应披露。在债券存续期内,评级机构至少应于每年企业年报公布后的一个月内开展一次跟踪评级,并公告评级结果"①。2009 年,中国人民银行发布《征信数据元信用评级数据元》和《征信数据交换格式信用评级违约率数据采集格式》两项相关行业标准的通知,对信用评级数据元和信用评级违约率数据采集格式进行了规定。2009 年 3 月中国人民银行《全国银行间债券市场金融债券发行管理操作规程》第 15 条规定,"为金融债券发行提供专业服务的承销商、信用评级机构、会计师事务所、律师事务所等专业机构及有关人员,应当按照本行业公认的业务标准和道德规范,对提供服务所涉及的文件进行认真审阅,确认其不存在虚假记载、误导性陈述或重大遗漏,并出具有关专业报告或意见,同时应出具承诺函,确认已履行上述义务";第 16 条规定,"信用评级机构在信用评级过程中应恪守执业操守,保证评级结果的客观公正,充分揭示金融债券的投资风险。在信用评级过程中,信用评级机构不得与发行人、主承销商或其他当事人协商信用级别,或以价定级"。

①《国家发展改革委关于下达 2007 年第一批企业债券发行规模及发行核准有关问题的通知》,http://www.ndrc.gov.cn/zcfb/zcfbtz/200703/t20070321_122903.html,2019 年 5 月 15 日访问。

（四）特许认可（市场准入）方面的规定

2007 年证监会发布的《公司债券发行试点办法》第 10 条规定，"公司债券的信用评级，应当委托经中国证监会认定、具有从事证券服务业务资格的资信评级机构进行"。2007 年 10 月，证监会先后通过发文（批复）批准了天津中诚资信评估有限公司、中诚信证券、鹏元、新世纪等评级机构在证券市场开展信用评级业务的资质。2011 年银监会发布《关于商业银行使用外部信用评级的通知》，对商业银行使用的外部信用评级机构的一般性要求（具有独立性、专业能力和评级公信力）做出了规定，对其尽职调查的内容（具有法人资格，在形式和实质上均保持独立性；具有一定规模的实缴注册资本与净资产；拥有足够数量具有资信评级业务经验的评级从业人员；具有健全的组织机构、内部控制机制和管理制度；具有完善的信用信息数据库系统，以及相匹配的营业场所、技术设施；具有健全的业务制度，包括信用等级划分及定义、评级标准、评级程序、评级委员会制度、评级信息披露制度、跟踪评级制度、信息保密制度、评级业务档案管理制度等；具有良好的职业声誉，无重大不良记录；其他需要调查的内容）①做出了规定，对商业银行建立外部评级机构的持续评估机制做出了规定（至少每两年对评级机构的独立性、专业性与内部控制能力进行一次评估），并从反面对外部信用评级机构的评级结果不予采用的条件（客户数量、规模与专业评级能力明显不相称的；受到过刑事处罚或两年以内受到过行政处罚的；与被评级机构存在关联关系、缺乏评级独立性的）②做出了规定。

（五）关于信用评级机构的法律性质和法律责任的规定

2007 年中国人民银行《同业拆借管理办法》第 47 条规定，"为金融机构向同业拆借市场披露信息提供专业化服务的注册会计师、律师、信用评级机构等专业机构和人员出具的文件含有虚假记载、误导性陈述或重大遗漏的，

---

① 《关于商业银行使用外部信用评级的通知》第 2 条第 1 款。
② 《关于商业银行使用外部信用评级的通知》第 7 条。

不得再为同业拆借市场提供专业化服务。违反有关法律规定的,应当承担相应的法律责任"。2008 年中国人民银行《银行间债券市场非金融企业债务融资工具管理办法》第 10 条规定,"为债务融资工具提供服务的承销机构、信用评级机构、注册会计师、律师等专业机构和人员应勤勉尽责,严格遵守执业规范和职业道德,按规定和约定履行义务;上述专业机构和人员所出具的文件含有虚假记载、误导性陈述和重大遗漏的,应当就其负有责任的部分承担相应的法律责任。"2015 证监会发布的《公司债券发行与交易管理办法》再次明确,信用评级机构是证券服务机构。①

(六) 关于减少外部评级使用的相关规定

受美国次贷危机影响,人们开始反省对信用评级机构的过度依赖,因此,在 2009 年以后我国银行业开始转变对外部信用评级机构的态度,由原来的必要时可采用信用评级机构的评级结果,变为不应完全依赖外部机构评级报告,再到审慎使用外部信用评级。外部信用评级结果不再作为商业银行的直接授信依据,而只能作为内部信用评级的补充参考。商业银行的重心转为加强其内部信用评级体系的完善和制度建设。例如,2009 年银监会发布的《关于加强商业银行债券投资风险管理的通知》规定,"商业银行不应完全依赖于外部机构评级报告,应将债券投资信用评级纳入信用风险内部评级管理体系或者建立独立的债券投资评级管理体系,建立健全信用评级管理制度"。2011 年银监会发布的《关于商业银行使用外部信用评级的通知》规定,"商业银行应当审慎使用外部信用评级,外部信用评级结果不应直接作为商业银行的授信依据",以及"商业银行的内部评级体系如果在评级确定方面引用或参考外部评级结果,应当至少选择两家外部评级机构的评级结果和违约概率数据进行比较,并选择使用评级较低、违约概率较大的外部评级结果"。

---

① 《公司债券发行与交易管理办法》第 6 条。

三、寻求突破阶段(2012 年至今)

2012 年初,中国信用评级市场规范建设被提上日程,有关主管部门也加大了信用评级方面的规则制定工作。2013 年我国国务院颁布《征信业管理条例》,虽然该条例的最终稿中没有任何文字涉及信用评级机构,但该条例的颁布为信用评级的基础性环节——信用信息的采集、使用和保护等方面——打下了坚实的法制基础。金融行业的各监管机构以及地方政府也起草和出台了一系列制度规范,其中最引人注目的就是 2019 年 11 月 26 日中国人民银行、国家发展和改革委员会、财政部、中国证券监督管理委员会联合颁布的《信用评级业管理暂行办法》。

(一)专门针对信用评级颁布的、系统性规定信用评级机构有关问题的规范性法律文件

2012 年银监会发布《外部评级使用规范》①,规定了商业银行使用外部评级的总体要求、合格外部评级机构的资格标准(客观性、独立性、国际通用性及透明度、披露、资源、可信度)、多方评级结果的使用、债项评级结果的确定、使用评级结果需要考虑的其他问题等内容。2013 年 8 月保监会发布《关于加强保险资金投资债券使用外部信用评级监管的通知》,规定了保监会对信用评级机构的能力认可条件、认可申请、认可程序、评级机构的义务、行业协会自律监管、保监会对信用评级机构的监管、保险资金与评级有关的投资限制等内容。②这一通知重点在于规定了信用评级机构在保险资金投资市场的市场准入和业务许可条件以及审核程序,对于其他内容则是简要

---

① 该规范是《商业银行资本管理办法(试行)》的附件十七。

② 中国保险监督管理委员会:《关于加强保险资金投资债券使用外部信用评级监管的通知》,http://circ.gov.cn/web/site0/tab5225/info2526430.htm, 2019 年 5 月 16 日访问。随后,保监会公布了首批 7 家获得能力认可的信用评级机构名单,它们分别为中诚信国际信用评级有限责任公司、东方金诚国际信用评估有限公司、大公国际资信评估有限公司、联合信用评级有限公司、上海新世纪资信评估投资服务有限公司、联合资信评估有限公司和中诚信证券评估有限公司。

地进行了原则性规定,没有具体展开。2014 年 12 月,财政部发布《关于2014 年地方政府债券自发自还试点信用评级工作的指导意见》,对债券信用评级的定义和作用、地方政府自发自还试点评级工作的总体要求、信用评级机构的择优选择、信用评级的规范实施、信用评级报告的披露和注册登记、试点地区地方债券信用评级等级符号及含义等内容做出了规定。

2016 年 11 月,石家庄市人民政府办公厅颁布的《石家庄市企业信用评级标准(试行)》对信用评级机构在该市开展企业信用评级业务及相关活动进行规范,包括基本原则、工作流程、信用评级活动、信用评级结果控制和等级限制、信用报告组成部分有效期限等内容,附件部分对企业信用评级要素指标和信用等级划分及释义做出了规定。该文件属于地方性规范,涉及的是信用评级中的一个局部——主体评级,主要是为信贷市场服务,对信用评级机构如何具体开展评级活动以及评定信用等级有着比较细致和具体的规定。

2017 年 7 月,中国人民银行发布 2017 年第 7 号公告,为推动银行间债券市场对境外信用评级机构的开放和促进信用评级市场的健康发展,对境内依法设立的信用评级机构法人和境外依法设立的信用评级机构法人开展银行间债券市场信用评级业务的条件和程序做出了明确的规定,并规定了它们开展业务的注册义务,重申由中国人民银行对在银行间债券市场信用评级业务的信用评级机构进行监管,以及由中国银行间市场交易商协会开展行业自律监管,要求交易商协会应当制定以投资者为导向的市场化评价规则,并对信用评级机构自身信息的披露进行了规范,也规定了信用评级机构的禁止行为和违规行为以及相应的法律责任和处罚措施,同时再一次明确区分了企业信用调查业务和评级业务的制度和规则区别,首次指出监管部门要逐步减少政策法规对外部信用评级结果的引用(以前只有银监会提到商业银行要加强内部评级体系建设,降低对外部信用评级的依赖)。①

---

① 《中国人民银行公告〔2017〕第 7 号》,http://www.gov.cn/xinwen/2017-07/04/content_5207929.htm, 2019 年 5 月 16 日访问。

2018 年 9 月,中国人民银行和证监会联合发布 2018 年第 14 号公告,出台措施推动银行间债券市场和交易所债券市场评级业务资质的逐步统一,鼓励同一实际控制人下不同的信用评级机构法人通过兼并、重组等市场化方式进行整合,加强对信用评级机构的监督管理和信用评级行业的监管信息共享,要求信用评级机构建立完善的公司治理机制、内部控制和业务制度,防范利益冲突,恪守职业操守,按照独立、客观、公正的原则,充分揭示被评级对象的信用风险,采取一切必要的措施保证评级质量,要求在银行间债券市场和交易所债券市场同时开展业务的信用评级机构应当统一评级标准,并保持评级结果的一致性和可比性。①该公告是在《信用评级业管理暂行办法》暂时没有通过的情况下,为统一评级行业的监管、规范评级市场的发展、消除监管套利空间和减少监管重复投入、重塑评级机构的发展格局和推动债券市场互联互通而制定颁布的,具有十分重要的意义。但这仅是两家监管部门之间的联合公告,没有涉及发改委和保监会规定的市场准入和业务许可问题,资质统一的规定没有涵盖整个市场,另外其内容也比较原则化和简要,对信用评级机构完善内部制度只是口号式的强调,没有实质性的规范供给。

为了统一规范信用评级活动,保护当事人合法权益,促进信用评级业健康发展,②2016 年 10 月,中国人民银行会同发展改革委、证监会起草了《信用评级业管理暂行办法》(征求意见稿)。该办法于 2019 年 11 月 26 日由中国人民银行、国家发展和改革委员会、财政部、中国证券监督管理委员会联合颁布,并于 2012 年 12 月 26 日起施行。全文共九章七十二条,在"总则"部分对立法目的、适用范围及相关定义、监管主体、行业主管部门的职责、业

---

① 《中国人民银行、中国证券监督管理委员会公告(2018)第 14 号——关于信用评级机构在银行间债券市场和交易所债券市场开展债券评级业务有关事宜的公告》,https://www.pkulaw.com/chl/c99e29927a0ee7adbdfb.html, 2019 年 5 月 16 日访问。
② 《信用评级业管理暂行办法》(征求意见稿)第 1 条。

务主管部门的监督管理、部际协调机制、信用档案建设及信息公开与共享、信用评级机构遵守的原则进行了规定,在"信用评级机构管理"部分就信用评级机构注册登记的程序和要件、分支机构注册登记的程序和要件、注册登记变更、信用评级数据库系统处理要求、业务资质管理等内容进行了规范,在"信用评级从业人员管理"部分明确了信用评级从业人员注册登记管理、离职人员要求、人员业务培训和能力测试等事项,在"信用评级程序及业务规则"部分规定了信用评级机构内部管理制度有效性评估、信用评级制度、评级协议签订、评级项目组构成、尽职调查、初评阶段、三级审核程序、信用评审委员会评审程序、结果反馈与复评、评级结果公布、定期跟踪评级、不定期跟踪评级、档案管理、保密义务、评级终止、禁止行为等内容,在"独立性要求"部分提出了信用评级机构执业独立性和利益冲突回避、评级人员独立性和利益冲突回避、薪酬独立的要求,在"信息披露要求"部分规范了信息披露渠道、信用评级机构基本信息披露、独立性信息披露、评级质量信息披露、信用评级信息来源披露、第三方尽职调查披露、结构化融资产品评级信息披露等问题,在"监督管理"部分,就现场检查方式、现场检查内容、现场检查要求、非现场检查材料报送、非现场检查措施、违约率检验与通报、监管报告、约谈措施等内容进行了规范,在"法律责任"部分规定了信用评级机构和从业人员未按规定办理注册登记的法律责任、信用评级机构隐瞒或者提供虚假申报材料的法律责任、信用评级机构和评级从业人员违规行为的法律责任、信用评级机构侵犯投资人或评级委托人或评级对象利益的法律责任、失信机构的处罚措施、违规处罚公告,在"附则"部分规定了既存信用评级机构的注册登记、非评级机构不得对外提供评级结果、信用评级机构的主动评级、办法解释权和实施日期等内容。

该办法是第一部适用全部债券市场的信用评级机构的专门性法律文件,对学界和实务界诟病已久的多头监管带来的立法分散、重复建设浪费资源、重复合规增加成本、监管冲突和监管空白并存等问题有所回应,内容上也有许多进步和亮眼之处,例如,关于信用评级机构本身的信息披露问题,该办法用了整整一章的篇幅对其进行规定,对信息披露渠道、信用评级机构基本信息披露、独立性信息披露、评级质量信息披露、信用评级信息来源披露、第三方尽职调查披露、结构化融资产品评级信息披露的规范,使得资本市场参与主体特别是投资者和监管者对信用评级机构的评级有了更充分的了解,便于他们更好地参考和利用信用评级机构的评级。但该办法也有许多有待完善之处,例如它没有实际解决多头监管和权力协调分配的问题,对评级机构的市场准入和业务许可问题本质上没有做出明确规定,没有解决评级市场准入标准混乱的问题,一些问题仍留待各监管部门自行规定,等等。

(二) 信用评级机构的业务规范和加强对信用评级机构的监管方面的有关规定

后金融危机时代,各金融监管机构也越来越重视对信用评级的监管。2012 年国家发展改革委办公厅颁布《关于进一步强化企业债券风险防范管理有关问题的通知》,提出要"规范信用评级,防止评级虚高",并规定了具体的防范措施,包括(1)加强评级机构自身信用记录的采集使用,强化综合信用承诺制度,对以高评级招揽客户、"以价定级"等行为进行处罚;(2)我委将组织市场机构投资者定期对评级机构进行评价,加强对评级机构企业债券评级行为的监督,对评级质量差、风险揭示严重缺失的评级机构实行禁入制度;(3)鼓励举报不规范评级行为,一经查实,按规定处罚。①2015 年国家发展改革委办公厅发布《关于公布 2015 年度企业债券信用评级机构信用评价结果的通知》,委托中国银行间市场交易商协会组织开展企业债券信用评级机构信用评价工作。2015 年证监会在《公司债券发行试点办法》的基础上颁布《公司债券发行与交易管理办法》,补充规定了"公司债券发行提供服务

———————————————

① 《关于进一步强化企业债券风险防范管理有关问题的通知》第 6 条。

的资信评级机构和人员应当勤勉尽责,严格遵守执业规范和监管规则,按规定和约定履行义务"①,资信评级机构有向市场公布首期跟踪评级报告以及信用评级等级调整和信息变动情况的义务,②中国证监会依法对公司债券的公开发行、非公开发行及其交易或转让活动进行监督管理,证券自律组织可依照相关规定对公司债券的上市交易或转让、非公开发行及转让、承销、尽职调查、信用评级、受托管理及增信等活动进行自律管理,以及其他关于信用评级机构业务规范和监管方面的内容。③

(三) 评级引用方面的有关规定

这一时期有关评级引用方面的监管规则主要有 2012 年国家发展改革委办公厅颁布的《关于进一步强化企业债券风险防范管理有关问题的通知》、2013 年保监会发布的关于印发《保险公司偿付能力报告编报规则——问题解答第 15 号:信用风险评估方法和信用评级》等 5 项问题解答的通知、2014 年 10 月保监会发布的《关于保险资金投资优先股有关事项的通知》、2014 年 9 月保监会发布的关于印发《保险公司偿付能力报告编报规则——问题解答第 24 号:信托计划》的通知、2014 年 9 月银监会发布的《外资银行行政许可事项实施办法》、2014 年 5 月证监会发布的《创业板上市公司证券发行管理暂行办法》、2014 年 5 月保监会发布的《关于保险资金投资集合资金信托计划有关事项的通知》、2014 年 2 月保监会发布的《关于规范保险资金银行存款业务的通知》、2014 年 1 月保监会发布的《关于加强和改进保险资金运用比例监管的通知》、2012 年 6 月银监会发布的《商业银行资本管理

---

① 《公司债券发行与交易管理办法》第 7 条。
② 《公司债券发行与交易管理办法》第 46 条规定:"资信评级机构为公开发行公司债券进行信用评级,应当符合以下规定:(一)按照规定或约定将评级信息告知发行人,并及时向市场公布首次评级报告、定期和不定期跟踪评级报告;(二)在债券有效存续期间,应当每年至少向市场公布一次定期跟踪评级报告;(三)应充分关注可能影响评级对象信用等级的所有重大因素,及时向市场公布信用等级调整及其他与评级相关的信息变动情况,并向证券交易所或其他证券交易场所报告。
③ 《公司债券发行与交易管理办法》第 10 条。

办法（试行）》、2015 年中国人民银行发布的《关于在银行间债券市场发行绿色金融债券有关事宜的公告》、2015 年银监会发布的《商业银行流动性风险管理办法（试行）》、2015 年 6 月银监会发布的《信托公司行政许可事项实施办法》、2015 年 8 月保监会发布的《资产支持计划业务管理暂行办法》、2015 年 12 月保监会发布的《中国保险保障基金有限责任公司业务监管办法》、2015 年 3 月保监会发布的《关于调整保险资金境外投资有关政策的通知》、2015 年 1 月证监会发布的《公司债券发行与交易管理办法》、2015 年 1 月中国人民银行和中国保险监督管理委员会发布的《关于保险公司发行资本补充债券有关事宜的公告》、2017 年 7 月保监会发布的《信用保证保险业务监管暂行办法》、2017 年 5 月保监会发布的《关于保险资金投资政府和社会资本合作项目有关事项的通知》、2017 年 7 月银监会发布的《中资商业银行行政许可事项实施办法》，等等。

（四）法律制度的规范补充-自律规则

除了上述相关法律法规和部门规章制度对信用评级机构进行的相应规制外，我国在自律监管方面也制定和实施了一些规则。

1996 年上海证券交易所和深圳交易所分别颁布《上海证券交易所企业债券上市管理规则》和《深圳证券交易所企业债券上市管理规则》，规定了债券上市中的评级引用，"经本所认可的评估机构评估，债券信用等级不低于 a 级……"。2002 年 11 月，上海证券交易所和深圳交易所分别出台了关于可转换公司债券的规则，规定了可转换公司债券上市中的评级引用。

2003 年 7 月中国证券业协会发布的《证券业从业人员资格管理实施细则（试行）》规定，机构中从事证券业务的专业人员应当依据本细则规定，取得从业资格和执业证书；①申请从事证券资信评估业务的人员，应当同时符合《证券法》第 158 条及中国证监会所规定的条件。②

---

① 《证券业从业人员资格管理实施细则（试行）》第 4 条。
② 《证券业从业人员资格管理实施细则（试行）》第 6 条。

　　2004 年 7 月,中国对外贸易经济合作企业协会发布《对外贸易企业信用评级标准及实施办法》,对信用评级的原则、信用评级标准(包括基本要素及权重设置)、信用等级划分、信用评级的监督机构、指定的信用评级机构、信用评级的工作程序、信用等级的确定、信用等级证书的颁发和使用、信用评级的监管等内容做出了规定。但必须指出的是,虽然该办法名称上使用了"信用评级"一词,但它并不是完全意义上的信用评级自律监管规则,与本书研究的"主体信用评级"的内涵还有一定的差距。根据该办法总则部分所言,"信用评级是为了促进我国对外贸易企业的诚信经营,提高其在国内外市场的信用度和核心竞争力,推动我国对外贸易健康有序的发展"。由此可以看出该办法的信用评级实际是诚信评级,不是真正意义上为揭示债务偿还的信用风险的信用评级,二者有所交叉,但具有本质上的不同。本书仍然介绍该办法,一是二者具有交叉的部分,诚信评级中的部分内容仍然值得我们介绍和关注,二是再一次向大家展示对于"信用评级"的内涵理解的多样性,同时也再一次澄清了本书主旨的"信用评级"内涵的根本内容。

　　2012 年 3 月 19 日,中国证券业协会发布《证券资信评级机构执业行为准则》,规定了证券评级机构和评级从业人员以及高级管理人员的范围、评级机构及评级从业人员从事证券评级业务的原则、评级机构的评级质量控制、评级业务档案记录、评级业务程序、恶性竞争的禁止、评级的终止、跟踪评级的开展、利益冲突的防范、内部利益冲突防范制度的构建、信息的披露(被评级对象信用评级信息披露和评级机构自身信息披露)、保密信息的处理、合规检查、对评级机构和评级人员的管理和监督等内容,以进一步指导和规范证券评级机构的执业行为。这是国内首部由证券评级机构的自律管理单位组织起草并对外发布实施的自律规范,有效填补了全国性信用评级行业自律规范上的空白。[①]

[①]　蔡宗琦:《〈证券资信评级机构执业行为准则〉正式发布》,载《中国证券报》,2012 年 3 月 18 日。

2013 年 1 月，中国银行间市场交易商协会发布《非金融企业债务融资工具信用评级业务自律指引》，对信用评级的定义、信用评级机构的评级原则、内部治理结构和管理制度、信用评级体系、合规监督、评级质量控制、利益冲突管理、信息披露、信用评级机构及其评级人员的禁止行为、信用评级业务基本要求和程序、发行人委托评级和投资人委托评级以及主动评级、自律管理等内容做出了规定，以期"加强信用评级市场自律管理，规范非金融企业债务融资工具信用评级业务，促进债务融资工具市场健康发展"①。

2015 年 1 月，中国证券业协会、上海证券交易所和深圳证券交易所联合发布《关于进一步明确债券评级信息披露规范的通知》，规定了信用评级机构首次评级信息和持续跟踪评级信息的披露义务、披露渠道、指定专人负责的义务、对相关信息的保密义务及相应的处罚措施，以便利投资者及时获取评级信息，保护投资者合法权益。

为细化保监会对信用评级机构的监管措施和规则，督促保险资金投资债券使用的外部信用评级机构（以下简称"评级机构"）完善信用评级体系，改善投资者服务质量，充分发挥外部信用评级在风险揭示和信用定价等方面的作用，增强外部评级结果的科学性和有效性，②2015 年 10 月中国保险资产管理委员会出台《保险资金投资债券使用的外部信用评级机构评价规则（试行）》，对信用评级机构接受保险资产管理委员会组织评价的义务、评级机构提交资料的义务、评级工作的开展、评价指标体系的构成、评价结果的公布和使用等内容进行了规范。③

2016 年 6 月，中国证券业协会发布《证券市场资信评级机构业务实施

---

① 《非金融企业债务融资工具信用评级业务自律指引》第 1 条。
② 《保险资金投资债券的外部信用评级机构评价规则》第 1 条。
③ 中国保险监督委员会：《保险资金投资债券使用的外部信用评级机构评价规则（试行）》，http://www.iamac.org.cn/ywcx/xypjjgpj/201603/t20160310_2912.html，2019 年 5 月 16 日访问。

细则(试行)》,重申了证券评级机构从事证券市场信用评级业务的许可制度和中国证券业协会对证券评级机构开展证券评级业务的自律管理职能,强调证券评级机构的业务管理制度和内部控制制度建设,并对证券评级机构开展证券评级业务的尽职调查、评级报告的出具、跟踪评级和信息披露的义务、档案资料的整理归集和保存、自律管理等内容做了详细的规定。

2018 年 3 月,中国银行间市场交易商协会发布《银行间债券市场信用评级机构注册评价规则》,对符合业务许可规定的信用评级机构就其在银行间债券市场拟开展的债券评级业务类别向交易商协会申请注册的义务、银行间债券市场信用评级业务的类别及相关术语的定义、信用评级机构的业务范围、信用评级机构注册评价的原则、注册评价指标体系、注册评价的实施、评价结果的运用以及自律规范等内容做出规定,以建立市场化的注册评价机制,并根据评价结果对信用评级机构实行分层分类管理,促进银行间债券市场健康有序发展。

2018 年 3 月,中诚信国际信用评级有限责任公司、中债资信评估有限公司、联合资信评估有限公司、东方金城国际信用评估有限公司、大公国际资信评估有限公司、上海新世纪资信评估投资有限公司签订并通过中国银行间市场交易商协会发布了《非金融企业债务融资工具信用评级机构自律公约》,重申了中国银行间市场交易商协会对信用评级机构的自律监管职能,对信用评级机构及评级人员的禁止性行为、自律义务和违反自律公约的责任后果等内容进行了原则性规定。

2018 年 3 月,中国银行间市场交易商协会发布《非金融企业债务融资工具信用评级业务调查访谈工作规程》,对调查访谈的重要性和作用、调查访谈的内涵定义、信用评级机构开展调查访谈工作的原则、调查访谈的过程与方式、信用评级机构对于调查访谈的内部管理、交易商协会对信用评级机构开展调查访谈工作的自律管理与违规处分等内容做出了规定,以"规范银行间债券市场非金融企业债务融资工具信用评级业务,提高评级调查访谈工作质量,保证信用评级的公正性、一致性、完整性"①。

第二节　我国信用评级机构法律制度的特点与成绩

从前文对我国信用评级法律制度和规范的梳理,可以看到我国信用评级机构法律制度经过近三十年的发展已经取得了一定的成绩,相关法律法规和规章制度数量不少,对信用评级机构的设立、市场准入和业务许可、业务规范、内部规章制度建设、利益冲突防范和管理、评级结果信息披露、信用评级机构自身及评级行为信息披露、信用评级机构的法律责任、信用评级的监管引用等方面都制定了相应的规范,规范内容越来越具体和详细,可操作性越来越强,覆盖面越来越广,已经具备了信用评级机构法律制度建设的基本框架,某些方面的立法规定十分前沿,展现了我国立法技术和立法内容的前瞻性和先进性。

一、我国信用评级机构法律制度发展的特点

我国信用评级机构法律制度的发展有着自身的特点,主要表现在以下三个方面。

(一) 制定主体:国务院起头—中国人民银行领头—证监会迎头赶上

我国最早制定有关信用评级规范内容的主体是国务院,规定债券信用评级工作应作为债券发行审批的一个程序,这是有关评级引用的规定,未具体设计信用评级机构的规范,但为后续信用评级机构规范的制定奠定了基础。在信用评级法律制度发展初期,由于被评级业务与银行往来密切,中国人民银行于 1993 年致函国家工商行政管理局,明确从事企业资信和证券评

---

① 《非金融企业债务融资工具信用评级业务调查访谈工作规程》第 1 条。

估的信用评级机构由中国人民银行负责审批管理,率先取得了信用评级机构监管的主导权,随后制定了多部关于信用评级机构的部门规章,也带动了各地方对企业信用信息管理和评级相关的立法,是最早对信用评级机构进行资质许可公示的监管机关,在信用评级的引用、信用评级机构的专门性法律文件、规定自律监管、协调与其他政府机关的监管等方面都有积极作用。2006 年《中国人民银行信用评级管理指导意见》是第一部专门针对信用评级进行整体性管理和规范的法律文件。

　　我国 1999 年《证券法》授权证监会规定证券资信评估机构的设立条件、审批程序和业务规则以及认定资信评级机构业务人员从事证券业务资格的标准和管理办法。证监会在信用评级机构法律规范方面的制定虽然相比中国人民银行起步较晚,但发展迅速,2003 年率先制定了第一部关于信用评级机构业务规范的法律文件《资信评级机构出具证券公司债券信用评级报告准则》。在建立公开透明的信用评级业务许可的市场准入规范方面,2007 年证监会发布的《证券市场资信评级业务管理暂行办法》明确了信用评级机构从事证券评级的业务许可和市场准入条件和程序、信用评级机构中负责证券评级业务的高管的条件以及需要提交的材料。证监会近年来不断细化和优化证券市场信用评级机构的行政许可制度和流程,对《资信评级机构行政许可工作指南》《资信评级机构行政许可审核工作制度》以及《资信评级机构行政许可事项申报材料目录及要求》进行修订,简化了《资信评级机构行政许可工作流程图》,制定了《资信评级机构行政许可申请受理及审核情况公示规程》,明确了信用评级机构申请证券市场信用评级业务过程中受理和审核的公示时间、内容和要求,要求其对受理进度和结果进行公示,并定期在其官网上回复有关证券市场信用评级机构业务许可和市场准入的监管问答。在建立公平竞争和优胜劣汰的市场机制方面,证监会制定的《证券市场资信评级业务管理暂行办法》及其指导中国证券业协会发布的《证券资信评级机构执业行为准则》《证券市场资信评级机构评级业务实施细则》

以及证券业协会、上交所和深交所联合发布的《关于进一步明确债券评级信息披露规范的通知》提供了有效的规范供给。①尤其是对信用评级机构的利益冲突问题，《证券市场资信评级业务管理暂行办法》做了比较细致的规定，以前的相关文件虽然也提到了对于有利益冲突或利害关系的被评级对象，评级机构要回避，但没有详细规定什么构成利益冲突、什么是利益关系。《证券市场资信评级业务管理暂行办法》对信用评级机构和被评级对象的利益关系以及评级委员会委员和评级从业人员与被评级对象的利益关系做了具体的列举式规定，也对防火墙制度做了更为详细的规定。

发改委和银监会也对自己监管范围内涉及信用评级机构的有关事项进行了规范，但不管是数量还是内容详细程度都与中国人民银行和证监会有一定的差距。保监会本身对信用评级机构没有直接的监管权限，但基于对保险资金运用的监管制定了有关评级引用的相关规定，基于评级引用又对信用评级机构的业务许可和市场准入以及评级活动本身做出了相应的规范。从全国性专门针对信用评级机构的法律文件上看，中国人民银行颁布了四部，分别为 2006 年《中国人民银行信用评级管理指导意见》和《信贷市场和银行间债券市场信用评级规范》（包括《信用评级主体规范》《信用评级业务规范》《信用评级业务管理规范》）、2008 年的《关于加强银行间债券市场信用评级作业管理的通知》以及 2017 年的第 7 号公告；证监会颁布了两部，分别为 2003 年的《资信评级机构出具证券公司债券信用评级报告准则》和 2007 年的《证券市场资信评级业务管理暂行办法》；中国人民银行和证监会联合颁布 2018 年第 14 号公告；银监会颁布了一部，为 2012 年的《外部评级使用规范》；保监会发布了一部，为 2013 年的《关于加强保险资金投资债券使用外部信用评级监管的通知》；财政部发布了一部，为 2014 年的《关于2014 年地方政府债券自发自还试点信用评级工作的指导意见》。

---

① 证监会：《对十二届全国人大五次会议第 7674 号建议的答复》，发文日期：2017 年 12 月 29 日。

（二）规范内容:评级引用驱动＋评级机构业务规范

我国信用评级法律制度起源于评级引用法律制度。正是政府监管部门对信用评级的监管引用带动了我国信用评级的市场需求,因此从数量上来说,有相当一部分涉及信用评级的法律法规都是关于评级引用的法律法规。正如第一章分析的,监管功能并不是信用评级机构的本质功能,因此这些规定也并不是规范信用评级机构的基本制度,但这些法律制度对信用评级机构又非常重要。一方面,我国信用评级市场的发展具有独特路径,与国外评级机构发展的市场驱动不同,我国信用评级机构的发展是政府主导和监管需求驱动的;另一方面,这些评级引用的法律制度决定了监管引用机关会相应地出台信用评级机构的业务许可和市场准入条件的相关规范并对信用评级机构的业务进行相应规范。当然,随着国际金融危机的爆发,监管部门开始反思对信用评级机构的引用依赖,有些法律文件开始提出要加强内部信用评级体系建设,减少对外部评级机构信用评级的引用或者要审慎引用。但整体上,这种减少评级引用的规定也还是主要限制在信贷市场和保险资金运用方面,其他方面的评级引用仍然大量存在。

我国信用评级制度的内容也逐渐以评级引用为起点,发展到信用评级机构的评级业务规范本身。可以说,除了单纯评级引用的相关规定,其他有关评级机构的业务许可和市场准入、评级机构的评级流程规范、内部制度建设、利益冲突防范、信息披露、监管规定、法律责任等内容都是围绕信用评级机构的公正性、独立性、专业性而展开的。业务许可和市场准入是从公正、独立和专业的角度对评级机构进行筛选,保证开展信用评级业务的机构能提供良好的信用评级服务,以供投资者、监管者以及其他市场主体参考引用;评级流程规范是直接对评级机构的业务活动开展做出规定,以期保证评级机构业务活动的专业性和评级结果的准确性;利益冲突防范和管理措施旨在消除信用评级机构(包括信用评级人员)面临的利益冲突问题,保证信用评级机构评级活动的独立性和公正性;信息披露规范使得评级结果使用者的知情权得到进一步保障,对被评级对象的信用信息、评级机构本身以及本次评级活动有更深入的了解,可以让评级结果使用者更好地使用信用评级机构的评级结果;而信用评级机构的内部制度建设、自律组织对信用评级机构的自律监管、政府监管机构对信用评级机构的法律监管以及信用评级机构需承担的相应的法律责任都是为了保证前述信用评级机构规范和措施能够得到有效贯彻和执行。

(三)制度发展:从与征信法律制度的混同发展到独立发展

我国信用评级业的发展始于债券市场,但一度繁荣于信贷市场。信用评级机构的产生、演变与发展伴随着中国人民银行的主导、清理和监管。相应地,我国信用评级法律制度也经历了从与征信法律制度混同发展到独立发展的过程。

信用评级法律制度与征信法律制度的混同发展十分明显地反映在信用评级的地方性法律文件中。很多法律文件制定主体将企业的征信管理和信用评级放在一起加以规范,比如 2002 年汕头市政府颁布的《汕头市企业信用评级管理暂行办法》、中国人民银行深圳分行颁布的《深圳市贷款企业资信等级评估管理办法》、宁波市政府颁布的《宁波市企业信用信息管理办法》、北京市政府颁布的《北京市行政机关归集和公布企业信用信息管理办法》、深圳市政府出台的《深圳市企业信用征信和评估管理办法》、南京市政府颁布的《南京市企业信用信息管理试行办法》、成都市政府颁布的《成都市企业信用信息管理办法》、苏州市政府颁布的《苏州市企业信用信息管理办法》、温州市政府出台的《温州市企业信用信息征集使用管理暂行办法》、鞍山市政府颁布的《鞍山市企业信用信息管理暂行办法》、淮北市政府颁布的《淮北市企业信用信息管理办法》、中国人民银行上海分行和上海市促进小企业发展协调办公室联合颁布的《关于组织开展中小企业资信评级试点工作的说明》、天津市政府颁布的《天津市行政机关归集和使用企业信用信息管理办法》、上海市政府颁布的《上海市企业信用征信管理试行办法》和长沙市政府颁布的《长沙市信用征信管理办法(试行)》等等。可以看出,在这一阶段,信用评级法律制度和征信法律制度呈现一定的混同发展模式。

但随着信用评级在信贷市场以外的广泛使用和迅速发展,征信机构和信用评级机构的区别越来越为立法者所认可,信用评级制度逐步与征信制度相分离,成为独立的规范内容。尤其是从 2003 年开始,主要是 2006 年之后,中国人民银行、证监会、银监会、保监会和财政部都制定了专门针对信用评级的综合法律文件,信用评级机构的规范不再是其他规范的附带内容了。2013 年国务院颁布了《征信业管理条例》,其中没有涉及任何信用评级的专门规定,将其留待其他法规予以规范。

二、我国信用评级机构法律制度的成绩

我国信用评级机构法律制度的成绩,可以归纳为以下两点。

(一) 基本框架已经建立,内容由点到面、从原则到具体

经过近三十年的发展,我国信用评级机构法律制度的基本框架已经建立。从法律层次上说,我国已经建立了由法律(《证券法》)法规(由国务院规定),以及由中国人民银行、证监会、发改委、银保监会制定的众多部门规章和若干地方性规章组成的有关信用评级机构的基本法律框架。从规范涵盖面上说,现有信用评级机构法律制度对信用评级机构的设立、业务许可、市场准入、信用评级人员的资质和从业条件、信用评级机构高级管理人员的资质和任职条件、信用评级市场的对外开放、被评级对象信用信息的获取和管理、信用评级机构评级活动的开展程序、利益冲突的主要类型及其防范、评级体系的构建、评级符号的等级和含义、评级报告的发布、跟踪评级的要求、信用评级机构的信息披露内容和渠道、内部制度构建、自律监管的要求、法律监管的开展、投资者保护、信用评级机构的法律责任、监管机构之间的配合和协调等问题都已经做出了规定。

随着法律制度的不断发展,这些规定的内容逐步由点到面、从原则到具

体。例如,监管机构对信用评级机构的业务许可和市场准入规定,从最开始的只是规定信用评级机构需要得到业务许可、获取相关资质,并直接公布获得许可的信用评级机构名单,发展到在法律文件中明确规定具体的业务许可和市场准入条件、程序和需要提交的材料;对于利益冲突的有关规范,从最开始的只规定要避免利益冲突,发展到具体规定利益冲突的类型,区分信用评级机构的利益冲突和信用评级人员的利益冲突,强调内部防火墙制度的建设和内部合规制度的构建;最开始的信息披露制度只涉及评级机构评级结果的发布和评级报告的披露,后来它发展到包括评级结果、评级报告、被评级对象信用信息的披露、信用评级机构本身及其评级体系和评级活动信息的披露,信息披露内容更广、渠道更便捷,同时也更加注重对保密性信用信息的保护。

(二) 若干规范的前瞻性和进步性

我国信用评级机构的诞生和发展虽然晚于国外,相关法律制度和规范在有些方面与国外相比有滞后性,但也有的方面具有前瞻性和进步性。

1. 关于评级等级标示和含义在局部市场的统一性规定

中国人民银行 2006 年颁布的《信用评级管理指导意见》附件部分和《信贷市场和银行间债券市场信用评级规范》的第二部分《信用评级业务规范》统一了银行间债券市场和信贷市场信用评级的标识和含义;2014 年财政部发布《关于 2014 年地方政府债券自发自还试点信用评级工作的指导意见》,对试点地区地方政府债券信用评级等级符号及含义的统一使用也做出了规定。

虽然也有学者提出疑虑,认为"评级机构使用什么评级符号及其相应的含义,都属于评级机构自行决定的事"[1],由监管部门对信用评级等级符号和含义进行统一规定有可能会产生政府过分干预市场的结果。但笔者认

---

[1] 彭秀坤:《国际社会信用评级机构规制及其改革研究》,中国民主法制出版社 2015 年版,第 210 页。

为,评级等级符号是信用评级机构用简单明了的方式将信用风险等级表示出来,不是对具体信用风险等级的评定。信用风险的大小以及债务人或债务工具违约的可能性是信用评级机构运用专业技能进行计算而得出的主观结论,信用评级机构如何得出这一结论的具体方法不被干预,所以统一评级符号的等级和含义具有可行性,不涉及政府对市场的过度干预。而对投资者、监管者和其他使用评级结果和评级报告的市场主体而言,统一的符号和含义对他们理解不同评级机构的评级结果和评级报告有十分重要的意义,也便于他们进行信用评级机构之间的比较,不同信用评级机构做出的评级结果和评级报告之间的比较,有助于让信用评级机构真正发挥信息中介的作用,最大程度地解决市场信息不对称的问题,从而促进投资者、其他市场参与者和监管者对评级结果的合理使用,更好地保护投资者和市场的健康有序发展。

欧盟内部市场、工业、创业和中小企业委员会在其 2016 年的《信用评级市场现状研究:最终报告》中也指出,未来可以进一步提高市场参与者对信用评级机构质量的把握,而促进市场竞争的有效替代措施将是统一信用评级机构间的评级等级标识。[1]这说明我国信用评级机构法律制度的若干规范已经走在国外发达信用评级市场的前列,具有前瞻性和进步性。

2. 关于信用评级机构法律责任的规定

在 2008 年金融危机发生后,国际社会对信用评级机构法律制度的批评热点之一就是信用评级机构权责不对等,缺乏对信用评级机构法律责任的规定,无法有效追究信用评级机构的法律责任。国外评级机构也往往在其官方网站上或评级报告中声明,它们并不保证和确认其得出评级结果所依据的信息和资料的准确性、完整性和及时性。

在这一点上,我国相关法律制度的规定具有前瞻性和进步之处,早在1999 年《证券法》中,就已经有关于信用评级机构法律责任的规定了,其第

---

① Internal Market, Industry, Entrepreneurship and SMEs, "Study on the State of the Credit Rating Market: Final Report," Research Report, January 2016.

189 条规定,"证券交易所、证券公司、证券登记结算机构、证券交易服务机构、社会中介机构及其从业人员,或者证券业协会、证券监督管理机构及其工作人员,在证券交易活动中作出虚假陈述或者信息误导的,责令改正,处以三万元以上二十万元以下的罚款;属于国家工作人员的,还应当依法给予行政处分。构成犯罪的,依法追究刑事责任"。根据此条规定,如果信用评级机构故意做出虚假陈述或者信息误导的,则应当承担相应的法律责任。2005 年《证券法》修订时,更是进一步明确了信用评级机构的相关法律责任,其第 173 条规定,"证券服务机构为证券的发行、上市、交易等证券业务活动制作、出具审计报告、资产评估报告、财务顾问报告、资信评级报告或者法律意见书等文件,应当勤勉尽责,对所依据的文件资料内容的真实性、准确性、完整性进行核查和验证。其制作、出具的文件有虚假记载、误导性陈述或者重大遗漏,给他人造成损失的,应当与发行人、上市公司承担连带赔偿责任,但是能够证明自己没有过错的除外"。第 223 条规定,"证券服务机构未勤勉尽责,所制作、出具的文件有虚假记载、误导性陈述或者重大遗漏的,责令改正,没收业务收入,暂停或者撤销证券服务业务许可,并处以业务收入一倍以上五倍以下的罚款。对直接负责的主管人员和其他直接责任人员给予警告,撤销证券从业资格,并处以三万元以上十万元以下的罚款"。这两条法律规定明确了信用评级机构的勤勉义务,对出具评级报告所依据的信息资料的真实性、准确性和完整性具有进行核查和验证的义务,因未尽勤勉职责而导致虚假记载、误导性陈述或重大遗漏的,不但要承担行政责任还要承担民事赔偿责任(除非能证明自己没有过错)。

类似关于信用评级机构的义务和相应法律责任的规定还有 2003 年证监会发布的《证券公司债券管理暂行办法》,规定"证券资信评级机构对评级结果的客观、公正和及时性承担责任"①。证监会 2007 年发布的《证券市场

---

① 《证券公司债券管理暂行办法》第 11 条。

资信评级业务管理暂行办法》规定，"为债券发行出具专项文件的注册会计师、资产评估人员、资信评级人员、律师及其所在机构，应当按照依法制定的业务规则、行业公认的业务标准和道德规范出具文件，并声明对所出具文件的真实性、准确性和完整性承担责任"[①]。相关规定还有 2004 年中国人民银行和银监会联合发布的《商业银行次级债券发行管理办法》、2004 年国家发改委发布的《关于进一步改进和加强企业债券管理工作的通知》、2005 年中国人民银行发布的《短期融资券管理办法》、2007 年中国人民银行发布的《同业拆借管理办法》、2008 年中国人民银行发布的《银行间债券市场非金融企业债务融资工具管理办法》、2015 年证监会发布的《公司债券发行与交易管理办法》等法律文件。

可见我国信用评级机构法律制度在规制信用评级机构的义务和责任，尤其是民事责任方面走在立法前沿，具有进步性和前瞻性。

第三节 我国信用评级机构法律制度的不足与缺失

梳理我国信用评级机构法律制度的发展和现状，不仅要总结我国信用评级机构法律制度发展的特点和成绩，也要看到我国信用评级机构法律制度的不足与缺失。只有正确认识其发展脉络和规范基础，继续发展法律制度中的前瞻性和进步性，克服现有不足和缺失，才能真正完善我国信用评级法律制度。

一、反思我国信用评级机构法律制度不足与缺失的原动力：评级失灵

2008 年全球金融危机的发生引发了社会公众和监管主体对信用评级

---

① 《证券市场资信评级业务管理暂行办法》第 17 条。

机构的广泛关注,也让大家开始审视其背后的信用评级机构法律制度。我国信用评级行业三十年来虽然取得了很大的进步,信用评级机构数量和规模不断提升,从业人员日益增多,技术不断发展,社会知名度逐步提高,为我国金融市场的发展发挥了积极的作用,但不可否认,我国信用评级行业也存在一些问题,包括评级结果同质化严重,检验情况较弱,违约率倒挂情况突出,质量亟待提升(例如,信用评级机构给出的信用等级集中在 AA 档以上,违约率基本上发生在信用等级为 AAA 至 A 档的高等级债券上。我国某信用评级机构 A+和 A 级别主体的违约率为 17.27% 和 18.57%,大大高于国际同等级别不到 1%的违约率①);还有买卖信用等级的违法违规行为(例如,一些信用评级机构承诺给出高级别评级以吸引发行人或换取发行人支付较高的评级费用);违背独立性原则(例如,某信用评级机构在为发行人的产品进行信用评级时,收取高额费用为发行人开展咨询服务);恶性竞争严重(例如,一些信用评级机构以低于成本价竞争评级项目);市场认可度不高,所评级别存在利差倒挂(例如,某信用评级机构 AA+债券的发行利差平均值为 222.5 bp,而 AA 债券的发行利差平均值为 188.9 bp);信用评级机构跟踪评级不及时,未识别和预警信用风险(例如,2018 年新增的违约发行人为 44 家,其中违约前没有信用评级负面调整的占 10 家,仅有 4 家的信用评级在违约前 6 个月有过负面调整);信用评级机构立项评估不完善,评级作业流程多环节管控不严;评级模型使用、评级报告等方面质量控制不严;前期业务调查意见落实不到位等等。②

这些乱象可以总结为一个词:评级失灵。正是评级失灵,使得信用评级机构的市场看门人作用未能有效发挥,人们开始质疑信用评级机构的存在价值以及强制外部评级制度和信用评级结果监管引用制度的合理性。正是对评级失灵的原因追问,使得人们开始反思现有信用评级机构法律制度的

---

① 以上数据来自 Wind 及各信用评级机构官方网站。
② 证券业协会、交易商协会:《业务通报》(中证协发〔2019〕第 334 号),2019 年 12 月 6 日。

不足与缺失，并思考未来如何修改和完善信用评级机构的相关法律制度，以规范信用评级机构使其独立、中立、专业和客观地进行信用评级，充分发挥信用评级的风险揭示作用，降低市场主体的信息不对称问题，满足资本市场中投资者、发行人以及市场管理者对信用评级的需求。

关于评级失灵的直接原因，笔者通过电话和电子邮件分别对信用评级机构从业人员、发行人、投资者和市场监管者进行了问卷调查，得到的答案包括：基础信用信息的缺失或误导（信用评级机构依据发行人或被评级主体提供的信息资料、公开信息资料以及其他渠道获取的信息资料对其做出信用风险合理评价，在发行人或被评级主体故意提供虚假信息、误导信息和隐瞒真实信息的情况下，信用评级机构据此做出的信用评级自然会失灵）；评级对象（结构性债务融资工具）本身的复杂性（资产池的历史表现数据缺乏、资产信用质量可变因素影响大、交易结构性风险因素多）；评级模型的瑕疵和评级技术的限制（对结构性债务融资工具的评级缺乏严密的数学计算、对结构性债务融资工具的评级缺少对发行人信用情况的评估、结构性债务融资工具过度创新导致理解严重不足、结构性债务融资工具设计中操纵风险以迎合评级需求等等）；信用评级机构独立性不够，受利益驱动而出具不实的信用评级（发行人付费模式、同时提供评级业务与咨询业务、发行人与信用评级机构之间的关联关系、发行人与评级从业人员的利益关系）；强制外部评级制度的实施、退出机制的缺失以及法律责任的不对称（这使得信用评级机构没有将评级质量放在第一位）；信用评级机构尽职调查不全面、立项评估不完善、评级作业不规范、评级模型和评级报告质控不严、对于明显的预警信号视而不见等。

从以上评级失灵的原因中，我们可以得出以下结论。第一，结构性债务融资工具有其特殊性和复杂性，其评级客观上不同于一般性债券的信用评级。因此，信用评级机构在对结构性债务融资工具进行评级时需要遵循与一般性债券评级不一样的规范，例如需要更广泛和更多元的风险提示和信息披露、更严格更全面的利益冲突禁止和防范、双评级制度安排等等。这就要求我们相应的法律制度有所区别,在进行制度安排时,有针对性地通过风险提示、信息披露、法律监管尽可能地减少可能导致评级失灵的因素,减轻投资者、市场参与者、市场监管者对结构性债务融资工具信用评级的依赖。第二,仅靠声誉资本无法约束信用评级机构的行为,针对信用评级机构自身原因导致的评级失灵,法律应当进行适当的制度安排,以保证信用评级机构评级过程的质量和公正,保证其独立性、透明度和信息披露的及时性以及对保密信息的保护,并加强监管和责任追究以确保评级机构对上述制度的遵守。在这一过程中我们要处理好寡头垄断、有限竞争、完全竞争的模式选择,成本与收益的平衡以及公正与效率的平衡等问题。第三,从事后验证的角度,还有一些评级不准确的情况是无法避免的,因此需要加强对投资者的风险提示和基础信用信息的披露,以使得信用评级机构的信用评级除了传递信息评级这一信息之外,还具有其他的信用信息价值,供投资者参考和评估,同时要寻求评级结果引用的监管依赖与监管效率之间的平衡。

总而言之,针对信用评级机构的评级失灵,我们应该客观审视我国信用评级机构的法律制度,找到不足,从而进行有效完善。

二、宏观层面我国信用评级机构法律制度的不足与缺失

通过本章的分析,我们可以看出我国信用评级机构法律制度的构建已经具备基本框架,但目前我国法律层面缺乏对信用评级机构的真正统一性规范,部门规章中对信用评级机构的行业规范虽然有所统一,但对信用评级机构的业务管理规范仍然是分类别或分条线的。我国目前法律上对信用评级机构进行规范的文件是《证券法》,其对证券市场信用评级机构的市场准入、业务规范和法律责任等问题做了简要规定,主要还是授权证监会对证券市场信用评级机构进行规范。在部门规章层面,2016 年,中国人民银行联合发改委、证监会起草了《信用评级管理暂行办法》(征求意见稿)以统一对

信用评级机构的规制。2019年11月26日,中国人民银行、国家发改委、财政部、证监会联合发布《信用评级业管理暂行办法》,该办法于2019年12月26日起施行。这虽然是我国信用评级法律制度上的一大进展,但与信用评级机构法律制度的完善目标尚还有一定的距离。

（一）信用评级机构的规范并未完全统一

首先,《信用评级业管理暂行办法》是我国四大监管部门对信用评级机构从事信用评级业务的联合规范,它区分了行业主管部门和业务管理部门,对信用评级机构的行业规范虽然有所统一,但对信用评级机构的业务管理规范仍然是分类别或分条线的;具体的信用评级机构在不同业务中遵守的监督管理规定仍然由各业务管理部门,尤其是有关信用评级业务的资质仍由业务管理部门规定,从而使得信用评级机构的具体规范并不完全统一。其次,这一办法制定主体为中国人民银行、国家发展和改革委员会、财政部、中国证券监督管理委员会,但我国除此之外,还有其他监管部门乃至地方政府也规定了对信用评级机构的若干规范。证监会、中国人民银行、银监会和发改委分别对证券市场、银行间债券市场和信贷市场、企业债券市场信用评级机构制定本市场适用的行业规范;财政部对地方债信用评级机构做出了一定的规范;劳动和社会保障部(现改为人力资源和社会保障部)、保监会对社保资金或保险资金计算和运用过程中涉及的信用评级机构以及为保险公司进行评级的信用评级机构进行规制;地方政府基于对企业信用评级所使用信息的管理而制定相应的企业信用信息管理和信用评级规定,从而对信用评级机构进行规制。仅上述四家监管部门联合颁布管理办法,不能解决规范的完全统一问题。各主管部门分别制定行业或地方规则,使得规则数目众多,却分散杂乱,既有规范重复供给的问题,又有规范供给不足的问题,还有规范之间彼此冲突的问题。规范的重复供给,既浪费了各主管部门的立法资源,又浪费了信用评级机构的合规成本。而规范供给不足,则会出现法律真空和法律空白,不利于信用评级机构的有序发展。规范的不一致甚至冲突则更是让信用评级机构无所适从。为了满足各监管机构不同的市场准入和业务许可要求,有些信用评级机构不得不设立不同的公司来应对。此外,这种分类别分条线的立法模式也缺乏顶层设计,各监管部门分别从自己的市场角度出发,而不是从信用评级机构和信用评级行业角度出发。因此,有必要制定真正统一的系统性规范,对信用评级机构进行统一规制,消除规范供给不足、重复供给和规范冲突的问题,完善信用评级机构法律制度。

(二) 立法层级不够

笔者认为应将《信用评级管理暂行办法》[①]的立法位阶往上再提一级,由国务院制定,以行政法规的形式颁布。第一,因为信用评级是一个贯穿于银行、证券、保险等各个金融市场的中介服务机构,仅由中国人民银行、发改委、财政部和证监会联合起草的法律文件,难以覆盖银保监会、人力资源和社会保障部等监管机构的规范供给,无法达到统一规制信用评级机构的目的。由于涉及监管部门众多,不如将法案提交国务院,由国务院制定颁布。第二,国务院制定颁布《信用评级机构管理条例》可以站在信用评级行业顶层设计的角度,对相关问题进行规制,避免中国人民银行、证监会、发改委等部委监管机构仅从本部门角度出发,避免了部门冲突问题和信用评级行业本身发展与各监管部门监管市场行业发展之间的冲突。虽然信用评级机构是中介服务机构,其存在的历史逻辑就是为了解决市场信息不对称问题,但发展至今信用评级行业已经具有自身的行业价值,已经是与证券、银行、保险等同样重要的行业所在,因此由国务院进行规范的制定和颁布效果最好。第三,国务院已经制定了《征信业管理条例》,征求意见稿原规定由国务院另行制定信用评级法律制度,虽然最终稿将该规定删除,但基于我国信用评级法律制度发展的过程来看,征信业法律制度和信用评级业法律制度一度混

[①] 笔者同时建议,将《信用评级管理暂行办法》的名称改为《信用评级机构管理条例》,具体理由见第一章相关论述。

同,因此为进一步区分信用评级机构法律制度的独立性,更应该由国务院出台《信用评级机构管理条例》,与《征信业管理条例》相并列。

三、微观层面我国信用评级机构法律制度的不足与缺失

我国信用评级机构法律规范的发展起步较晚,加之专业性特别强,所以很多规范都只构建了一个制度框架,内容粗放不具体,仅是原则性的规定,甚至有些规定仅是表态,不具有可操作性,难以应对目前对信用评级机构的有效规范和监管的需求。

(一)法律规范内容较粗放,不够具体、细致和完善

《信用评级业管理暂行办法》(以下简称"办法")从信用评级机构管理、信用评级从业人员管理、信用评级程序及业务规则、独立性要求、信息披露要求和监督管理等方面对信用评级机构的评级业务进行了规范,但内容不够具体、细致和完善。

例如,在信用评级机构从业人员管理上,《办法》明确了信用评级从业人员注册登记管理、离职人员要求、人员培训要求等事项,但没有规定信用评级从业人员任职标准,只在第四章笼统规定,评级项目组成员应当具备从事相关项目的工作经历或者与评级项目相适应的知识结构;《办法》第十五条规定了"回头看"政策,但只规定了信用评级机构的检查义务以及当评级结果确有影响时的披露和调整义务,应当将其扩大至不管检查结果是否有影响,信用评级机构都应当将检查过程和结果并向社会公众公布,给予公众充分的知情权。

在信用评级程序及业务规则上,《办法》只规定了信用评级机构应当对内部管理制度的有效性进行年度检查和评估,[①]但没有具体规定内部管理制度的要求是什么。信用评级机构主管部门可以提供内部制度建设的目

---

① 《信用评级业管理暂行办法》第 17 条。

标,例如要求信用评级机构说明其内部制度建设是否符合 IOSCO 信用评级机构活动原则以及基本行为准则的要求,如果有不符合之处,需指明并给出合理解释以及其他替代措施,等等。《办法》还规定了若干信用评级机构的禁止性行为,但没有禁止信用评级机构为被评级对象出具预评级结果,没有规定评级结果确定后尚未批准前不得擅自停止评级活动(不属于第 31 条规定,但确有必要停止评级活动的,应当向信用评级机构主管机关提交报告,说明情况,并报送初步评级结果)。

在独立性要求上,《办法》规定信用评级机构应当建立健全防火墙,确保信用评级业务部门独立于营销等其他部门,①但没有具体规定信用评级机构中从事信用评级活动的有关人员不得参与任何营销和业务费用谈判等活动;信用评级分析人员和评审人员不得为有可能由本信用评级机构进行信用评级的结构性金融工具的设计提供任何正式或非正式的建议和意见;《办法》规定信用评级从业人员的薪酬不得与评级对象的信用级别、债务融资工具发行状况等因素相关联,②但没有规定信用评级机构中从事信用评级活动的有关人员的薪酬不得与信用评级机构业务收入直接挂钩;对信用评级从业人员违反回避规定的,《办法》只规定了相应的行政处罚和刑事责任追究,③没有规定信用评级机构对信用评级的复核责任以及向信用评级机构主管机关报告和向社会公众披露复核结果的要求。

在信息披露要求上,《办法》规定了信用评级机构对其自身独立性相关信息的披露,但没有规定对信用评级从业人员独立性相关信息的披露;《办法》规定了信用评级分析人员轮换政策的披露要求,但没有强制性规定信用评级分析人员的轮换制度。

在信用评级机构的档案和信息、信用评级机构从业人员的档案和信息、

①② 《信用评级业管理暂行办法》第 36 条。
③ 《信用评级业管理暂行办法》第 60 条。

信用评级机构的评级业务信息、检查及行政处罚信息、信用评级结果和报告信息、违约率检验和通报信息、行业监督报告信息的公开上,《办法》没有设立统一的信息平台,而是将其中的部分信息通过全国信用信息共享平台的"信用中国"网站等渠道公开,其他信息则未明确通过哪个网站或渠道向社会公布,不利于投资者便利快捷地获取相关信息。此外,这当中的评级业务信息并不属于信用信息,将其纳入全国信用信息共享平台并不恰当。因此,信用评级机构主管机关应建立专门的统一信息平台,将上述信息完整地在统一平台展示,并可以考虑在该统一平台上公布各信用评级机构列表、各自的评级范围和市场份额等其他信息,鼓励信用评级机构在此平台上展示主动评级结果,便利投资者对信息的获取,降低投资者监测和调查的成本,也为小型评级机构或新进入市场的评级机构提供展示平台。

(二) 在主权评级、结构性金融工具等方面缺乏专门的规范

主权评级事关一国经济安全和经济主权,在国外三大评级机构几乎主导整个国际信用评级市场的环境和我国加快金融领域改革开放步伐的当下,我国在完善信用评级机构法律制度时应当对此有所回应,而这一法律领域也正是我国信用评级机构法律制度的薄弱之处。而对于结构性金融工具,由于其产品设计的复杂性,其风险建模超越了投资者的理解能力,信用评级结果几乎成为投资者就该金融产品做出投资决策时的唯一依据。但信用评级机构做出的信用评级也往往未能准确反映其风险,于是在危机存在时未能起到警示风险的作用,而在违约风险被市场、投资者或监管者有所察觉时对产品评级等级的下调又加剧了市场的恐慌,加剧了危机的恶化和传导。对于非结构性债务融资工具,我们应当可以承认不管法律制度如何构建,不管信用评级机构如何中立、公正,信用评级机构对结构性债务融资工具的评级都无法完全反映其风险。正如有的学者所指出的那样,"即便一个运行良好的声誉机制,也不太可能约束评级机构对它们不知道如何评级的创新证券产品发布评级。即使声誉机制过去是成功的,但过去取得的声誉

到现在包括将来也不太可能阻止评级机构对创新产品发布低质量评级"①。所以对于这两个领域的法律制度构建应当体现出不同,尤其是对投资者的保护、风险提示以及信息披露方面,应当有不同的制度安排和规则设计。而目前,《办法》只在第六章第四十四条提出了"应当持续更新评级"以及"及时披露结构化融资产品评级方法、评级模型和关键性假设"的要求,在主权评级、结构性金融工具等方面缺乏专门的规范。

(三)缺乏对信用评级机构民事责任的具体可操作性规定

我国相关法律规范对信用评级机构的法律责任做出了一定的规定,但没有就民事责任做出具体的可操作性规定。2005 年《证券法》修订时,规定了信用评级机构的民事赔偿责任,即证券信用评级机构制作、出具信用评级报告时,应当勤勉尽责,对所依据的文件资料内容的真实性、准确性、完整性进行核查和验证。其制作、出具的文件有虚假记载、误导性陈述或者重大遗漏,给他人造成损失的,应当与发行人、上市公司承担连带赔偿责任,但是能够证明自己没有过错的除外。②2005 年中国人民银行颁布的《短期融资券管理办法》规定了信用评级机构的民事赔偿责任,即信用评级机构所出具的文件含有虚假记载、误导性陈述或重大遗漏,给他人造成损失的,应当就其负有责任的部分依法承担民事责任。2012 年最高人民法院发布的《关于人民法院为防范化解金融风险和推进金融改革发展提供司法保障的指导意见》的通知中也强调,要妥善审理违法违规提供金融中介服务的纠纷案件,正确认定信用评级机构的民事责任。可以看出,我国一直很重视信用评级机构的民事责任承担问题,理念上一直认可信用评级机构应当对投资者承担民事责任,但规范层面上,缺乏对民事责任的详细规定。现行少数规范只涉及

---

① John Patrick Hunt, "Credit Agencies and the 'Worldwide Credit Crisis': the Limits of Reputa-
tion, the Insufficiency of Reform, and a Proposal for Improvement," *Columbia Business Law
Review*, Vol.1, 2009.

② 2005 年《证券法》第 173 条。

"虚假记载、误导性陈述或重大遗漏"的民事责任,但目前我国此类民事责任制度规定尚不健全,投资者向会计师、发行人、承销商等提起的此类民事索赔诉讼还存在许多困难,并且最重要的是,简单地以"虚假记载、误导性陈述或重大遗漏"来追究信用评级机构的民事责任没有解决信用评级机构提出的信息来源问题(评级机构在一定程度上依赖发行方提供的信息,对其所依据的资料和信息的真实性无法做出保证),无法完全应对信用评级结果是一种主观判断的抗辩理由。

2019 年颁布的《办法》第八章"法律责任"部分对信用评级机构和信用评级从业人员的行政责任做了详细的规定。尤其是对"信用评级机构由于故意或者重大过失,对投资人、评级委托人或者评级对象利益造成严重损害的",第六十一条规定了"警告、并处相关评级业务收入 1 倍以上 3 倍以下的罚款,没有评级业务收入或者评级业务收入无法计算的,处 200 万元以上 500 万元以下的罚款;对直接责任人员给予警告,并处 3 万元以上 10 万元以下的罚款",但没有规定相应的民事责任。诚然,对评级机构由于故意或重大过失造成的民事损害予以行政处罚(最高罚款额为 500 万元)对信用评级机构具有一定的威慑作用,但不利于对投资者的保护,也没有将其行为所受的惩罚与其行为导致的损害对称起来;此外,有关信用评级的专门性法规没有对信用评级机构的民事责任做出专门规定,投资者也只能通过其他法律法规寻求民事救济,从而带来了信用评级机构承担民事责任的认定难题,例如,信用评级机构需要为其主观判断的结果而承担责任还是需要为其做出主观判断的过程而承担责任? 信用评级机构是否可以对民事责任进行限制?

(四) 多头监管模式未变,过度监管和监管不足并存

我国监管部门也认识到了多头监管带来的不利影响,2018 年中国人民银行和证监会联合发布公告,提出要推动银行间债券市场和交易所债券市场评级业务资质的逐步统一,加强对信用评级机构的监督管理和信用评级

行业监管信息共享,①进一步推动了信用评级机构监管的协调统一。但《办法》采取了区分监管主体为信用评级行业主管部门和业务管理部门的模式,可以说实际上我国目前对信用评级机构实施的仍然是多头监管,中国人民银行作为行业主管部门,证监会、发改委、财政部等各监管机构作为业务管理部门基于对评级对象的业务监管,银保监会等基于对评级引用的准入监管,共同对信用评级机构的业务许可和评级活动予以监管。②虽然《办法》明确了在信用评级行业主管部门和业务管理部门之间建立部级协调机制,根据职责分工,协调配合,共同加强监管工作,③但这种多头监管使得信用评级机构的合规成本增加。有些信用机构为了应对不同监管部门的市场准入和业务许可要求,分别设立了几家有限责任公司,④既增加了自己的经营成本,也给投资者带来困惑。多头监管也会造成监管机构的重复建设和资源浪费。

除了多头监管带来的重复监管问题外,我国对信用评级机构的监管有时可能有过度监管之嫌。比如,为了促进信用评级结果的客观和公正,监管部门对信用评级机构的评级程序和评级方法进行具体干预,规定得非常细致,比如《中国人民银行信用评级管理指导意见》规定了信用评级机构进行

---

① 中国人民银行、证监会、中国银行间市场交易商协会将设立绿色通道实现信用评级机构信用评级业务的资质互认;对于新申请同时开展银行间债券市场和交易所债券业务的信用评级机构,中国人民银行、中国证券监督管理委员会、中国银行间市场交易商协会将协同审核或注册,详见《中国人民银行 中国证券监督管理委员会公告〔2018〕第 14 号》。

② 中国银行间交易商协会认可的信用评级机构包括中诚信、上海新世纪、东方金诚、联合资信、大公国际、标普、中证鹏元、远东资信、中债资信;银保监认可的信用评级机构包括大公国际、东方金诚、联合信用、联合资信、上海新世纪、中诚信、中债资信;证监会认可的信用评级机构包括大公国际、东方金诚、联合信用、中证鹏元、上海新世纪、上海远东、上海资信、中诚信、中证指数、北京中北联、四川大普等。

③ 《信用评级管理暂行办法》第 6 条。

④ 例如,联合信用评级有限公司和联合资信评估有限公司,中诚信证券评估有限公司和中诚信信用评级有限公司。2020 年 2 月,中诚信信用评级有限公司获得证监会证券市场资信评级业务许可,中诚信证券评估有限公司证券市场资信评级业务许可注销,成为我国本土信用评级机构的首次跨市场整合。

信用评级时的考虑因素,《中国人民银行关于加强银行间债券市场信用评级作业管理的通知》规定了信用评级机构评级作业的时间。

同时我国也存在一些监管不足的地方,比如在我国目前对信用评级机构的监管中,缺乏监管机构对信用评级机构进行分析研究和行业动态跟踪的年度报告制度,缺乏信用评级机构针对利益冲突、合规和信息披露的年度报告制度;监管机关内部没有建立专门的信用评级管理部门,没有建立统一的信息共享平台,以汇总和便利信息查询。我们应通过集中化处理,降低信息成本,让投资者和其他信用评级使用者便利地对各信用评级机构的信用评级结果进行比较以及开展自己的风险评估和尽职调查。此外,目前中国人民银行对信用评级机构的监管仍然与对征信活动的监管合并在一起,由中国人民银行征信管理局具体负责。如上文所述,信用评级的功能特征和法律属性决定了信用评级法律制度应当独立于征信法律制度,与征信法律制度并列,对信用评级机构的监管也应当独立于对征信活动的监管。

如何具体地对法律制度进行修改和完善,以切实解决评级失灵问题,是摆在我们面前的一道难题。国外立法例可以为我们提供一些借鉴和启示。

第三章
信用评级机构法律制度完善的
参考借鉴

——国外信用评级机构规则和制度的构建与发展

第一节　IOSCO《信用评级机构基本行为准则》
的构建与发展

IOSCO《信用评级机构基本行为准则》(Code of Conduct Fundamentals for Credit Rating Agencies)由国际证监会组织①颁布,属于软法,是准法律文件,②对各国信用评级机构法律制度的发展和完善有十分重要的意义。一方面,国际证监会组织作为自律机构制定的行为准则为信用评级机构的自律和监管机构制定监管标准提供了有益的参考,可以间接转化为一国国内自律规则或法律规则的一部分;另一方面,各会员国或地区立法部门可以直接在法律法规中要求信用评级机构采纳 IOSCO《信用评级机构行为准则》,使其成为信用评级机构合规行为的一部分,从而将 IOSCO 行为准则直

---

① 国际证监会组织(IOSCO)于 1983 年正式成立,现有正式会员 129 名,联系会员 31 名和附属会员 65 名。我国证监会于 1995 年加入国际证监会组织,成为正式会员,并且是国际证监会组织最高决策机构理事会成员。

② IOSCO《信用评级机构基本行为准则》在序言中明确规定,信用评级机构开展业务所在会员国或地区的法律和法规效力优先于本准则。

接转化为国内法律制度的一部分。例如,在美国,属于美国全国认可的统计评级组织(NRSROs)的信用评级机构必须采纳 IOSCO 发布的行为准则;不属于美国全国认可的统计评级组织的信用评级机构只需向美国证券交易委员会(U.S.Securities and Exchange Commission)登记而无强制性要求要采纳 IOSCO 行为准则。

一、IOSCO《信用评级机构基本行为准则》的制定背景

2001 年安然事件、2002 年世通财务丑闻把信用评级机构推到了世界舞台的聚光灯下,鉴于当时资本市场对信用评级机构的倚重而信用评级机构的活动却完全不为投资者和发行人所理解,且大部分国家和地区几乎都没有相应的法律法规对信用评级机构予以规范和监管,信用评级机构如何保证评级过程的公正性、如何公平地对待投资者和发行人、如何有效地保护发行人向其提供的保密信息引起了人们的关注和担忧。国际证监会组织技术委员会成立了一个信用评级工作小组,对此进行研究。研究结论认为,"当信用评级机构不受利益冲突影响、没有其他因素威胁其分析独立性,而致力于提供细致和精心的分析,且发行人向评级机构提供了他们应提供的充分准确的信息时,信用评级机构可以为市场参与者提供有价值的服务"[1]。认识到信用评级机构在金融市场中的重要性,并以此为出发点,2003 年 9 月,国际证监会组织发布了《信用评级机构活动的指导原则》,为信用评级机构的监管提供了一个有效工具,制定了高标准的目标,供各国根据市场情况和法律体系特征通过不同的形式赋予其效力,包括将其转化为政府法规、非政府机构的法定监管者出台的规定、行业规则或信用评级机构内部政策,从而提高对投资者的保护,促进证券市场的公平、效率和透明度,以及减少系统

---

[1] Press Release: The Technical Committee of the International Organization of Securities Commissions Today Issued a Statement of Principles regarding the Manner in which CRA activities are Conducted, September 25, 2003.

性风险。

《信用评级机构活动的指导原则》包括四个部分。第一,评级过程的质量和公正性:评级机构应当致力于帮助减少借款人、贷款人和其他市场参与主体之间的信息不对称。第二,独立性和利益冲突:评级结果应当是独立的,没有受到政治和经济上的压力,没有受到来自评级机构所有权结构、业务或金融活动、评级人员的金融利益所导致的利益冲突的影响。信用评级机构应该尽可能避免可能会损害或看起来会损害评级业务独立性和客观性的活动、程序或关系。第三,透明度和评级披露的及时性:信用评级机构应当将披露和透明度当作它们评级活动的目标。第四,保密信息保护:信用评级机构应当根据保密协议或基于分享的信息是保密的这一共识保护好发行人或其代理人提交给它的非公开信息。①

可以看到,《信用评级机构活动的指导原则》只规定了目标和工具,没有规定具体方法和标准,因此更有利于它在所有国际证监会组织成员国的适用,不管成员国市场发展水平如何、采用了何种法律体系以及做了怎样的政策选择。②

二、IOSCO《信用评级机构基本行为准则》的内容与修订

(一) 2004 年 IOSCO《信用评级机构基本行为准则》

《信用评级机构活动的指导原则》颁布后,有建议提出 IOSCO 应进一步细化该原则,出台更具体更详细的行为准则以指导该原则的实际履行。2004 年 12 月,国际证监会组织首次颁布了《信用评级机构基本行为准则》

---

① IOSCO Technical Committee, "IOSCO Statement of Principles regarding the Activities of Credit Rating Agencies," September 2003, https://www. iosco. org/library/pubdocs/pdf/IOSCOPD151.pdf.

② Press Release: The Technical Committee of the International Organization of Securities Commissions Today Issued a Statement of Principles regarding the Manner in which CRA activities are Conducted.

（以下简称"基本行为准则"），当时只有少数一些国家和地区制定了规制信用评级机构活动的法律。该行为准则广泛咨询了信用评级机构、发行人、投资者、研究学者、各国证监会和有关金融机构的意见，是《信用评级机构活动的指导原则》的实施细则，代表了当时全球性的共识，即信用评级机构可以通过基本行为准则中构建的机制和制定的措施来促进它们的独立性，减少和防范利益冲突以及保护发行人提供的保密信息，以确保《信用评级机构活动的指导原则》目标的实现。《基本行为准则》的基本内容包括序言、定义（适用范围、评级人员、评级机构和信用评级）和正文三个部分。正文又分为三大部分：(1)评级过程质量和公正性（评级过程的质量、评级检查和更新、评级过程的公正性）；(2)信用评级机构的独立性和利益冲突防范（概述、信用评级机构流程和政策、信用评级机构分析人员和雇员的独立性）；(3)信用评级机构对大众投资者和发行人的义务（透明度和评级信息披露的及时性、对保密信息的处理、行为准则的披露和与市场参与者的沟通交流）。其重点在于防范利益冲突、确保评级方法使用的一致性、向投资者提供充分的信息供其判断信用评级机构的评级质量好坏。

当然，这些措施并不是包罗万象的，信用评级机构和各国立法机关可以考虑根据本机构或本国实际情况采取其他必要措施以更好地实施《信用评级机构活动的指导原则》；这些措施也并不是强制性的，信用评级机构和各国立法机关可以根据实际情况灵活地加以采纳。为了提高透明度和加强市场参与者和监管者判断信用评级机构是否有效实施了《基本行为准则》，信用评级机构应当披露《基本行为准则》的每一条是如何规定或反映在其机构行为准则中的，如果其自身的行为准则与《基本行为准则》有偏离，则应当做出解释为什么会有这种偏离以及这种偏离对实现《基本行为准则》和《信用评级机构活动的指导原则》中规定目标的影响。[1]

---

[1]　Code of Conduct Fundamentals for Credit Rating Agencies, Report of the Technical Committee of IOSCO, December 2004.

(二) 2008 年 IOSCO《信用评级机构基本行为准则》

2008 年金融危机爆发后,人们对信用评级机构的关注到达了一个高峰,尤其是信用评级机构在结构性金融市场的表现和作用。因此,国际证监会组织信用评级机构主席工作小组(信用评级机构委员会的前身)对这一问题进行了专门的研究。研究报告指出有必要对 2004 年《基本行为准则》进行修订,以解决信用评级机构参与结构性债务融资工具的信用评级活动而引发的一系列问题,包括信用评级机构评级所依赖信息的质量、信用评级机构对信用等级的跟踪和适当下调不够及时,以及信用评级机构为发行人如何设计结构性债务融资工具提供咨询会带来利益冲突等问题。[1]

2008 年 5 月,国际证监会组织技术委员会颁布了修订后的《信用评级机构基本行为准则》,旨在提高评级过程的质量和公正性,加强评级方法和历史表现数据的信息披露,以及减少利益冲突。[2]2008 年《信用评级机构基本行为准则》的正文主要框架结构为:(1)评级过程的质量和公正性(评级过程的质量共 8 款、检查和更新共 2 款、评级过程的公正性共 6 款);(2)信用评级机构独立性和利益冲突防范(概述共 5 款、信用评级机构流程和政策共 5 款、信用评级机构分析人员和雇员独立性共 7 款);(3)信用评级机构对大众投资者和发行人的义务(透明度和评级信息披露的及时性共 10 款、保密信息的处理共 8 款);(4)行为准则的披露和与市场参与者的沟通交流(共 3 款)。

2008 年《信用评级机构基本行为准则》增设了一些非常重要的条款,尤其是关于信用评级机构的信息披露。新的基本行为准则要求信用评级机构披露以下几点:(1)是否有任何发行人、发起人、安排人、订约人或其他客户及其附属机构占据信用评级机构年收入的 10% 或以上;(2)结构性债务融

---

[1] IOSCO Technical Committee,"The Role of Credit Rating Agencies in Structured Finance Markets," May 2008.

[2] 封红梅:《信用评级法律制度的国际化发展趋势》,载《时代法学》2012 年第 6 期。

资工具的发行人是否已经告知信用评级机构其公开披露了所有涉及被评级产品的信息以供投资者和其他信用评级机构可以独立于已签约的信用评级机构之外进行自己的分析;(3)评级机构评级意见的属性和局限,以及评级机构在多大程度上验证了被评级证券的发行人或发起人向其提供的信息;(4)信用评级机构在多大程度上分析了结构性债务融资工具评级对信用评级机构基础评级假设变更的敏感程度;(5)决定信用评级等级时所使用的主要方法或方法版本;以及(6)在官方网站上披露本机构的内部行为准则。[1]

(三) 2015 年 IOSCO《信用评级机构基本行为准则》

2009 年,信用评级机构工作小组进行了一项对《基本行为准则》尤其是2008 年《信用评级机构基本行为准则》颁布实施情况的调研。结果显示,大部分信用评级机构都很好地贯彻实施了《基本行为准则》,只有少数几家信用评级机构完全没有实施《基本行为准则》,但截至调研时止,仍有大量信用评级机构适用的是 2004 年版本,而不是 2008 年版本。[2]因此,2009 年 5 月,国际证监会组织正式将信用评级工作小组升级为常设性的信用评级委员会,并授权其定期讨论、评估和考虑与信用评级机构活动和监管有关的规范性或政策性倡议以促进跨国间的规范共识,以及促进证券监管机构和信用评级机构之间的定期对话。

2010 年,国际证监会组织信用评级机构委员会开展了另外一项调研活动,评估各国家和地区实施信用评级机构法律法规的情况。结果显示,各国和各地区的监管框架和具体条款可能有所区别,但其内容都反映了《信用评级机构活动的指导原则》的目标。2012 年,信用评级机构委员会专项研究了信用评级机构对影响评级过程公正性的风险控制情况以及利益冲突防范

---

[1] Code of Conduct Fundamentals for Credit Rating Agencies, Report of the Technical Committee of IOSCO, May 2008.

[2] IOSCO Technical Committee, "A Review of Implementation of the IOSCO Code of Conduct Fundamentals for Credit Rating Agencies," March 2009.

程序的构建情况,为公众理解信用评级机构的内部工作流程以及信用评级机构了解同行间的内部控制和流程提供了一个有效途径,同时也有助于评级结果使用者自己评估某个信用评级机构的内部控制和流程建设的质量,进而帮助其在信息充分满足的情况下对信用评级结果加以利用。①2013 年 7 月,国际证监会组织理事会建议针对国际信用评级机构建立监管当局联席会议,提供平台供监管者交换信息,了解国际信用评级机构遵守当地法律法规的情况,实施 IOSCO《信用评级机构基本行为准则》的情况,以及建立和运行评级模型和方法、内部控制、防范利益冲突措施、处理非公开信息措施的情况,并进一步明确国际信用评级组织面临的以及带来的风险和监管者是如何应对这些风险的。②同年 11 月,针对标准惠普和穆迪公司的监管当局联席会议成立,由美国证券交易委员会担任主席,针对惠誉国际信用评级有限公司的监管当局联席会议由欧洲证券和市场管理局(ESMA)担任主席。

为适用成员国或地区内的信用评级机构的立法发展,2014 年 2 月,国际证监会组织颁布了咨询报告,建议对《信用评级机构基本行为准则》进行修订。③2015 年 3 月 24 日,国际证监会组织正式发布了《信用评级机构基本行为准则》的最终报告,在吸收部分咨询报告的反馈意见的基础上,对之前的信用评级机构行为准则进行了重大修订和更新,大大增加了篇幅,使内容更明确和具体,其主要目的在于与各会员国或地区的注册和监管框架相配合以及为信用评级机构的自律规制提供国际标准。④这些修订部分来自国际证监会组织成员国对信用评级机构的监管经验,也来自国际证监会组织

---

① IOSCO Technical Committee, "Regulatory Implementation of the Statement of Principles Regarding the Activities of Credit Rating Agencies," February 2011.

② IOSCO Board, "Supervisory Colleges for Credit Rating Agencies," July 2013.

③ IOSCO Board, "Code of Conduct Fundamentals for Credit Rating Agencies," Consultation Report, February 2014.

④ IOSCO Board, "Code of Conduct Fundamentals for Credit Rating Agencies," Final Report, March 2015.

信用评级机构委员会的努力,包括信用评级机构设立关键风险控制以促进评级过程的公正性和设立程序性规则以减轻利益冲突的调研报告。该行为准则意在提供一套富有活力的具有可操作性的措施,作为信用评级机构维持评级过程的公正性、保证发行人和信用评级的使用者包括投资者受到公平对待、保护发行人提供的保密信息的指导意见和框架。①

2015 年《信用评级机构基本行为准则》的基本框架仍然为序言、定义和正文。正文部分包括:(1)信用评级过程的质量和公正性(信用评级过程的质量共 17 款、信用评级过程的公正性共 7 款);(2)信用评级机构的独立性和利益冲突防范(概述共 5 款、信用评级机构政策、流程、控制和信息披露共 6 款、信用评级机构雇员的独立性共 7 款);(3)信用评级机构对大众投资者、关联实体、债务人、发起人、承销人和安排人的义务(透明度和信用评级信息披露的及时性共 18 款、保密信息的处理共 3 款);(4)治理、风险管理和雇员培训(共 3 款);(5)信息披露和与市场参与者的沟通(共 4 款)。

三、2015 年 IOSCO《信用评级机构基本行为准则》述评

对比 2008 年版本,2015 年《信用评级机构基本行为准则》十分注重文本的优化和制度的构建,包括修订和补充专业术语、更换词语表达、删除无关内容、调整整体框架结构等;以及加强利益冲突管理、提高透明度等。

(一) 文本优化

1. 对于相关术语概念的界定更加完善

2015 年《信用评级机构基本行为准则》修改了部分术语的定义,并补充了新的术语。第一,对已有的"分析人员""信用评级""信用评级机构"的定义进行修订。在"分析人员"的定义中增加了更详细的对其职责的描述,即履行出具或检查信用评级或参与决定信用评级结果所必要的分析职责的

---

① IOSCO Issues Final Code of Conduct Fundamentals for Credit Rating Agencies,https://www.iosco.org/news/pdf/IOSCONEWS375.pdf,2019 年 1 月 5 日访问。

人,包括评级委员会中的雇员;删除了"信用评级机构"原来定义中"其目的是为了评估债务或类似债务证券的发行人的信用风险"的限定语;以"实体或债务工具"代替"信用评级"原来定义中的"实体、信贷承诺、债务或类似债务的证券或这些债务工具的发行人",以"评估"代替"观点"。①第二,新增了对"信用评级行为""关联人""信用评级方法""信用评级过程""雇员""实体""交易工具""债务工具"和"债务人"等术语的定义。信用评级行为是指决定初次信用评级、调高现有信用等级、降低现有信用等级(包括降低至违约级)、维持现有信用等级;关联人是指直接或间接控制其他实体、被其他实体控制或与其他实体处于同一控制的实体;信用评级方法是指信用评级机构决定信用等级的流程(包括必须加以考虑或分析以决定信用等级的信息)和决定信用等级的分析框架(包括在决定信用等级中适用的模型、财务指标、假设、标准或其他定量或定性因素);信用评级过程是指信用评级行为涉及的所有步骤,包括但不限于信用评级机构选择或分派分析人员从事该项评级工作,适用的信用评级方法,决策活动(比如评级委员会的运行),与被评级实体、债务人、发起人、承销人和安排人的互动,信用等级的公开传播或向订阅人发送等;雇员是指任何为信用评级机构全职工作、兼职工作或临时工作的人,包括作为合同相对人而为其工作的任何人,如果他参与了信用评级过程;实体是指政府、政治性区域、政府部门、政府媒介、企业、公司、合伙、信托、财团或协会;交易工具是指证券、货币市场工具、衍生品以及其他类似产品;债务工具是指交易工具、信贷工具、贷款或其他类似具有内在信用风险的产品或交易;债务人是指法律上或合同上有义务做出确定给付的实体。

2. 词语表达更为精准明确、要求更为具体

例如,在第 3.7 条中,以"对其他种类的实体或债务工具的信用评级"代替原来的"传统公司债券评级",以"不同的信用等级标识"代替原来的"不同

---

① 王秋香:《IOSCO 信用评级监管改革及对我国的启示》,载《征信》2015 年第 7 期。

的等级符号";在第 3.10 条中,以"(根据信用评级机构商业模式)公开披露
或向其订阅人发送"代替原来的"发送",以"作为信用评级行为结果或主体
的信用等级"代替原来的"评级结果";在第 3.19 条(a)项中,以"对信用评级
机构的活动来说,没有必要进行信息披露的"代替原来的"站在必要的基础
上";在第 4.3 条中,以"持有或买卖交易工具"代替原来的"内部证券交易",
其表达更为精准、内涵更为明确。同时,相关要求也更加具体,例如以第
4.3 条的规定"信用评级机构应制定政策、流程和内控制度,保证以合理的频
率定期提供正式的持续的培训(并明确这些培训的主题)"代替原来的
3.15 条规定的"信用评级机构雇员应当熟悉信用评级机构证券交易政策",
以"政策、流程和内控制度应包含检查雇员参与了所要求的培训的措施"代
替原来的"定期检查雇员是否遵守了这些政策",这些更改将结果性要求变
为过程性要求,具体指明了信用评级机构应当如何做才能达到这些要求。

3. 删除无关内容,行文更简洁紧凑

例如,原 2008 年版中的第 2.6 条后半段被删掉,因为整条已经表达了
"事实的或潜在利益冲突应当被适当地处理和披露"的意思;原 2008 年版第
3.8 条更改为 2015 年版第 3.18 条时,删除了第一句话中的"在可能的情况
下",该条的目的性描述"以使相关各方理解每一类别的历史表现"也被删
除,因为该条的目的无须在行为准则正文部分出现;2015 年版本中的第
2.5 条删除了"包括咨询业务"这一补充性表述,因为信用评级机构除信用评
级以外的任何其他业务自然包括咨询业务。通过对重复性或无关性内容的
删减,2015 年版 IOSCO《信用评级机构基本行为准则》的行文更加简洁
明了。

4. 以主题为分类标准,调整准则整体框架

2008 年版《信用评级机构基本行为准则》中的第 1.10 条原规定在第 1B
条(评级检查和更新)中,2015 年版《信用评级机构基本行为准则》将第 1B
条删除,将原第 1.10 条调整为第 3A 条(透明度和信用评级信息披露的及时

性)中的第 3.17 条(跟踪评级);2008 年版中的第 3.15 条(雇员培训)被调整为 2015 年版中新增的第 4 条(内部治理、风险管理和雇员培训)中的第 4.3 条;2008 年版中的第 3A 条(透明度和信用评级信息披露的及时性)中的内容被重新组合,扩展为 2015 年版的第 3.1 条至 3.17 条,其中前 8 款主要规范信用评级机构的一般性信息披露,后 9 款重点规范特定评级活动的信息披露。①

(二) 制度构建

1. 加强利益冲突管理

2015 年《信用评级机构基本行为准则》进一步加强了利益冲突管理制度的构建,新增利益冲突的类型,强调信用评级机构在其内部机制中评估利益冲突和对评级冲突予以告知和说明的义务。其第 2.6 条规定,信用评级机构的利益冲突防范政策、流程和内控制度(也适用于信用评级机构的商业模式)应当明确下列冲突对信用评级机构的信用评级方法和信用评级行为的影响:(1)被评级实体或被评级债务工具的债务人、发行人、承销人或安排人支付费用,获取信用评级;(2)金融利益可能受信用评级机构的信用评级行为影响的订阅人支付费用;(3)被评级实体、债务人、发行人、承销人、安排人或订阅人支付费用,获取信用评级之外的服务;(4)在被聘用为实体、债务人、发行人、承销人或安排人进行信用评级前,向实体、债务人、发行人、承销人或安排人提供信用质量的初步标示或类似标示;以及(5)对被评级实体或债务人享有直接或间接所有权利益,或者被评级实体或债务人对信用评级机构享有直接或间接所有权利益。

第 2.7 条补充规定,当事实上或潜在的利益冲突只针对某一特定被评级实体、债务人、发起人、主承销人、安排人或债务工具的某一信用评级行为时,此种利益冲突应当以相关信用评级行为同样的方式和手段予以披露;第

---

① IOSCO Board, "Code of Conduct Fundamentals for Credit Rating Agencies," Final Report, March 2015, https://www.iosco.org/library/pubdocs/pdf/IOSCOPD482.pdf.

2.13 条将利益冲突可能涉及的主体范围从"直接参与评级过程的人"扩展到"参加信用评级行为或以其他方式对评级行为产生影响的人";第 2.14(d)条规定了一种新的利益冲突类型,即信用评级机构持有或买卖债务工具的主承销人或安排人发行的交易工具;第 2.18 条将对利益冲突的防范从原来的"制定政策和流程"升级至"制定、维护、记录和执行政策、流程和内控制度",等等。

2. 提高透明度

2015 年《信用评级机构基本行为准则》进一步提升了对信用评级机构透明度的要求,增加了第 3.8 条,规定信用评级机构应当向投资者、被评级实体、债务人、发起人、承销人和安排人公开相关实体或债务工具是如何被评级的。

3. 保护非公开信息

2015 年《信用评级机构基本行为准则》非常重视 2008 年版没有涉及的非公开信息的保护,新增了第 3.20 条,要求信用评级机构应当制定、维护、记录和执行一定的政策、流程和内控制度,以避免违反关于保密信息和/或重要的非公开信息的处理和使用的法律法规;同时对第 3.19 条和 3.21 条进行了修订,以"保密信息和/或重要的非公开信息"代替原来的"保密信息",并在第 3.19 条中举例说明了保密信息和重要的非公开信息的区别。

4. 加强信用评级机构内部治理、雇员培训和风险管理

2015 年《信用评级机构基本行为准则》要求信用评级机构董事会(或类似机构)应承担最终责任,以确保信用评级机构制定、维护、记录和执行了符合 IOSCO《信用评级机构基本行为准则》全部规定的内部行为准则。[1]同时,信用评级机构应当建立风险管理小组,该小组由一位或一位以上高级经理或拥有适当经验的雇员组成,负责发现、评估、监控和报告信用评级机构活

---

[1]　IOSCO Board, "Code of Conduct Fundamentals for Credit Rating Agencies," March 2015, art.4.1.

动中产生的风险,包括但不限于法律风险、业务风险和战略风险。管理小组应当独立于内部审计小组(根据信用评级机构规模大小,如果有审计小组的话),定期向董事会(或类似机构)和高管报告,帮助他们评估信用评级机构建立、维护、记录和实施的政策、流程和内控制度的适当性,以管理风险,包括 IOSCO《信用评级机构基本行为准则》中规定的政策、流程和内控制度。①

5. 加强信用评级过程管理,扩大条款适用范围

2015 年《信用评级机构基本行为准则》第 1.3 条新增规定,信用评级机构的评级应当基于"来自可靠来源"的信息,从源头加强了信用评级过程管理,提高了信用信息的可靠性和准确性。此外,2015 年《信用评级机构基本行为准则》还扩大了若干条款的适用范围,将信用评级机构评级过程中应遵守的严格标准从原来的仅适用于非结构性债务融资工具的信用评级延伸至信用评级机构的一般评级行为,提高了信用评级过程的质量。例如,第1.4 条规定,"信用评级机构避免对没有足够信息、知识和技能的被评级对象出具信用评级"这一原则适用于所有的证券,而不仅仅只适用于结构性债务融资工具;第 1.12 条新增规定,信用评级机构应当建立并保持由一个或一个以上具有适当经验的高级经理组成的检查小组(不仅仅是建立检查小组),对信用评级机构为某类与其现在正在进行评级的实体或债务工具有实质性差别的实体或债务工具(而不仅仅局限于结构性债务融资工具)提供信用评级的可行性进行检查。第 1.16 规定,"如果信用评级机构使用的初次信用评级和后续信用等级检查的分析人员不同的话,每组人员都必须具备必须的专业技能水准和资源,以便及时履行其职责"这一要求不再限于非结构性债务融资工具的信用评级;设立和维持审查小组,对评级机构为特定实体或债务工具提供信用评级的可行性进行审查。

---

① IOSCO Board, "Code of Conduct Fundamentals for Credit Rating Agencies," March 2015, art.4.2.

6. 注重信用评级机构内部机制构建，规范重心从结果转向过程

2015 年《信用评级机构基本行为准则》强调信用评级机构如何通过内部机制构建来完成信用评级机构或评级人员在准则项下的义务目标，而不仅仅是强调信用评级机构或信用评级员工应该做什么或不应该做什么。例如，第 1.19 条规定，信用评级机构应当制定政策和流程以确保有明显诚信瑕疵的人不会被雇佣，而不仅仅是规定信用评级机构不能雇佣有明显诚信瑕疵的人；以及第 1.17 条新增规定，信用评级机构应当建立、保持、记录和实施政策和流程，以明确提供如何向公众公开信用评级行为和相关报告的结果，或主体的信用评级，以及如何撤回信用评级的指导意见，而不仅仅是要求信用评级机构公开其信用评级结果或其撤回行为。换而言之，2015 年《信用评级机构基本行为准则》从原来的告诉你要做什么转变为告诉你如何去做，规制重心从结果转向过程，通过内部机制构建达到想要的目标，其内容更具可操作性、指导意义和借鉴意义。

第二节　美国信用评级机构法律制度的构建与发展

信用评级机构起源于美国，在其自 1909 年①诞生以来的前三十年中，一直处于市场自由发展阶段，并通过出售信用评级手册获取营业收入。20 世纪 30 年代，美国银行业监管机构受经济大萧条的影响，希望通过一定的监管措施保持银行有足够的偿付能力，其中之一就是要求银行持有高质量的资产，禁止其投资"投机"类债券。同时监管机构规定，银行必须依赖当时被认可的评级手册上的评级结果来判断投资资产的质量等级，即银行虽

① 穆迪公司 1909 年开始从事评级业务；标准普尔 1916 年开始对公司债券进行评级（但标准普尔 1860 年就开始出版有关企业信用信息的内容）；惠誉国际信用评级有限公司 1924 年进入评级行业。

然可以自己评估信用质量,但此时对债券类别的评估必须经过信用评级机构。

自此评级引用法律制度开始正式建立,但政府部门仍然没有对信用评级机构本身进行任何规制。当越来越多关于资本或资金运用的监管要求与信用评级联系在一起,信用评级实际上取得了"法"的效力,其业务来源有了绝对的保障。1969年,宾州中央铁路公司破产,破产之前标准普尔对其评级进行下调。标准普尔对其信用风险的正确评估使得市场对信用评级机构的认可度大幅上升,信用评级机构转而向发行人收取信用评级费用。这也标志着现代信用评级业的正式开始。而市场对信用评级机构的认可,也进一步促使监管机构对信用评级结果的引用。信用评级被认为是资产质量的试金石,政府部门在监管规则中对其加以引用,使得信用评级机构决定了哪些证券是安全的、可以被持有的,从而获得了对资本市场的巨大影响力,成为资本市场的看门人。

一、全国认可的统计评级组织制度的确立

1975年,美国证券交易委员会在颁布的银行和券商净资产要求中正式引入了全国认可的统计评级组织(Nationally Recognized Statistical Rating Organization,以下简称 NRSRO,其复数为 NRSROs)概念①,即市场认可的可信赖的信用评级机构,从而在法规中进一步明确了信用评级机构的作用,也将监管者对信用评级机构的依赖制度化了。虽然证券交易委员会在其规则中使用了 NRSRO 这一概念,但证券交易委员会没有法定权限对信用评级机构进行规范,所以证券交易委员会没有制定具体的标准以决定哪些信用评级机构是全国认可的,而是通过个案逐一去进行判定,由委员会工作人员通过无

---

① 在美国证券交易委员会制定该规则引入 NRSRO 这一概念前,纽约证券交易所就已经在其净资产规则中使用了这一术语。

异议函(no-action letter)①对评级机构予以认可。彼时,穆迪、惠誉和标准普尔三家信用评级机构获得认可。1982 年,Duffand Phelps,Inc.获得认可;1983 年 McCarthy Crisanti & Maffei,Inc. 获得认可;1990 年,IBCA Limited 及子公司 IBCA,Inc.获得认可;1991 年,Thomson Bank Watch,Inc.获得认可;1999 年,Pickard and Djinis LLP 获得认可。

通过这些个案许可,证券交易委员会工作人员逐渐发展出了认可 NRSRO 的一系列标准,包括市场地位、该信用评级机构是否被证券信用评级的主要使用者们认为是美国全国公认的可靠的可信赖的信用评级的发布者(最重要的一个因素)、信用评级机构业务能力和可信赖度(信用评级机构的组织结构、财务状况、评级机构工作人员的规模和素质、独立性、评级流程、防范对非公开信息滥用的内控制度以及对这些内控制度的遵守)等等。尽管无异议函只针对证券交易委员会的净资产规则,但他们有效地向所有使用 NRSRO 这一概念的法律法规树立了 NRSRO 的地位。最初 NRSRO 的使用范围很狭窄,仅是为了提供一种工具以确定不同等级债务证券的资本金额,随着对信用评级机构信用评级的依赖的增加,NRSRO 概念的使用范围也越来越大,不断见诸于联邦和州立法、金融和其他监管机构的规章制度、外国监管规定以及私人金融合同中。

监管机构对信用评级机构的认可制度限制了评级机构的竞争,促成了信用评级机构卡特尔的形成,也更扩大了市场对信用评级的需求。穆迪公司行政副总裁曾说过:"监管规则对信用评级的引用相当于政府对信用评级行业的间接补贴。"随着评级引用制度的迅速发展,对信用评级机构监管的呼声也越来越大。在 1992 年前后,美国证券交易委员会和国会就有关信用

---

① 无异议函是指,信用评级机构向证券交易委员会工作人员提交相关文件和资料,证券交易委员会工作人员予以审核,并向其发出无异议函,在信中表明,如果该信用评级机构的评级被注册登记的券商认为是 NRSRO 做出的评级,在适用相关净资本规则条款时使用,他将不会向证券交易委员会建议采取强制执行措施,即不会提出异议。

评级机构的许多问题进行了研究,也探讨过对信用评级机构加强监管的必要性。美国证券交易委员会就联邦证券法律法规对信用评级机构的评级引用所带来的对信用评级机构进行规范和监管的问题曾设想过许多改进措施,包括(1)删除证券交易委员会规则中对 NRSRO 评级的引用;(2)保留证券交易委员会规则中对 NRSRO 评级的引用以及现行的指定信用评级机构为 NRSRO 的方法;(3)对信用评级机构实施更直接和更广泛的监管措施。但最终证券交易委员会没有达成一致意见,现行 NRSRO 认可和监管制度保持不变。

1994 年,美国证券交易委员会发布了概念公告,征求公众对联邦证券法律法规对信用评级的引用以及建立正式程序以认可 NRSROs 和对其活动进行监管的意见。[1]根据征求意见,1997 年证券交易委员会出台了一部法规草案,拟根据《1934 年证券交易法》在券商资本要求规则(证券交易委员会净资产规则)中对 NRSRO 进行定义,[2]但最终这部草案没有成为正式的规则。

2005 年 4 月,证券交易委员会再次提出建议,为加强金融监管的目的,应对 NRSRO 进行法律上的定义,具体明确其认可条件和标准,但这一建议仍未能得到通过,直至 2006 年《信用评级机构改革法》的出台。因此,也有学者总结,在 2006 年《信用评级机构改革法》颁布之前,美国对信用评级机构的规范几乎毫无例外地都是围绕对 NRSRO 资质的指定而展开。[3]

二、《2006 年信用评级机构改革法》及其实施细则

尽管 2006 年之前,美国对信用评级机构的法律规范制定没有实质性进

---

① See Nationally Recognized Statistical Rating Organizations, Release No.34—34616, August 31, 1994, 59 FR 46314, September 7, 1994.

② See Capital Requirements for Brokers or Dealers Under the Securities Exchange Act of 1934, Release No.34—39457, December 17, 1997, 62 FR 68018, December 30, 1997.

③ Caitlin M.Mulligan, "From AAA to F: How the Credit Rating Agencies Failed America and What Can Be Done to Protect Investors," *Boston College Law Review*, Vol.50, 2009, p.7.

展,但国会和证券监督委员会一直在为此而努力。1997年亚洲金融危机、2001年安然事件、2002年世通事件中信用评级机构未能及时提示信用风险使得他们的声誉在金融市场上大为受损,也引得公众对其评级结果的质疑,信用评级机构在金融市场上的作用也引起了人们的讨论。2002年3月,参议院政府事务委员会举行听证就信用评级机构对安然公司的信用评级行为进行调查。调查结果显示信用评级机构在信用评估过程中没有尽到自己的勤勉义务,但因为信用评级机构几乎不受正式的规制和监管的约束,并且由于受监管豁免和宪法第一修正案保护,它们承担的责任非常有限,未来也很难因不良的市场表现而被追究法律责任,因此调查报告建议美国证券交易委员会出台相关规定,要求被认可的信用评级机构应遵守特定的业务和培训标准,并定期检查信用评级机构是否遵守这些规定。

为了确保美国资本市场的公正性和重树投资者的信心,2002年《萨班斯-奥克斯利法》(Sarbanes-Oxley Act of 2002)要求美国证券交易委员研究信用评级机构在证券市场中的作用和功能(具体研究事项包括信用评级机构在评估证券发行人上所起的作用以及此种作用对投资者和证券市场功能发挥的重要性、信用评级机构发挥其作用所面临的障碍、加强信用评级机构向市场传递更多信息的措施、信用评级机构进入信用评级业务市场的障碍以及减轻这些障碍所需的措施、信用评级机构面临的利益冲突以及防范或消除冲突结果的措施等问题),并向美国总统、众议院金融服务委员会、参议院银行、住房和城市事务委员会提交相应的研究报告。[①] 按照《萨班斯-奥克斯利法》的研究要求以及美国证券交易委员会自身对信用评级机构所涉及的一些问题的核查(例如对信用评级机构妨碍竞争或不公平行为的指控、信用评级机构的尽职程度、证券交易委员会监管的程度和方式等等),2003年,美国证券交易委员会发布特别研究报告,认为需要就下列事项进行更深

---

① Sarbanes-Oxley Act of 2002,Pub. L. No.107—204,§702(b),116 Stat. 745,2002.

入的研究,也希望市场参与者、其他政府监管机构和社会公众发表意见:(1)在信息传递方面,信用评级机构是否应当披露更多的关于它们评级结果的信息,发行人信息披露(包括关于评级触发的信息披露)的程度和质量方面是否需要加强;(2)在潜在的利益冲突方面,信用评级机构是否应当实施相应措施以管理因发行人付费而带来的潜在利益冲突,信用评级机构是否应当禁止(或者严格限制)评级分析人员与订阅人之间的直接接触,信用评级机构是否应当实施措施以管理信用评级机构发展附属收费业务而带来的潜在利益冲突;(3)在被指控的反竞争和不公平行为方面,大的信用评级机构被指控的反竞争和不公平行为多大程度上是事实,以及如果是事实的话,证券交易委员会可以采取什么样的措施来应对;(4)在减少潜在市场准入监管障碍方面,现有对信用评级机构的监管认可标准是否应当进一步厘清,对监管认可的申请审核时间是否应当制度化,业务范围只限于某一特定债务市场或某一地理区域的评级机构是否应当为监管引用之目的而被认可,是否用其他措施可以代替证券交易委员会的规章制度对信用评级机构的认可;(5)在持续监管方面,是否有必要对信用评级机构采取更直接的持续监管措施,如果有必要,应采什么样的方式或手段才合适(是否需要请求国会赋予具体的立法监管权限),信用评级机构在进行信用评级分析时对信用评级分析人员的培训和资质是否应该采纳通常的勤勉标准。①

基于上述美国证券交易委员会的研究,为加强信用评级的义务承担、提高透明度和信用评级市场的竞争以提高信用评级质量,从而保护投资者利益和维护公共利益,2006 年 9 月 29 日,美国总统乔治·布什(George Bush)签署了 2006 年《信用评级机构改革法》(Credit Rating Agency Reform Act of 2006)。实际上,在《信用评级机构改革法》出台之前,美国国会还引入了 2006 年《信用评级机构双寡头垄断救济法》(Credit Rating Agency Duopoly Relief Act

---

① U.S.Securities and Exchange Commission, Report on the Role and Function of Credit Rating Agencies in the Operation of the Securities Markets, January 2003.

of 2006),针对信用评级机构缺乏市场竞争而导致的市场主体地位滥用行为出台了若干防范措施。该法于 2006 年 7 月 12 日通过了众议院的投票,但在参议院被否决,为《信用评级机构改革法》所取代。①

(一) 2006 年《信用评级机构改革法》的主要内容

1. 术语的概念界定

2006 年《信用评级机构改革法》对《1934 年证券交易法》第 3 条进行修订,新增了对"信用评级""信用评级机构""全国认可的统计评级组织""合格的机构购买者"等术语的定义。这些定义规定了什么样的实体可以向证券交易委员会申请注册登记,成为 NRSRO,即该实体必须发布"对作为债务人的实体或有关其特定证券或金融市场工具如期偿还债务的可能性的评估",从事在互联网上或以其他随时可获取的方式发布信用评级的业务,采用定量或定性的模型或兼顾定量和定性的模型得出评级结果,并从发行人、投资者或其他市场参与者处收取费用。而要登记成为全国认可的统计评级组织,信用评级机构必须从事发布信用评级业务三年以上(至其申请注册时止),并就下列一类或一类以上的债务人发布信用评级:(1)金融机构、经纪人、交易商;(2)保险公司;(3)公司发行人;(4)资产支持证券发行人;(5)政府证券、市政证券或国外政府发行证券的发行人。②

2. NRSRO 注册和监管框架的构建

2006 年《信用评级机构改革法》通过对《1934 年证券交易法》的修订和补充,制定了 NRSRO 的注册和监管框架,在《1934 年证券交易法》中创设了第 15E 条,规定满足条件的信用评级机构可以向证券交易委员会申请注册登记,方可成为 NRSRO,同时授权证券交易委员会实施 NRSROs 金融报

---

① Mohammed Hemraj, *Credit Rating Agencies: Self-regulation, Statutory Regulation and Case Law Regulation in the United States and European Union*, Springer International Publishing AG Switzerland, 2015, p.98.

② 15.U.S.C. 78c.

告和监管规则；修订《1934年证券交易法》第17条，赋予证券交易委员会要求 NRSROs 记录保存、报告和对其检查的权限；修订《1934年证券交易法》第 21B(a)条，赋予证券交易委员会在根据《1934年证券交易法》第 15E 条启动的行政程序中自由裁量制裁信用评级机构的权限。但《信用评级机构改革法》明确禁止证券交易委员会对 NRSROs 决定信用评级结果所采纳的程序和方法以及信用评级的内核进行强制性规定。换而言之，《信用评级机构改革法》改革了前述通过证券交易委员会工作人员出具无异议函对信用评级机构的 NRSRO 资质予以认可的做法，①建立了信用评级机构自愿注册制度和赋予了证券交易委员会对 NRSROs 广泛的监督权限，尤其是赋予证券交易委员会制定申请表、规定申请的提交材料和信息、规定 NRSROs 制作和保留的记录、规定 NRSROs 定期提交财务报告、规定 NRSROs 必须实施的具体措施以管理对重要的非公开信息的处理、规定 NRSROs 必须管理和避免的利益冲突、认定 NRSROs 不能从事的证券交易委员会认为不公平或胁迫性或市场地位滥用行为等规则的权力，以及证券交易委员会有权检查 NRSROs 的所有账簿和记录，对违反法律法规的 NRSROs 采取强制执行措施，例如果 NRSRO 没有保持适当的金融及管理资源以持续性地提供公正的信用评级，证券交易委员会应通过命令、谴责函限制该 NRSROs 的活动、功能或运营，或临时性取消其注册地位(不超过12个月)，撤销其注册地位，等等。②

3. 信息披露

2006年《信用评级机构改革法》的亮点之一在于强制信息披露。该法在其创设的《1934年证券交易法》第 15E(a)(1)(B)条中规定，信用评级机构在申请注册成为 NRSRO 时必须向证券交易委员会提交下列信息：(1)信用评级表现测量数据(根据实际情况选择短期、中期和长期)；(2)申请人在决

---

① 无异议函的做法被认为缺乏透明度。
② 15 U.S.C. 78o—7(d).

定评级结果过程中使用的评级流程和评级方法；(3)申请人采纳和实施的防止对重要的、非公开信息的滥用或违反《1934 年证券交易法》或其他法律法规对重要的非公开的信息的有关规定的政策或流程；(4)申请人的组织结构；(5)申请人是否制定和实施了职业道德准则，如果没有的话，说明其原因；(6)与申请人出具信用评级有关的任何利益冲突；(7)申请人申请注册登记所涉及的被评级对象的类别；(8)在保密的基础上，提供 20 个使用申请人的信用评级服务的最重要的发行人和订阅人(按照提交申请所在财务年度的净收入数额计算)，等等。登记注册后，NRSRO 有义务及时更新注册登记所提供的信息。①一旦信用评级机构注册登记为 NRSRO，它必须向公众公开其申请表及其附件。此种信息披露包括组织信息、评级表现统计数据、评级方法、利益冲突、分析人员的从业经历。这些有关评级最直接的信息披露让市场参与者对 NRSROs 评级的质量和公正性做出自己的评估。

4. NRSRO 的内控制度

2006 年《信用评级机构改革法》要求 NRSROs 实施各种内控制度以管理其评级活动，例如 NRSROs 必须制定、保持和执行合理设计的书面政策和流程以防止对重要的非公开信息的滥用；NRSROs 必须在考虑到其业务性质的基础上，制定、保持和执行合理设计的书面政策和流程，以应对和管理利益冲突；NRSROs 必须指定专人负责其内部政策和流程管理以防止对非公开信息的滥用、应对利益冲突、确保对证券法律以及相关法规和条例的遵守，亦即指定合规工作人员。

5. NRSRO 年度报告

2006 年《信用评级机构改革法》第 6 条规定，证券交易委员会每年应当向参议院银行、住房和城市事务委员会和众议院金融服务委员会提交关于 NRSROs 的年度报告。报告内容包括：(1)列明根据《1934 年证券交易法》

---

① 15 U.S.C. 78o—7(a)(1)(B).

第 15E 条申请注册登记为 NRSROs 的申请人;(2)详述申请的数量以及针对此申请采取的行动;(3)详述证券委员会对 NRSROs 之间有关竞争、透明度以及利益冲突的情况。自 2008 年迄今,证券交易委员会已经向国会提交了 11 份年度报告,具体报告内容发布在证券交易委员会官方网站上。

（二）2007 年证券交易委员会实施细则

根据 2006 年《信用评级机构改革法》的授权,在履行了 1946 年《联邦政府行政程序法》规定的关于公开宣告和征求意见的程序后,2007 年 6 月 18 日,证券交易委员会通过了 6 条《信用评级机构改革法》的实施细则（NRSRO 表,Rule 17g—1, Rule 17g—2, Rule 17g—3, Rule 17g—4, Rule 17g—5, and Rule 17g—6）,[①]建立了 NRSROs 登记注册和监管的具体制度。有关注册的实施细则规定了信用评级机构向证券交易委员会注册登记所提交的申请表、申请人必须提供的信息和资料以及更新注册登记信息的义务。这些实施细则非常详细具体,对基于什么样的基础注册登记申请会被接受,以及根据什么理由证券交易委员会可以驳回申请规定得十分清楚。迄今为止,共有十家信用评级机构登记注册成为 NRSROs,它们分别是 A.M.Best Rating Services, Inc.（AMB,于 2007 年 9 月 24 日初次登记注册）、DBRS, Inc.（DBRS,于 2007 年 9 月 24 日初次登记注册）、Egan-Jones Ratings Company（EJR,于 2007 年 12 月 21 日初次登记注册）、Fitch Ratings, Inc.（Fitch,于 2007 年 9 月 24 日初次登记注册）、HR Ratings de México, S.A. de C.V.（HR,于 2012 年 11 月 5 日初次登记注册）、Japan Credit Rating Agency, Ltd.（JCR,于 2007 年 9 月 24 日初次登记注册）、Kroll Bond Rating Agency, Inc.（KBRA,于 2008 年 2 月 11 日初次登记注册）、Moody's Investors Service, Inc.（MIS,于 2007 年 9 月 24 日初次登记

---

① Exchange Act Rules 17g—1(and Form NRSRO) through 17g—6, National Recognized Statistical Rating Organizations, https://www.ecfr.gov/cgi-bin/text-idx? node=pt17.4.240&rgn=div5#sg17.4.240_117f_62.sg50.

注册)、Morningstar Credit Ratings，LLC(MCR，于 2008 年 6 月 23 日初次登记注册)、S&P Global Ratings(S&P，于 2007 年 9 月 24 日初次登记注册)。有关监管方面的实施细则规定 NRSROs 公开有关它们的活动信息，制作和保持相关记录，向证券交易委员会提交年度报告，制定和执行相关流程以保护重要的非公开信息，明确、管理和披露利益冲突，以及禁止 NRSROs 从事特定会引发利益冲突的行为，禁止从事不公平、胁迫或滥用市场地位的行为，等等。

(三) 2009 年证券交易委员会规则修订

2006《信用评级机构改革法》及其实施细则的颁布没来得及阻止 2007 年全球市场的动荡，信用评级机构在次贷市场的表现尤其引起了监管部门的关注。2007 年 8 月，证券交易委员会启动了对三大信用评级机构(惠誉、穆迪和标准普尔)的检查，内容包括信用评级机构是否遵守法律法规对信用评级过程公正性的规定，信用评级机构实施的针对评级过程中的利益冲突的政策和内控制度，信用评级机构内部合规制度的质量和合理性，尤其是信用评级机构对次级住房抵押贷款支持证券(Residential Mortgage-Backed Securities，以下简称"RMBS")和债务抵押债券(collateralized debt obligation，以下简称"CDO")的评级流程，以及信用评级机构在本次次级抵押贷款证券市场的危机中所扮演的角色。这三大信用评级机构于 2007 年 9 月登记注册成为 NRSROs，至此时才受到 2006 年《信用评级机构改革法》和证券交易委员会有关信用评级机构规则的约束和规范。2008 年 8 月，证券交易委员会在前述调查的基础上出具了一份简明的研究报告，研究报告表明：(1)自 2002 年以来，RMBS 和 CDO 交易的规模和复杂程度都有巨大的增长，一些信用评级机构由于缺乏足够的人手和资源似乎对这种增长应接不暇；(2)评级过程中的许多重要内容通常不会披露，例如评级标准以及"模型外调整"的理由；(3)对 RMBS 和 CDOs 的评级政策和流程的编制有进一步完善的空间，信用评级机构似乎没有发现或改正它们评级模型或方法中的错误的具体政策和流程；(4)信用评级机构对提供给它们的信息正采取新的做法，对它们所评级的 RMBS 资金池包含的贷款数据没有进行任何尽职调查或没有以其他方式核实其准确性和质量，而只基于 RMBS 发起人向它们提供的信息进行评级；(5)信用评级机构往往没有记录评级过程中的重要步骤——包括对评级模型的偏离的理由、评级委员会行为和决定的理由——和重要参与人；(6)信用评级机构的评级追踪过程似乎不如初次评级过程有效，缺乏追踪活动的记录和投入足够的资源及时更新评级；(7)发现了很多信用评级机构利益冲突管理方面的问题，有许多可待完善之处，例如虽然信用评级机构编制的政策和流程限制评级分析人员参加与发行人就有关评级费用进行的讨论，但仍然允许评级过程中的一些关键人士参与这些讨论中，以及虽然信用评级机构制定了政策禁止其雇员持有它们所评级的证券，但各机构在监管和防范措施的严格程度上各异；(8)信用评级机构的内部审计程序各异，差别很大。其中有两家信用评级机构的内部审计程序不当，例如，某家信用评级机构对其评级的 RMBS 和 CDO 小组的审计只是一个一页纸的一览表，内容仅为对交易文件完整性的评估。①

　　基于上述调研事实，2008 年 6 月 11 日证券交易委员会提出对 NRSROs 的现有规则进行修订和补充。在充分考虑回馈意见和评论的基础上，2009 年 2 月，证券交易委员会通过了一系列措施以增强 NRSROs 的透明度和责任承担，以回应对 NRSROs 信用评级流程和方法的公正性的关切。新的规则要求 NRSROs 对结构性债务融资工具的评级方法进行额外的信息披露，公开披露其评级历史，保留更多的内部记录，以及向证券交易委员会提交额外的信息帮助其工作人员开展对 NRSROs 的检查。新的规

① The Staff of the Office of Compliance Inspections and Examinations Division of Trading and Markets and Office of Economic Analysis, Summary Report of Issues Identified in the Commission Staff's Examinations of Select Credit Rating Agencies By the Staff of the Securities and Exchange Commission, July 8, 2008.

则还禁止 NRSROs 及其评级分析人员从事某些会引发利益冲突的活动,例如一边向债务人提供咨询如何获得更有利的信用评级,一边对该债务人根据咨询意见形成的证券产品进行信用评级,亦即禁止 NRSROs 对其帮助发行人创设或规划结构的证券进行评级,禁止 NRSROs 为投资银行就如何打包证券以获取有利的信用评级提供咨询意见。[1]

2009 年 8 月,证券交易委员会发布通知,要求 NRSROs 使用可扩展商业报告语言格式公开《1934 年证券交易法》第 17g—2(d)条所要求公开的信息。2009 年 11 月,证券交易委员会再次通过了对 NRSROs 规则的修订(Amendments to Rules for Nationally Recognized Statistical Rating Organizations)。新的规则要求信用评级机构对信用评级的历史信息做更为广泛的公开披露,例如初次评级及其采取的任何评级行为包括下调评级、上调评级、维持评级以及放入观望名单。新的规则要求 NRSROs 以可供下载的方式公开其所有 2007 年 6 月 26 日起至今初次评级的全部评级历史信息。这一新的信息披露要求被称为“百分百要求”,旨在加强 NRSROs 评级的透明度及对其的问责,从而使得投资者更易于对信用评级的实际表现进行分析和评价。此外,这次修订规定,RMBS 和其他结构性债务融资工具发行人为信用评级之目的向受聘用的信用评级机构提供的有关被评级对象的基础数据信息,其他未受聘用的 NRSROs 也能获取,从而使得其他信用评级机构可以对结构性债务融资工具进行主动评级,以扩大信用评级机构之间的竞争。

三、2010 年《多德-弗兰克华尔街改革和消费者保护法》

尽管证券交易委员会对交易法规则涉及 NRSROs 的有关条款做出了

---

[1] U.S. Securities and Exchange Commission, Annual Report on Nationally Recognized Statistical Rating Organizations, As Required by Section 6 of the Credit Rating Agency Reform Act of 2006, September 2009.

修订和补充,加强了对信用评级机构的监管,但未能平息人们对信用评级机构在此次金融危机中的作用以及现行法律制度对信用评级机构规范不足、监管不足和问责不足的质疑。为回应"大而不倒"和"大萧条以来最严重的金融危机的责任承担问题",2010 年 7 月 21 日,美国通过了《多德-弗兰克华尔街改革和消费者保护法》,该法在消费者保护、交易限制、信用评级、金融产品、公司治理和信息披露、透明度等方面重塑了美国的监管体系,其中第九篇第三部分"信用评级机构规制完善"对《1934 年证券交易法》第 15E 条进行修订,从加强对 NRSROs 的监管、问责及其透明度,明确民事诉讼中的主观状态、信用评级向执法机构和监管部门举报的义务、信用评级机构在做出评级结果时对来自发行人之外的信息的考量义务、信用评级分析人员任职标准(授权证券交易委员会制定规则)、证券交易委员会实施细则制定的期限、评级标识的一致性,移除法律法规中关于信用评级引用等方面的规定,对信用评级机构的法律制度进行了修订、补充和完善。

（一）对信用评级机构的定位

在《多德-弗兰克华尔街改革和消费者保护法》中,美国国会确认,信用评级具有系统重要性,个人投资者、机构投资者和金融监管部门都对信用评级有所依赖,因此信用评级机构(包括 NRSROs)的活动和表现事关全国性共同利益,信用评级机构对资本形成、投资者信心、美国经济的高效运行至关重要。信用评级机构(包括 NRSROs)在债务市场担任"守门人"的角色,在功能上与评估股票市场上证券质量的证券分析师以及审核企业财务报表的审计师类似。角色的相似性使得有理由对信用评级机构施加类似程度的公开监管和问责。因为信用评级机构为客户提供评估和分析服务,就像其他的金融"守门人"那样,所以信用评级机构的活动在本质上是商业性的,应当同样受到适用于审计师、证券分析师和投资银行家的监管和责任标准的约束。在某些活动中,尤其是为结构性债务融资工具的安排人就这些产品的未来评级提供咨询意见时,信用评级机构面临利益冲突,需要得到认真的监管,因此应当在立法中明确这一点,赋予证券交易委员会更清晰的权限对其予以监管。在此次金融危机中,对结构性债务融资工具的评级被证明是不准确的。这种不准确性很大程度上导致了金融机构和投资者对风险的错误管理,从而妨碍了美国乃至整个世界经济的健康运行。这种不准确性也使得有必要加强对信用评级机构的问责。[1]

(二)加强信用评级机构对法律责任的承担

基于上述对信用评级机构定位的重新认识,《多德-弗兰克华尔街改革和消费者保护法》加强了信用评级机构对法律责任的承担。民事责任上,《多德-弗兰克华尔街改革和消费者保护法》修订了《1934 年证券交易法》的有关规定,允许投资者对 NRSROs 提出诉讼,就其故意或鲁莽地不对其自身评级方法所依赖的被评级对象的事实因素进行合理调查,或没有对从独立于发行人的可信赖的其他来源获取此类的事实因素进行合理的验证追究民事责任。此外,NRSROs 今后将通过在"注册声明"中声明的方式放弃对其提供信用评级享有的豁免,受"专家责任"的约束,从而与注册会计师事务所或证券分析员一样在民事证券诉讼中面对同样的责任承担。行政责任上,《多德-弗兰克华尔街改革和消费者保护法》还授权证券交易委员会在NRSROs 不再具备足够的财务和管理资源以持续性进行正确评级时撤销其对某种证券进行信用评级的 NRSRO 资格。

(三)设立信用评级办公室

《多德-弗兰克华尔街改革和消费者保护法》授权在证券交易委员会下设信用评级办公室,以帮助证券交易委员会完成其保护消费者,便利资本形成,维护公平、有序和高效的市场的使命。该办公室由具备公司、市政和结构性债务金融知识和专长的人员组成,包括主任和合规工作人员,其职责是起草和管理证券交易委员会与 NRSROs 信用评级有关的规则,保护信用评

---

[1] SEC. 931,Subtitle C—Improvements to the Regulation of Credit Rating Agencie.

级使用者,促进 NRSROs 出具的信用评级的准确性,确保上述评级不受利益冲突的不当影响,以及促使 NRSROs 向投资者披露更多的信息。根据法律规定,信用评级办公室每年应对 NRSROs 检查至少一次,并将年度报告以容易理解的形式向公众公开。年度报告中应当包含检查的主要事实结论、NRSROs 对证券交易委员会发现的任何实质性监管不足的回应,以及 NRSROs 是否适当地对证券交易委员前一年度报告中提出的建议做出回应。信用评级办公室还为投资者、发行人和其他信用评级行业参与人提供有关信用评级以及 NRSROs 的信息和服务,与国内外信用评级机构监管机构沟通交流,以促进监管的统一和加强证券交易委员会在全球监管中的作用。根据本法的规定,信用评级办公室于 2012 年 6 月正式成立。

（四）NRSROs 的年度检查

在 2006 年《信用评级机构改革法》规定的证券交易委员会应每年就 NRSROs 的情况提交年度报告的基础上,《多德-弗兰克华尔街改革和消费者保护法》进一步要求证券交易委员会每年对 NRSROs 进行检查和审核。该法第 932(a)(8) 和(a)(4)条对《1934 年证券交易法》第 15E 条进行了修订,增加了 15E(p)(3)条和 15E(h)(4)(B)条,规定证券交易委员会应至少每年一次对每一 NRSRO 进行检查,检查内容包括(1)NRSRO 是否按照其制定的政策、流程和评级方法开展业务;(2)NRSRO 对利益冲突的管理情况;(3)NRSRO 对职业道德规范的实施情况;(4)NRSRO 的内部监督和控制;(5)NRSRO 的治理;(6)NRSRO 指定合规人员采取的行动;(7)NRSRO 对投诉的处理;(8)NRSRO 对前员工解除聘用关系后的行为和活动进行约束的政策。证券交易委员会应根据检查结果向公众公开年度报告,介绍检查得出的主要事实结论、NRSROs 对证券交易委员会发现的任何实质性监管不足的回应,以及 NRSROs 是否适当地对证券交易委员前一年度报告中提出的建议做出回应。此外,证券交易委员会还应定期检查 NRSROs 对离职员工的约束政策,以及每一 NRSRO 对合理制定和实施政策以最大程度消除利益冲突的执行情况，每年最少一次检查每一 NRSRO 的职业道德准则和利益冲突政策，并在这些政策有实质性修改时予以检查。①

（五）减少对信用评级机构的依赖

《多德-弗兰克华尔街改革和消费者保护法》第 939A 条规定，各联邦政府部门应当审查它们制定的规定了使用证券或货币市场票据信用情况评估的法规，以及检查这些法规中对信用评级的引用及其要求，并进一步要求这些部门对这些法律规定予以修订，删除这些对信用评级的引用或对信用评级依赖的要求，并以它们认为适当的信用度标准予以代替。在做出这一删除和替代决定时，各部门应当寻求尽可能设立统一的信用度标准供各部门使用。许多部门规章受到了影响，从而做出了修改。②

（六）加强利益冲突管理

《多德-弗兰克华尔街改革和消费者保护法》在以往立法的基础上，继续关注可能的利益冲突对信用评级机构的影响。首先，对员工离职之后的去向会引发的利益冲突，该法要求当 NRSROs 的员工离职之后为该信用评级机构所评级过的证券的发行人、债务人或承销人工作的话，要对一年内的信用评级进行复查（这一措施被称为"回头看政策"）。同时，如果离职员工被其之前 12 个月内的被评级实体雇佣的话，NRSROs 则应向证券交易委员会报告这一离职和雇佣。其次，在通过内控制度以减轻评估过程中出现的利益冲突上，该法要求每个 NRSRO 必须设立董事会，且半数以上董事（最少不少于 2 名）必须为独立董事（独立董事可以领取报酬，但其数额不能与 NRSRO 的经营状况挂钩；独立董事任期不超过 5 年且不能连任）。董事会的职责之一就是监管决定信用评级结果的政策和流程；监管应对、管理和披露利益冲突的政策和流程；监管内部控制制度的有效性；监管薪资和促销政策和流程。最后，对 NRSROs 业务所带来的利益冲突上，该法要求证券交

---

① ② Subtitle C—Improvements to the Regulation of Credit Rating Agencies.

易委员会制定规则以防止 NRSROs 的销售和营销对价影响其评级结果。

(七) 加强信息披露,提高透明度

《多德-弗兰克华尔街改革和消费者保护法》通过各种途径进一步提高信用评级机构的透明度,扩大其信息披露的范围,尤其注重对评级方法的披露。该法要求 NRSROs 必须披露其对评级流程和方法做出的实质性改变的原因,并且对评级流程和方法做出的修改必须一视同仁地对其应予以适用的评级加以适用。NRSROs 还必须向信用评级的使用者公开该信用评级所适用的评级方法、对评级流程或评级方法所做的实质性变更、发现的评级流程或评级方法中的任何可能会导致评级结果发生改变的重要错误、会导致现行评级结果发生改变的评级方法或流程改变的可能性等。该法还授权证券交易委员会出台实施细则,规定 NRSROs 必须公开披露其为每一类别的债务人、证券、货币市场票据进行初次信用评级的相关信息以及其后对这些信用评级所做的调整;规定 NRSROs 必须以纸质形式或电子版形式公布"评级表",对相关事项进行披露,包括评级所依赖的主要假设、评级的可能的局限性、评级不确定性的相关信息、是否以及在多大程度上使用了第三方尽职调查报告、在决定信用评级时所使用的关于发行人的数据、NRSROs 对所接触到的和纳入考虑范围的信息资料的质量的评估、与信用评级有关的信息以及其他证券交易委员会认为必须披露的信息。

(八) 加强 NRSROs 内控管理

《多德-弗兰克华尔街改革和消费者保护法》十分注重 NRSROs 内部控制的建设和监管,在 2006 年《信用评级机构改革法》的基础上,进一步要求每一 NRSRO 建立有效的内部控制结构以规范和管理其对决定信用评级结果的政策、流程和方法的执行和遵守,并向证券交易委员会提交经其首席执行官验证过的关于其内控控制的年度报告,并在该报告中详细阐述管理层在建立和掌控 NRSRO 内控结构以及评估 NRSRO 内控结构有效性中的责任。该法还要求证券委员会出台实施细则,确保 NRSRO 的信用评级都是依据经董事会批准的流程和方法做出的。

四、后危机时代美国证券交易委员会的规则发展和探索

《多德-弗兰克华尔街改革和消费者保护法》是美国立法对 2008 年金融危机的综合回应，与 2006 年《信用评级机构改革法》一样，也授权证券交易委员会制定和通过实施细则以落实和进一步发展相关法律规定。通过履行《多德-弗兰克华尔街改革和消费者保护法》所要求的对 NRSROs 的年度检查以及对信用评级机构特定问题进行的研究（有关证券法规或其他法规对评级依赖情况的调查研究①、信用评级标准化研究②、指定信用评级研究③、信用评级机构独立性研究④），证券交易委员会不时提出对信用评级机构法律规范的修改建议，并公开征求意见，也相应地根据反馈意见和其他实际情

① The Staff of the U. S. Securities and Exchange Commission，Report on Review of Reliance on Credit Ratings，July 2011.

② 2010 年 10 月，证券交易委员会开展信用评级标准化研究，探讨统一信用评级专门用语和技术性要素（统一的术语、标准的市场压力条件、标准化经济压力下信用评级与违约可能性及损失预期之间的量化联系、统一的不同资产种类的信用评级专门术语）的可行性和必要性。2012 年 12 月证券交易委员会向国会提交报告，阐述研究结论：不建议付诸实施。The staff of the U. S. Securities and Exchange Commission，Report to Congress Credit Rating Standardization Study，September 2012.

③ 2011 年，证券交易委员会开展指定评级研究并公开征求意见，考察设立由公共或私人组织或自律组织指定 NRSROs 为结构性金融产品进行信用评级的制度的可行性，2012 年 12 月向国会提交研究报告，提出三种路径（第一，实施交易法第 15E(w) 规定的制度；第二，实施加强版的交易法规则第 17g—5 条的规定；第三，实施其他替代性付费方式），并建议今后做进一步的研究和讨论。The Staff of the Division of Trading and Markets of the U. S. Securities and Exchange Commission，Report to Congress on Assigned Credit Ratings，December 2012.

④ 2013 年 11 月，证券交易委员会向国会出具报告，将对 NRSRO 因在提供信用评级服务同时提供其他服务（例如，风险管理咨询服务等）所带来的利益冲突的管理进行研究，指出他们并没有发现 NRSROs 不能通过现有的政策和流程管理此种利益冲突，因此并不建议对现有的针对 NRSRO 向作为评级对象的发行人提供辅助服务的规范做出修改。但是，NRSROs 必须根据现有的规范要求，包括交易法第 15E(h) 和交易法规则第 17g—5(a) 的要求，管理涉及辅助服务的利益冲突。证券交易委员会也应当继续履行其检查职能，这对评估 NRSROs 是否遵守这些要求是非常关键的，也为观察是否有实质性利益冲突存在提供了机会。The Staff of the Office of Credit Ratings of the U. S. Securities and Exchange Commission，Report to Congress Credit Rating Agency Independence Study，November 2013.

况,正式颁布了对信用评级机构法律规范或涉及信用评级机构的其他证券法律规范的修订和补充。例如,2011 年 1 月,证券交易委员会通过了一项新的规则(新增加的 Rule 17g—7),要求 NRSROs 在为发行资产支持证券信用评级时所出具的报告中向投资者披露关于陈述、保证和执行机制的有关信息。2011 年,证券交易委员会提出了若干规则修改建议并在其官网上公开征求意见,包括对交易法规则中"全国认可的统计评级组织"部分的修订建议;删除《1934 年证券交易法》中某些评级引用的建议;在一些投资公司法规则和表格中增加评级引用的建议;删除《1934 年证券交易法》中对某些评级引用的建议;进一步增加对资产支持证券的信息披露、报告和发行要求的建议,等等。

自《多德-弗兰克华尔街改革和消费者保护法》颁布实施后,证券交易委员会最重要的规则修订和补充涉及以下两个方面。

(一) 2014 年 NRSROs 规则修订

证券交易委员会分别于 2014 年 8 月 27 日和 2014 年 9 月 15 日对交易法中的 NRSROs 规则进行修订和补充,重点在于加强其监管责任,其内容涉及:NRSROs 内部控制结构的年度报告的提交;对销售和营销对价所带来的利益冲突的应对;NRSROs 审查发现员工离职后的雇佣关系引发的利益冲突影响了信用评级时所采取的行动;加强和标准化信用评级表现统计数据的信息披露;加强和扩大 NRSROs 披露的信用评级历史的范围;要求制定有关用来决定信用评级结果的流程和方法的特定政策和流程;发布特定评级行为填写的表格,用来披露信用评级的信息以及第三方尽职调查服务提供商的证明;NRSROs 建立信用分析人员培训、经历、能力标准;要求制定政策和流程以确保对评级符号和定义的一致适用。另外非常重要的一点,这些新的规则除了对 NRSROs 适用外,还适用于为资产支持证券以及资产支持证券的发行人和承销人提供第三方尽职调查服务的供应商。①这些新的规则逐步于 2014 年

---

① 17 CFR Parts 232,240,249,and 249b.

11 月 14 日、2015 年 1 月 1 日以及 2015 年 6 月 15 日正式生效。

(二) 对交易法规则第 17g—5(a)(3)条的"临时有条件豁免"适用的延期

交易法规则第 17g—5(a)(3)条的立法本意是通过让更多的 NRSROs 能对结构性债务融资工具进行信用评级,从而解决结构性债务融资工具信用评级过程中会遇到的利益冲突问题,提高其信用评级的质量。该条的创新之处在于规定,RMBS 和其他结构性债务融资工具发行人为信用评级之目的向受聘用的信用评级机构提供的有关被评级对象的基础数据信息,其他未受聘用的 NRSROs 也能获取,从而使得其他信用评级机构可以对结构性债务融资工具进行主动评级,以扩大信用评级机构之间的竞争。该条规则于 2009 年 11 月通过,2010 年 2 月 2 日生效,根据其规定,NRSROs 应从 2010 年 6 月 2 日起执行该规则。但在 2010 年 5 月 19 日,证券交易委员会发布命令,赋予 NRSROs 有条件的临时豁免适用交易法规则 17g—5 的规定。《多德-弗兰克华尔街改革和消费者保护法》颁布后,美国加强了对 NRSROs 的监管,提高了信息披露的广度和深度,但对于该条规定的实施,证券交易委员会征求意见的回复多为"表示担忧",担忧对美国之外的交易适用交易法规则第 7g—5(a)(3)条会影响当地的证券化市场,阻碍当地企业融资的能力,以及与当地法律相冲突。[①]因此,2010 年 11 月 23 日,证券交易委员会将该豁免延期至 2011 年 12 月 2 日,随后证券交易委员会不断将其延期,最近一次于 2017 年 11 月发布豁免命令,将其延期至 2019 年 12 月 2 日,即根据交易法第 36 条,如果此次信用评级满足以下条件:(1)证券或货币市场票据的发行人不是美国人[根据证券法规则第 902(k)条]和 (2)该全国认可的统计评级组织有理由相信该结构性债务融资工具一经

---

① Order Extending Conditional Temporary Exemption for Nationally Recognized Statistical Rating Organizations from Requirements of Rule 17G—5(A)(3) under the Securities Exchange Act of 1934.

发行即将仅在发生在美国之外的交易中被提供和出售,以及任何与该结构性债务融资工具有关的安排人将会在发行后仅在发生在美国之外的交易中促成交易,NRSROs 则免于遵守交易法规则第 17g—5(a)(3)条[17 CFR 240.17g—5(a)(3)]的规定。

这种豁免适用实际上使得被豁免适用的法律规定成为一纸空文,不具备实际执行效果。而这种临时性的豁免一再延期,实际效果相当于没有制定颁布。并且,基于对实施该条规则的担忧,在不断延期 8 年之后,2018 年10 月 5 日,证券交易会员会提出议案,建议修改该条规定,赋予满足豁免条件的信用评级永久豁免。

第三节 欧盟信用评级机构法律制度的构建与发展

尽管信用评级机构在金融市场享有非常重要的地位,但在 2008 年金融危机前,欧盟层面没有对信用评级机构予以专门的法律规范,仅有非常少的一些法律法规提及了信用评级机构,比如欧洲议会和欧盟理事会 2003 年1 月 28 日制定的第 2003/6 号欧盟指令①(内部交易和市场操纵)②、2006 年6 月 14 日制定的第 2006/48 号欧盟指令(接管和从事信贷机构业务)③、第2006/49 号欧盟指令(投资公司和信贷机构的资本充足率)④。同时,因为欧盟信用评级市场上活跃的大部分信用评级机构的总部都不在欧盟本土,所以大部分欧盟成员国都没有对信用评级机构的活动或出具信用评级的条件

---

① 欧盟指令中,从建立到 1993 年,其名为欧洲经济委员会(European Economic Commission, EEC);从 1994 年到 2009 年,其名为欧洲委员会(European Commission, EC);自 2010 年起,其名为欧洲联盟,简称欧盟(European Union, EU)。

② OJ L 96, 12.4.2003, p.16.

③ OJ L 177, 30.6.2006, p.1.

④ OJ L 177, 30.6.2006, p.201.

做出法律规范。虽然没有法律上直接的规范和监管,但欧盟还是非常注重信用评级机构的自律监管。2006 年欧盟委员会信用评级机构沟通小组要求当时的欧洲证券监管机构委员会每年检查信用评级机构对 IOSCO《信用评级机构基本行为准则》的遵守情况并向欧盟委员会报告。

美国次贷危机的爆发引发欧盟对金融系统立法和监管的高度关注。2008 年 3 月,欧盟理事会通过了一系列决定,目标之一就是提高市场运行和激励结构,其中包括信用评级机构在其中的作用。2008 年 11 月,欧盟委员会成立高级别小组,研究未来金融服务领域欧盟的监管框架。但真正促使欧盟采取行动的还是 2009 年 4 月 G20 领导人在峰会上达成的国际承诺,对信用评级机构进行规则。[①]为履行这一承诺,同时为了确保更好地保护消费者和投资者,且考虑到各成员国在信用评级机构领域立法的匮乏以及仅靠各成员国的努力不能形成统一的立法和监管框架以提高在欧盟境内出具的信用评级的质量,2019 年 9 月 16 日欧洲议会和欧盟理事会制定了《欧盟信用评级机构管理条例》(1060/2009 号),该法在欧盟内部亦被称为《信用评级机构管理条例(一)》,自此开启了欧盟的信用评级机构法律规制进程。现行欧盟信用评级机构法律规范和监管框架以《信用评级机构管理条例(一)》为基础,经由 2011 年欧盟条例第 513/2011 号[也称为《信用评级机构管理条例(二)》],欧盟指令第 2011/61 号、2013 年欧盟条例第 462/2013 号[也称为《信用评级机构管理条例(三)》],以及 2014 年欧盟指令第 2014/51 号立法修订,并辅以其他相关指令、欧盟委员会实施细则和授权立法等。

一、2009 年《欧盟信用评级机构管理条例》

该法于 2009 年 9 月 16 日制定,2009 年 11 月 17 日正式颁布,2009 年 12 月 8 日正式生效,其中第 4(1)条于 2010 年 12 月 7 日正式实施,第

---

① Raquel Garcia Alcubilla, Javier Ruiz Del Pozo, *Credit Rating Agencies on the Watch List：Analysis of European Regulation*, Oxford University Press, Kindle Version, p.1281/7859.

4(3)条第(f)、(g)和(h)项于 2011 年 6 月 7 日正式实施。该法包括序言共 75 点,正文共 41 条。该法的目标在于通过建立统一的规范框架,规制信用 评级机构的活动,确保信用评级过程的独立和公正,以及提高信用评级的质 量,以保护投资者和欧盟金融市场的健康稳定发展。《信用评级机构管理 条例(一)》建立了信用评级机构规制框架和监管体制,规定信用评级机构 必须在国家级有关部门登记并受其监管,要求信用评级机构必须避免利 益冲突,运用合理的评级方法和开展透明的评级活动。其主要内容包括 以下几点。①

（一） 对信用评级机构的定位和监管总思路

该法首先对信用评级机构的定位进行了阐述,并基于该定位制定了对 信用评级机构的监管总思路。该法确认,信用评级机构没有及时通过信用 评级的出具和调整揭示逐渐恶化的金融市场危机,因此,一方面信用评级的 使用者不应盲目地依赖信用评级,而应该尽最大的注意去开展自己的分析, 进行适当的尽职调查;另一方面则要通过立法改正信用评级机构的不足,其 措施包括加强防范利益冲突、提高信用评级过程质量、加强信用评级机构的 透明度和内部治理,以及加强对信用评级机构活动的监管。鉴于欧盟的实 际情况,如果通过各成员国的分别立法来规制,则出具供欧盟境内金融机构 所使用的信用评级的评级机构需要遵守不同成员国的不同法律规范,必然 会对欧盟内部市场的良好运行产生不良影响和障碍,②因此有必要制定统 一的规制框架以提高信用评级的质量,尤其是受到统一规则监管的机构和 个人在欧盟境内使用的信用评级的质量。此外,对信用评级质量的统一规 范也是对投资者和消费者实施同等保护原则的要求,方便使用者对欧盟境 内的信用评级与国际市场上的信用评级进行比较。

---

① Regulation(EC) No.1060/2009 of the European Parliament and of the Council of 16 September 2009 on Credit Rating Agencies, Official Journal of the European Union, 17 November, 2009.

② 党玺:《论欧美信用评级监管制度的变革》,载《福建金融管理干部学院学报》2011 年第 2 期。

在监管方面,欧洲证券监管机构委员会(Committee of European Securities Regulators)在欧盟层面发挥作用,各成员国主管机关负责具体监管措施的实施并相互协调配合,开展监管合作。条例对各成员国监管机构的合作和协调、信用评级机构管理条例与成员国国内法的关系和效力问题、各成员国监管机关确保本条例有效执行的机制、欧盟成员国国内法对本条例实施的保障等问题做出了规定。但条例强调,现行的此种"欧洲证券监管机构委员会+成员国主管机关+联席组织"的监管框架不应被认为是信用评级机构监管的长期方案。各成员国主管机关联席组织在提高监管合作和协调效率上走出了非常重要的一步,但相比更统一的信用评级机构监管,现行规范还是具有劣势。因此,为了提高欧盟规范和监管的统一性,更好地维护金融系统的稳定性,进一步对欧盟金融行业规范和监管模式进行更大范围的改革是十分必要的。

此外,欧盟立法机关认为,信用评级机构的规范和监管是一项专业的、复杂的工作,不应一蹴而就,而应当在市场动态监测、理论和实证研究以及广泛征求意见的基础上,不断进行调整,因此,该条例赋予欧盟委员会就信用评级机构若干专项问题进行研究和报告的义务[①]:欧盟委员会应向欧洲议会和欧盟理事会提交评估本条例实施情况的报告,尤其是关于对信用评级的监管依赖情况和信用评级机构由被评级对象支付报酬的适当性与否。根据上述评估,欧盟委员会应提出适当的立法建议;欧盟委员会还应向欧洲议会和欧盟理事会提交评估促使发行人使用欧盟境内设立的信用评级机构为它们发布信用评级的原因、"发行人付费"模式的可能替代措施(包括建立欧盟公共信用评级机构)、成员国规定的违反本条例的处罚规则的统一和协调的报告,并基于其评估,提出适当的立法建议;欧盟委员会还应当向欧洲议会和欧盟理事会提交评估第三国信用评级机构规范和监管框架的发展、

[①] 马建威:《美欧信用评级法律监管的发展及启示》,载《北京社会科学》2015 年第 11 期。

上述规范和监管框架发展的实际效果、本条例中规定的过渡性条款对欧盟境内金融市场稳定的实际效果的报告。

（二）信用评级机构的注册登记

为了确保对内部市场上投资者和消费者的高水平保护，在欧盟境内发布信用评级的信用评级机构应履行登记注册手续。登记注册是信用评级机构在欧盟境内符合监管引用目的而必须满足的首要条件。信用评级机构应向欧洲证券监管机构委员会提交信用评级机构注册登记申请，由欧洲证券监管机构委员会在收到申请五日内向各信用评级机构所在成员国主管机关转交申请材料，由后者对注册登记申请进行审查。成员国主管机构应当在60日内审查申请并做出许可或拒绝决定，以及给出完整的说明。信用评级机构所在成员国的主管机关做出的注册登记决定一旦根据其本国法生效，信用评级机构的注册登记即告生效。欧洲证券监管机构委员会可以对信息资料的完整性乃至最终决定中有关信用评级机构是否符合注册登记条件发表意见，如果成员国主管机关对该意见不予采纳，要给出充分理由。

此外，对分处不同成员国的信用评级机构以集团名义申请注册登记时，集团各信用评级机构所在成员国的监管机关分别就其国内成立的信用评级机构发布注册登记结果。虽然成员国的主管机构应当协调对同一集团的其他信用评级机构提交的申请的审查和是否许可其注册登记的决策，但当集团中某个信用评级机构不符合注册登记的要求时，成员国的主管机构应拒绝其注册申请，这并不影响对同一集团的其他信用评级机构满足本条例所规定的全部注册登记条件的认定。

（三）信用评级机构的背书制度和认证制度

信用评级的发布和使用具有空间上的延展性，在第三国发布的信用评级对欧盟境内也会产生影响，或可在欧盟境内被投资者和其他市场参与主体使用甚至为监管部门引用，为加强对此类发布在第三国的信用评级的持续监管，该条例规定了信用评级机构的背书制度，允许在欧盟境内设立并根据法律规定注册登记了的信用评级机构为在第三国发布的信用评级背书，证明这些信用评级所涉及的评级活动符合本条例规定的要求并达到了同样的目标和实际效果，经过背书的第三国发布的信用评级在欧盟境内可用于监管引用。①在为在第三国发布的信用评级背书时，信用评级机构应持续不断地对被背书的信用评级加以监测和评估，并无条件地对被背书的信用评级承担全部责任，确保其符合本条例规定的全部条件。

为回应第三国信用评级机构在欧盟境内没有设立机构会严重阻碍对其有效监管的担忧，上述背书制度只适用于那些在欧盟境内有附属机构并与欧盟境内成立的信用评级机构紧密合作的信用评级机构。但在特定情况下，有必要放松这一要求，做出变通，因为一些小的第三国信用评级机构没有足够的资源和实力在欧盟境内设立实体或附属机构，认证制度就是这样一种变通制度。②认证制度是指，欧盟委员会确认第三国的法律和监管框架与本条例的要求具有相当性后，对该国进行"相当性"认证。相当性机制并没有赋予第三国信用评级机构直接进入欧盟的权利，但在个案审核的基础上，可以豁免该国信用评级机构遵守一些该条例在组织机构上的要求，比如在欧盟境内拥有实体的要求。③

(四) 利益冲突的避免和管理

信用评级机构在信用评级过程中会遇到许多利益冲突的情形，包括信用评级机构人员的利益冲突和机构的业务冲突等多种形式。在人员的利益冲突防范上，条例禁止信用评级分析人员对他们持有股份或份额的实体进行评级，并且信用评级机构应当就其员工和参与信用评级过程的其他人制

---

① Kristina St.Charles, "Regulatory Imperialism: The Worldwide Export of European Regulatory Principles on Credit Rating Agencies," *Minnesota Journal of International Law*, Summer, 2010, pp.8—9.

② 此处，小的信用评级机构的判断标准为该信用评级机构对一个或多个成员国的金融市场的稳定性和完整性不具有系统重要性。

③ 徐静怡:《由信用评级机构监管引发的思考》，载《时代金融》2010 年第 6 期。

定合理的内部政策和流程(包括内部控制机制和合规人员)以防止、发现、消除、管理或披露任何利益冲突以及确保信用评级和复核过程的质量、一致性和全面性,例如为避免与同一被评级实体或第三方保持长期关系会损害信用评级分析人员和批准人员的独立性,对信用评级分析和批准人员执行适当的轮换机制,保证信用评级分析小组成员和信用评级委员会委员处于持续的变动。

在机构的业务冲突防范上,为避免潜在的利益冲突,信用评级机构应专注于发布信用评级的专业活动,不得从事咨询服务,尤其不应对结构性金融工具的设计提供建议或意见,但在对其发布信用评级不会造成潜在利益冲突时,信用评级机构可以提供其他附属服务。

在内部治理和组织机构上,信用评级机构应出台信用评级内部质量控制制度,确保信用评级是在有充分根据的基础上做出的,以避免评级妥协;信用评级机构应确保至少三分之一(不少于两位)的董事或监事是独立的,同时确保大部分高管包括所有的独立董事和独立监事对金融服务的适当领域拥有足够的专业知识,并且为了避免利益冲突,独立董事和独立监事的报酬不得与信用评级机构的经营状况相联系;合规工作人员应当定期向高管和独立董事、独立监事报告其职责履行的情况;此外,信用评级机构应当及时披露其利益冲突,并将所有对其自身、雇员以及其他参与信用评级过程的人的独立性产生严重影响的威胁和用于减轻这些威胁的保障措施记录在案。

(五) 确保评级和评级方法的质量

为确保评级方法的质量,信用评级机构应采用严格、系统性、持续性的和经过验证包括适当的历史经验验证和回溯测试的评级方法,制定适当流程以定期审查信用评级机构使用的方法、模式和关键性评级假设,以便能够适当反映基础资产市场不断变化的情况,确保用于确定信用评级的方法、模型和关键性评级假设(例如数学或相关性假设等)得到适当维护和更新,并对其定期进行全面审查,公布关于他们的解释说明,以供外界全面审查,对信用评级机构的评级方法和惯例、流程和步骤的任何重大修改应当在其生效前予以披露,除非极端的市场条件要求立即对其进行改变,但主管机关和成员国不得干涉信用评级机构的具体评级内容和方法,不得以此阻碍新的信用评级机构进入市场。

为了确保信用评级的质量,信用评级机构应为其信用评级活动配备足够数量的具有适当知识和经验的员工(尤其要确保为发布、监测和更新信用评级配备足够的人力和金融资源);并至少应该每年审查一次其信用评级(审查时应当披露用于监测现有信用评级的信息的质量变化,并酌情对信用评级进行调整),但不影响信用评级机构对信用评级的持续监测和在必要时对信用评级的审查;信用评级机构应采取措施,确保其在评定信用评级时所使用的信息是可信赖的,其措施包括采用独立审计的财务报表和公开披露的信息,委托信誉良好的第三方服务机构核实信息,对收到的信息进行随机抽样审查,合同条款明确规定被评级实体或其有关第三方提供可信赖信息的责任,即如果它们根据合同提供的信息存在重大虚假或故意误导,或如果被评级实体或其有关第三方未能对合同条款规定的信息的准确性进行尽职调查,则应承担相应的法律责任。如果信用评级机构缺乏可靠的数据或认为某一新型金融工具(特别是结构性金融工具)结构复杂,其对能否能够做出可靠的信用评级存在严重疑问时,信用评级机构则不应发布信用评级或者应撤销现有的信用评级。[①]

(六) 加强透明度,确保评级活动的高度透明

信用评级机构应向公众披露其在信用评级活动中使用的方法、模型和关键性评级假设,其模型的信息披露应充分到可供信用评级使用者评估是否依赖这些信用评级进行自己的尽职调查,当然有关模型的信息披露不包

---

① YairListokin, BenjiaminTaibleson, "Then You Lose: Improving Credit Rating Accuracy Through Incentive Compensation," *Yale Journal on Regulation*, Vol.27:1, 2010.

括敏感的商业信息或严重阻碍创新的信息；信用评级机构应做出适当的风险警告，包括对相关假设进行敏感性分析，对各种市场动态如何影响信用评级的变化（例如波动性）做出解释。信用评级机构应确保有关其评级类别的历史违约率的信息是可核实的及可量化的，并足够让相关各方了解每个评级类别的历史表现，以及评级类别是否和如何改变的。如果信用评级的性质或其他情况使历史违约率不准确、统计上无效或可能会误导信用评级使用者，信用评级机构应做出适当澄清。信息应尽可能与任何现有的行业模式具有可比性，以帮助投资者在不同的信用评级机构之间进行评级表现比较。欧洲证券监管机构委员会建立和维护中央资料库，保存信用评级机构过去业绩的信息和过去发布的信用评级的信息。信用评级机构应以标准化表格的形式向该资料库提供信息，欧洲证券监管机构委员会应向公众提供这些信息，并每年公布信用评级机构信用评级发展情况的汇总信息。

（七）对大小信用评级机构的区别监管

为促进信用评级市场的竞争，提升小型信用评级机构（雇员不超过50人）的竞争力，减轻它们的合规成本和压力，条例要求各成员国主管机关在小型信用评级机构满足一定条件的情况下免除它们遵守本条例规定的有关独立董事、合规人员和轮换机制方面的义务。同时，为了避免其他信用评级机构监管套利，各成员国主管机关应特别审查信用评级机构的规模是否是某一信用评级机构或信用评级机构集团为了避免遵守本条例所规定的一些要求而故意为之的。此外，各成员国主管机关在适用此种豁免时，应避免造成国内市场的支离破碎，并保证欧盟法的统一适用。

（八）对结构性债务融资工具信用评级的额外要求

结构性金融工具有不同于传统公司债务工具的效果，如果对这两类工具适用同样的评级类别而不做进一步解释的话，会误导投资者，信用评级机构应在提高信用评级使用者对结构性债务融资工具相对于传统产品的特殊

性的认识方面发挥重要作用,①因此信用评级机构应通过在评级类别中添
加适当符号的方式明确区分用于结构性金融工具的评级类别和用于其他金
融工具或金融债券的评级类别。此外,为了避免结构性债务融资工具信用
评级市场出现的评级选购现象,该条例规定,发行人应避免评级选购,同时
信用评级机构应采取措施,避免发行人从许多信用评级机构处获取对某一
结构性融资工具的初步评级结果,并从中选择提供最佳信用评级结果的机
构为其评级。

二、2011 年《欧盟信用评级机构管理条例(二)》及第 2011/61 号 指令

(一)《欧盟信用评级机构管理条例(二)》

正如 2009 年《欧盟信用评级机构管理条例》所强调的,为了提高欧盟规
范和监管的统一性,更好地维护金融系统的稳定性,有必要对信用评级机构
的规范和监管模式进行更大范围的改革,因此欧洲议会和欧盟理事会于
2011 年 5 月 11 日通过欧盟第 513/2011 号条例,对欧盟第 1060/2009 号条
例进行修订。该条例被称为《欧盟信用评级机构管理条例(二)》,其修法重
点在于建立高效的信用评级机构监管架构,赋予特定的单一监管机构对欧
盟境内的信用评级活动的监管权,为信用评级机构提供一个单一的联络点,
并确保信用评级机构的规则得到一致适用,其主要内容包括以下几点。②

1.欧盟证券与市场管理局的监管权限

欧洲证券和市场管理局于 2010 年根据欧洲议会和欧盟理事会第 1095/
2010 号条例设立,根据《欧盟信用评级机构管理条例(二)》的规定,其取代

---

① Rousseau, S., "Regulating Credit Rating Agencies after the Financial Crisis: the Long and Winding Road toward Accountability," *Capital Market Institute Research Paper*, July 2009.

② Regulation(EU) No 513/2011 of the European Parliament and of the Council of 11 May 2011 Amending Regulation(EC) No 1060/2009 on Credit Rating Agencies.

欧洲证券监管机构委员会并超越欧洲证券监管机构委员会成为承担信用评级注册机构登记以及对注册登记的信用评级机构持续监管的职能,[①]并可根据监管具体情况将某些监管任务委托给各成员国主管机关,但欧洲证券和市场管理局对此监管仍然承担法律责任。各成员国主管机关的负责人和工作人员根据第 1095/2010 号条例,作为欧洲证券和市场管理局机构的成员(如其监事会或内部小组),参与欧洲证券和市场管理局内部的决策过程。欧洲证券和市场管理局拥有与第三国监管机构缔结信息交流合作协议的专属权力。

为了有效履行其职责,欧洲证券和市场管理局可以通过请求或决定的方式要求信用评级机构、参与信用评级活动的人员、被评级实体和有关第三方、信用评级机构外包业务职能的第三方以及与信用评级机构或信用评级活动有密切和实质性联系的人提供一切必要的信息;[②]能够进行调查和现场检查,并对信用评级机构施加惩罚性持续罚款,为了计算某一特定违法行为的罚款数额,欧洲证券和市场管理局应采用分"两步法",即(1)设定一个基本数额,(2)按条例确立的与加重及减轻情节有关的系数调整该基本数额,以使得罚款决定的数额与信用评级机构违法行为的严重程度相匹配。

如果信用评级机构实施了违法行为,欧洲证券和市场管理局有权采取一系列监管措施,包括但不限于要求信用评级机构终止违法行为,暂停其信用评级的监管引用,暂时禁止信用评级机构发布信用评级,并在信用评级机构严重或多次违反第 1060/2009 号条例时,作为最后手段撤销其注册登记。欧洲证券和市场管理局在采取这些监管措施时应考虑违法行为的性质和严重程度,并遵守比例原则。在就监管措施做出决定之前,欧洲证券和市场管

---

① 吴祖光、万迪昉、吴卫华:《国际信用评级监管改革对我国信用评级行业的启示》,载《金融监管研究》2013 年第 4 期。

② EN 31.5. 2011 Official Journal of the European Union L 145/31.

理局应给予被处罚人陈述意见的机会,以尊重其辩护权。①

此外,欧洲证券和市场管理局的职责还包括提供技术咨询,起草监管性和操作性技术标准草案,协助欧盟委员会开展监管工作。它还根据信用评级机构管理条例的要求定期更新已经注册和认证的信用评级机构的名单。欧洲证券和市场管理局发布关于适用欧盟信用评级机构规则的辅导性文件以及相关"问与答",以确保这些规则在整个欧盟单一市场得到一致和有效的适用。

2. 评级机构法律规制和监管与评级引用法律规制和监管的分离

该条例明确,欧洲证券和市场管理局负责信用评级机构的登记注册和对其的持续监管,但不涉及对信用评级使用者的监管。根据相关部门立法规定而对金融机构、投资公司、保险企业、担保企业、再保险企业、可转换证券集中投资企业(UCITS)、职业退休金机构、另类投资基金进行监管的主管机关继续对这些金融机构和实体在各成员国国内法层面受到其他金融服务指令监管而对信用评级的使用以及在招股说明书中对信用评级的使用予以监管。②

3. 技术标准的制定

该条例明确,有必要建立协调一致的监管技术标准,以便在日常工作中适用第 1060/2009 号条例,并确保整个欧盟的公平竞争环境和对投资者和消费者的充分保护。新条例将这一任务委托给拥有高度专门知识的欧洲证券和市场管理局,由其制定监管技术标准草案,规定欧洲证券和市场管理局应向欧盟委员会提交有关信用评级机构在申请注册时应提供的信息,以及信用评级机构为申请认证和评估其对金融市场的金融稳定或完整的系统重

---

① 孙秀娟:《信用评级机构的法律定位及其国际监管改革研究》,载《时代法学》2011 年第 3 期。

② "Regulation(EU) No 513/2011 of the European Parliament and of the Council of 11 May 2011 Amending Regulation(EC) No 1060/2009 on Credit Rating Agencies(Text with EEA relevance)," *Official Journal of the European Union*, 31 May 2011.

要性提供的信息的监管技术标准草案,包括报告的结构、格式、方法和期限。根据欧盟第 1095/2010 号条例,这些监管技术标准草案在欧盟委员会批准后产生法律约束力。在制定监管技术标准草案时,欧洲证券和市场管理局应考虑并在适当和必要的情况下更新欧洲证券监管机构委员会已经发布的关于第 1060/2009 号条例内容的指导意见。此外,在监管技术标准未涵盖的领域,欧洲证券和市场管理局有权就与适用第 1060/2009 号条例有关的事项发布和更新不具约束力的指导意见。

4. 欧盟成员国间的监管合作

该条例生效后,各成员国信用评级主管机关的监管职能大部分剥离给了欧洲证券和市场管理局,因此它们应向欧洲证券和市场管理局提供信用评级机构监管所要求的任何信息,并协助和配合欧洲证券和市场管理局工作。当某一监管任务需要对当地情况进行了解并总结其经验,而这些当地情况的知识和经验在成员国层面更容易获得时,欧洲证券和市场管理局可以将具体的监管任务委托给某一成员国主管机关,例如执行具体的调查任务和现场视察,但不得委托其他主管机关行使其决定注册登记有关事项的权限。在委托任务之前,欧洲证券和市场管理局应就与任务的委托有关的详细条件,包括所要委托任务的范围、执行任务的时间表、相互需要传达的必要信息等征求该主管机关的意见,并按照欧盟委员会授权立法中对监管费用的规定对主管机关执行委托任务给予补偿。

各成员国信用评级机构主管机关有权请求欧洲证券和市场管理局审查撤销某一信用评级机构注册申请的条件是否满足,并在信用评级机构严重并持续违反了第 1060/2009 号条例时,请求欧洲证券和市场管理局暂时中止对其评级结果的使用。欧洲证券和市场管理局应当评估此类请求,并采取适当措施。欧洲证券和市场管理局和各成员国主管机关还应与金融机构的部门主管机关密切合作,以协调评级引用所涉及的评级机构监管问题。

5. 欧盟委员会的立法授权

该条例授权欧盟委员会根据《欧盟运行条约》(TFEU)第 290 条制定授权立法,以便根据金融市场发展动态进一步规定或修订评估第三国规范和监管框架相当性的标准;制定关于费用的条例和关于罚款以及惩罚性持续罚款制度的细则;修订欧盟第 1060/2009 号条例的附件,等等。欧盟委员会在起草过程中应进行适当的咨询和协商,包括向专家咨询,并确保有关文件的信息尽早和持续地传递给欧洲议会和欧盟理事会。欧洲议会和欧盟理事会可以在接到通知之日起三个月内对欧盟委员会的授权立法提出异议,对于重大关切领域内的授权立法,欧洲议会或欧盟理事会可以将异议期再延长三个月。欧洲议会和欧盟理事会也可直接告知其没有任何异议,这种提前批准通常多是针对那些立法期限快要截止的法案,比如在基本法律中规定了欧盟委员会通过授权立法的时间表时。[1]

(二) 第 2011/61 号欧盟指令

第 2011/61 号欧盟指令全称为《欧洲议会和欧盟理事会 2011 年 6 月 8 日关于另类投资基金经理、修订欧盟第 2003/41/EC 和 2009/65/EC 号指令及欧盟第 1060/2009 号和第 1095/2010 号条例的第 2011/61 号指令》。其第 64 条对第 1060/2009 号条例做出了修正,将原第 4(1)条第 1 款修改为:只有当信用评级是由在欧盟境内设立并根据本条例注册的信用评级机构发布时,欧盟第 2006/48 号指令所定义的信贷机构,第 2004/39 号指令所定义的投资公司,受 1973 年 7 月 24 日协调关于接管和开展除人寿保险之外的直接保险业务的法律、条例和行政法规的第 73/239 号理事会一号指令约束的保险机构,欧洲议会和欧盟理事会 2002 年 11 月 5 日关于人寿保险的第 2002/83 号指令所定义的担保企业,欧洲议会和欧盟理事会 2005 年 11 月 16 日关于再保险的第 2005/68 号指令所定义的再保险企业,欧洲议会

---

[1]　Andenaes, M., Deipenbrock, G., "Regulating and Supervising Credit Rating Agencies in the European Union," *International and Comparative Corporate Law Journal*, 2012 9(1), pp.1—17.

和欧盟理事会 2009 年 7 月 13 日关于可转换证券集中投资企业的法律、条例、行政法规协调的第 2009/65 号指令所定义的可转换证券集中投资企业、第 2003/41/号指令所定义的职业退休金机构,以及欧洲议会和欧盟理事会 2011 年 6 月 8 日关于另类投资基金经理的第 2011/61 号指令所定义的另类投资基金才可为符合监管之目的而加以使用。[①]

三、2013 年《欧盟信用评级管理条例(三)》及第 2013/14 号指令

如前所述,欧盟第 1060/2009 号信用评级条例为信用评级机构制定了行为准则,并通过 2011 年 5 月 11 日的修改,赋予欧洲证券和市场管理局对在欧盟注册的信用评级机构的专属监管权,以实现在欧盟层面监管的集中化和简化。然而,与信用评级活动和对评级的使用有关的许多问题在前述两大信用评级条例中并没有得到解决,尤其是在欧元债务危机中,信用评级机构在主权债务评级的透明度和质量方面都饱受指责,从而有意见提出是否需要进一步加强欧盟对信用评级机构的监管框架,解决之前立法遗留下来的金融市场参与者过度依赖外部信用评级、评级市场高度集中竞争不足、信用评级机构付费模式、与信用评级机构股东结构相关的利益冲突、信用评级机构民事赔偿责任、主权债务评级变化的"悬崖"和蔓延效应、信用评级方法和程序不够健全等问题。[②]

欧洲议会和欧盟理事会于 2013 年 5 月 21 日颁布第 462/2013 号条例,

[①] Directive 2011/61/EU of the European Parliament and of the Council of 8 June 2011 on Alternative Investment Fund Managers and Amending Directives 2003/41/EC and 2009/65/EC and Regulations(EC) No 1060/2009 and(EU) No 1095/2010.

[②] European Commission Staff Working Paper,Executive Summary of the Impact Assessment Accompanying the Documents Proposal for a Regulation Amending Regulation(EC) No 1060/2009 on Credit Rating Agencies and a Proposal for a Directive amending Directive 2009/65/EC on Coordination on Laws,Regulations and Administrative Provisions Relating to Undertakings for Collective Investment in Transferable Securities(UCITS) and Directive 2011/61/EU on Alternative Investment Fund Managers,Brussels,15 November 2011 SEC(2011) 1355 final.

对信用评级机构第 1060/2009 号条例进行再次修订,该条例又称为《欧盟信用评级管理条例(三)》,其立法目标是加强信用评级机构的独立性,促进健全的信用评级过程和方法,减轻与主权评级有关的风险,减少市场参与者过度依赖信用评级的风险,确保投资者获得赔偿的权利。同时,欧盟还出台了第 2013/14 号指令,其全称为《欧洲议会和欧盟理事会 2013 年 5 月 21 日修订关于职业退休金机构活动和监督的第 2003/41 指令,关于可转换证券集中投资企业的法律、条例、行政法规协调的第 2009/65 号指令和关于另类投资基金经理的第 2011/61 号指令的第 2013/14 号指令》①(2013 年 5 月 31 日官方公报),与上述 2013 年条例共同构建了信用评级机构的新规则,其主要内容包括以下几点。②

(一) 减少对信用评级的过度依赖

因为欧盟和各成员国的法律赋予了评级的准监管作用,加之投资者信息和技能的限制,有些投资者过分依赖信用评级机构的意见,并且无法获得足够的有关被评级债务工具的信息或信用评级背后的原因以便让他们进行独立的信用风险评估,从而导致市场系统性风险加剧。因此,本次对信用评级机构管理条例的修订旨在减少对外部评级的过度依赖,要求金融机构加强自身的信用风险评估,而不是仅仅机械地依赖外部信用评级。③新条例规定了减少过度依赖外部信用评级的原则,要求欧洲管理局④应避免提及外

---

① Directive 2013/14/EU of the European Parliament and of the Council of 21 May 2013 amending Directive 2003/41/EC on the activities and supervision of institutions for occupational retirement provision, Directive 2009/65/EC on the Coordination of Laws, Regulations and Administrative Provisions Relating to Undertakings for Collective Investment in Transferable Securities(UCITS) and Directive 2011/61/EU on Alternative Investment Funds Managers in respect of over-reliance on Credit Ratings.

② "Regulation(EU) No 462/2013 of the European Parliament and of the Council of 21 May 2013 Amending Regulation(EC) No 1060/2009 on Credit Rating Agencies," *Official Journal of the European Union*, Vol.56, 31 May 2013.

③ 窦鹏娟:《后危机时代评级机构的监管改革、评价与未来趋势——兼对我国评级监管的启示与借鉴》,载《人大法律评论》2017 年第 3 期。

④ 欧洲监管局包括欧洲银行管理局、欧洲证券和市场管理局、欧洲保险和职业养老金管理局。

部信用评级,并审查其规则和指导意见,酌情删除可能产生机械效应的对信用评级的引用。各部门立法对外部信用评级的减少引用也细化和补充了新条例的这一规定,具体而言,就是新指令修订了关于对职业退休金机构(IORP)、可转换证券集中投资企业(UCITS)、另类投资基金经理(AIFM)活动和监管的有关指令,减少这些基金在评估其资产的信用风险时对外部信用评级的依赖。

(二) 提高欧盟成员国主权债务评级的质量

主权评级的下调对金融市场的稳定有直接的影响,但信用评级机构在决定主权债务信用等级的流程上不够透明。鉴于主权债务评级的重要性,对这一资产类别的评级必须既及时又透明。[①]虽然欧盟 2009 年及 2011 年《信用评级管理条例》已经规定了一些也同样适用于主权债务评级的信息披露和透明度措施,但还需要针对主权债务评级采取更有效的措施,如获取更全面的关于评级的数据和评级结果的原因,以完善欧盟主权债务评级过程。

首先,为了避免扰乱市场,新条例规定,信用评级机构应在每年 12 月底公布下一年的日程表,确定公布主权评级的日期以及相应地发布相关评级展望的日期(如果有的话),这些日期应当安排在星期五。在为了履行其法律义务的情形下,信用评级机构可以在非日程表上的日期发布信用评级,但必须详细解释这种日期调整的原因,并且不得常态性地对发布日期进行调整。信用评级机构主动主权评级每年不得超过三次,在特殊情况下,可以超过三次,但需做出适当解释。其次,考虑到主权评级的特殊性并为了减少波动风险,信用评级机构应在欧盟设立的交易场所结束营业后到至少营业前一小时之间发布主权评级。再次,信用评级机构对成员国的主权评级应确保成员国的个体情况得到有效分析,因此即便是对一系列成员国的评级进行调整时也要逐一对个体国家进行分析报告,同时,还应向投资者和成员国

---

① 李兆玉:《欧盟推新例加强信用评级监管》,载《法制日报》2013 年 5 月 28 日。

披露每一评级所涉及的基础性事实和假设,帮助他们更好地了解对成员国的信用评级。[①]最后,信用评级机构必须至少每六个月审查一次其主权评级(而不是之前所规定的每 12 个月审查一次)。

此外,为了加强信用评级机构在主权评级潜在变化的公开通报中使用的信息源的有效性和可得性,除信用评级、信用展望和他们的新闻稿外,此类信息通报应始终以被评级实体范围内的经被评级实体同意披露的信息为基础,除非该信息可从普遍获取的来源获得。如果管辖被评级实体的法律框架规定,被评级实体不得披露此类信息,例如,欧洲议会和欧盟理事会 2003 年 1 月 28 日关于内幕交易和市场操纵(市场滥用)的第 2003/6 指令第 1 条第(1)款所定义的内幕信息,则被评级实体应拒绝披露。

为加强透明度,信用评级机构在公布其主权评级时,应在其新闻稿或报告中解释这些信用评级的关键要素。但是,主权评级的透明度与国家政策(经济、劳工或其他)并不具有决定性的对应关系。因此,虽然这些政策可作为信用评级机构评估一个主权实体或其金融工具的信用风险的一个要素,并可用于解释主权评级的主要原因,但信用评级机构不得直接或明示要求或建议主权实体实施这些政策。信用评级机构应避免就主权实体的政策提出任何直接或明确的建议。[②]

(三) 加强信用评级机构独立性,鼓励更多竞争者进入信用评级市场

在发行人付费以及“评级＋辅助业务”商业模式下,信用评级机构为获取更多的业务和财务利益,有可能会出具比实际要高的评级等级“鼓励”或者“诱惑”发行人。此外,一小部分大型信用评级机构主导着市场,大公司和复杂结构性债务融资工具的评级只能由少数信用评级机构进行,这些信用

[①] 杨勇:《欧盟信用评级监管改革的主要内容及对我国信用评级工作的启示》,载《金融会计》2015 年第 8 期。

[②] "Regulation(EU) No 462/2013 of the European Parliament and of the Council of 21 May 2013 Amending Regulation(EC) No 1060/2009 on Credit Rating Agencies," *Official Journal of the European Union*, Vol.56, 31 May 2013.

评级机构的股东之间有时也会重叠,信用评级机构往往很难独立于被评级实体。①为消除此种利益冲突,加强信用评级机构独立性,该条例对信用评级机构股东的持股比例进行了限制,并针对复杂的结构性金融工具规定了双评制和强制轮换制,以鼓励更多竞争者进入信用评级市场,其具体措施包括以下几点。

第一,为减少利益冲突的风险,新规则将要求信用评级机构公开披露,是否有股东拥有信用评级机构5%或以上的资本或表决权同时持有被评级实体的5%或以上资本或表决权,且当股东拥有信用评级机构10%或以上资本或投票权且同时持有被评级实体10%或以上的资本或投票权时,信用评级机构不得为其评级。第二,为确保信用评级和意见的多样性和独立性,该条例禁止股东在一个以上的信用评级机构中拥有5%或以上的资本或投票权,除非这些评级机构属于同一集团(交叉持股)。第三,由于结构性金融工具的复杂性及其在助长金融危机方面的作用,新条例规定,为其评级而向信用评级机构付款的发行人至少要聘请两个不同的信用评级机构对其结构性融资工具予以评级。②第四,新条例引入了强制性轮换规则,规定含有再证券化资产的结构性债务融资工具的发行人向信用评级机构支付费用获取评级时("发行人付费模式")应每四年更换一次信用评级机构。即将解雇的信用评级机构不得对同一发行者的再证券化产品进行评级,禁止期限不短于上述到期合同的期限,但不得超过4年。③此强制轮换制度不适用于小型信用评级机构(尤其是那些雇员人数小于50或年营业额少于一千万欧元的机构,集团按全部人员和数额计算),也不适用于那些聘用四家及以上信用评级机构分别为其结构性金融工具评级且各自评级标的份额不超过结构性

---

① 孟翔韬:《欧盟信用评级机构监管的最新发展及其对我国的启示》,载《金融法苑》2014年第6期。

② 刘琳、曹瑞、范家琦:《信用评级行业的准入制度与监管:国际经验和启示》,载《浙江金融》2019年第4期。

③ 孔婷、刘莉:《欧盟信用评级机构最新监管草案研究及启示》,载《征信》2019年第4期。

金融工具 10% 的发行人。第五,采取措施鼓励被评级实体和发行人采纳小型信用评级机构的信用评级,规定发行人应聘请至少一个总市场份额不超过 10% 但有能力可以对相关产品或实体进行评级的信用评级机构,否则要给出合理解释,这就是"遵守或解释"规则。[1]

(四) 加强对信用评级机构行为的问责

根据 2009 年及 2011 年欧盟信用评级机构管理条例,违反条例规定发布信用评级的信用评级机构通常并不对遭受损失的投资者承担责任,投资者只能根据信用评级机构所在成员国民事责任的规定(如果有的话)向信用评级机构要求民事赔偿。各成员国在民事责任制度方面的规定各异,在缺乏欧盟统一民事责任规定的情况下,这就可能会导致监管套利情况。新条例否定了信用评级机构经常用来抗辩的理由"信用评级仅仅是简单的意见(观点)",认定评级机构在故意或重大过失情况下违反本条例对投资者造成损害将被追究责任。

(五) 欧洲评级平台的建立和维护

新条例要求欧洲证券和市场管理局建立和维护欧洲评级平台(European Rating Platform,ERP),统一披露所有信用评级机构的信用评级结果,并公布欧盟评级指数(EURIX)。欧盟评级指数既有每只债券的指数,也有总体加权指数,[2]这将加强对信用评级机构的信息披露监管,拓宽信息披露渠道,降低信息成本,提高在欧盟注册和得到授权的评级机构对金融工具的所有评级的可比性;有利于帮助投资者进行自己的信用风险评估和尽职调查,提高评级行业的多样性;帮助小型和市场新进入的信用评级机构在市场上亮相,并为其主动评级提供更受人关注的传播渠道。

---

[1]　"Regulation(EU) No 462/2013 of the European Parliament and of the Council of 21 May 2013 amending Regulation(EC) No 1060/2009 on credit rating agencies," *Official Journal of the European Union*,Vol.56,31 May 2013.

[2]　何苗苗:《国内外评级监管之比较》,载《金融市场研究》2019 年第 2 期。

四、2014 年第 2014/51 号欧盟指令

第 2014/51 号欧盟指令全称为《欧洲议会和欧盟理事会 2014 年 4 月 16 日关于修订第 2003/71 号和第 2009/138 号指令及第 1060/2009 号、第 1094/2010 号和第 1095/2010 号条例中有关欧洲管理局（欧洲保险和职业退休金管理局和欧洲证券和市场管理局）权限的第 2014/51 号指令》，[1]通过其第 3 条将信用评级机构管理条例中的第 2(3)条删除了，即删除了"除非信用评级机构仅发布本条第 2 款所规定的信用评级，否则其应根据本条例规定申请注册登记，以此作为其被认可为第 2006/48 号欧盟指令附件六第二部分所规定的外部信用评级机构的条件"的规定；同时第 2 条对第 2009/138 号指令进行修订，其第 13 条第 40 款后加上"外部信用评估机构是指根据欧洲议会和欧盟理事会第 1060/2009 号条例注册登记或认证的信用评级机构或者免于适用该条例规定的发布信用评级的中央银行"的规定。

五、欧盟委员会授权立法和实施决定

欧盟第 106012009 号信用评级条例授权欧盟委员会制定授权立法和实施决定，具体规定主管机关和市场参与者应如何遵守该条例所规定的义务。欧盟委员会曾于 2014 年通过了一份提交欧洲议会和欧盟理事会的报告，具体说明它是如何行使这些授权进行立法的。[2]总体而言，欧盟委员会以颁布被授权法（Delegated Act）、实施决定（Implementing Act）、规范技术标准

---

[1] Directive 2014/51/EU of the European Parliament and of the Council of 16 April 2014 amending Directives 2003/71/EC and 2009/138/EC and Regulations(EC) No 1060/2009,(EU) No 1094/2010 and(EU) No 1095/2010 in Respect of the Powers of the European Supervisory Authority (European Insurance and Occupational Pensions Authority) and the European Supervisory Authority(European Securities and Markets Authority).

[2] Report from the Commission to the European Parliament and the Council on the Exercise of the Power to Adopt Delegated Acts Conferred on the Commission Pursuant to Regulation(EC) No 1060/2009 of the European Parliament and of the Council of 16 September 2009 on Credit Rating Agencies，2014/0743 final.

(Regulatory Technical Standards)的方式行使其授权立法权。其中，被授权法包括 2012 年 2 月第 272/212 号欧盟委员会授权管理条例（欧洲证券和市场管理局向证券评级机构收费的问题）、2012 年 2 月第 946/212 号欧盟委员会授权管理条例（欧洲证券和市场管理局对信用评级机构处以罚款的程序性规则，包括信用评级机构的辩护权和其他有关期限的规定）；实施决定包括 2010 年第 2010/342 号欧盟委员会决定（免除 Banque de France 注册登记义务）、2010 年第 2010/578 号欧盟委员会决定（认可日本的法律和监管框架与《欧盟信用评级管理条例》具有相当性）、2014 年第 2014/246 号欧盟委员会决定（认可阿根廷的法律和监管框架与《欧盟信用评级管理条例》具有相当性）、2014 年第 2014/247 号欧盟委员会决定（认可墨西哥的法律和监管框架与《欧盟信用评级管理条例》具有相当性）、2014 年第 2014/245 号欧盟委员会决定（认可巴西的法律和监管框架与《欧盟信用评级管理条例》具有相当性）、2012 年第 2012/672 号欧盟委员会决定（认可澳大利亚的法律和监管框架与《欧盟信用评级管理条例》具有相当性）、2014 年第 2014/249 号欧盟委员会决定（认可中国香港的法律和监管框架与《欧盟信用评级管理条例》具有相当性）、2012 年第 2012/630 号欧盟委员会决定（认可加拿大的法律和监管框架与《欧盟信用评级管理条例》具有相当性）、2012 年第 2012/628 号欧盟委员会决定（认可美国的法律和监管框架与《欧盟信用评级管理条例》具有相当性）、2014 年第 2014/248 号欧盟委员会决定（认可新加坡的法律和监管框架与《欧盟信用评级管理条例》具有相当性）；规范性技术标准包括 2012 年 3 月第 447/2012 号欧盟委员会授权管理条例（信用评级方法合规评估的规范性技术标准）、2012 年 3 月第 448/2012 号欧盟委员会授权管理条例（信用评级机构在欧盟证券和市场管理局建立的中央数据库上提交信息的规范性技术标准）、2012 年 3 月第 446/2012 号欧盟委员会授权监管条例（信用评级机构向欧洲证券和交易管理局提交定期评级数据报告的内容和格式的规范性技术标准）、2014 年 9 月第 2015/1 号欧盟委员会授权管理条例（为欧洲证券和市场管理局持续监管之目的而向其提交的有关信用评级机构收费的定期报告的规范性技术标准)、2014 年 9 月第 2015/2 号欧盟委员会授权管理条例(信用评级机构向欧洲证券和市场管理局提交信息的规范性技术标准)、2014 年 9 月第 2015/3 号欧盟委员会授权管理条例(结构性债务融资工具信息披露要求的规范性技术标准)、2012 年 3 月第 2012/449 号欧盟委员会授权管理条例(信用评级机构注册和认证信息的规范性技术标准),等等。①

此外,欧洲证券和市场管理局还发布关于适用欧盟信用评级机构规则的指导意见以及问与答,以确保这些规则在整个欧盟单一市场得到一致和有效的适用。至今为止,已经出台第 2016/1575 号关于信用评级机构方法有效性和复核的指导意见、2019 年 5 月 20 日第 A33-9-282 号关于信用评级条例第 4(3)条背书制度适用的指导意见、第 2015/609 号关于信用评级机构定期向欧洲证券和市场管理局提交信息的指导意见、第 2013/720 号关于信用评级机构管理条例范围的指导意见和建议、第 2011/188 号关于欧洲证券和市场管理局与成员国主管机关和部门主管机关之间根据信用评级机构第 513/2011 号条例开展合作包括委托任务的指导意见和建议、第 2011/139 号最终报告——关于根据信用评级机构第 1060/2009 号条例第 4(3)条适用背书制度的指导意见、2018 年 12 月 18 日《欧洲证券和市场管理局关于信用评级机构第 462/2013 号条例的问与答》等重要指导意见与问答。

第四节　国外信用评级机构规则和制度的比较分析及其借鉴启示

IOSCO 及欧美国家信用评级机构规则和制度的发展和改革对全球金

---

① European Commission, Implementing and Delegated Acts on Regulation(EC) No 1060/2009 of the European Parliament and of the Council of 16 September 2009 on Credit Rating Agencies.

融市场都有重要的影响。他山之石,可以攻玉。从改革目标、模式选择、理念选择、理论支撑和实践效果等方面对国外信用评级机规则和制度进行比较分析,总结其得失利弊,或许可以为我国信用评级机构法律制度的完善提供借鉴。

一、国外信用评级机构规则和制度发展的共同之处和理论共识

鉴于治理评级失灵这一终极目标的同一性,国外信用评级机构规则和制度的构建和发展具有一定的共性,例如加强对信用评级机构的监管,加强对利益冲突的防范和管理,减少对信用评级的过度依赖,增加透明度和市场竞争。

(一) 加强监管

面对信用评级机构的评级失灵,各国都选择了加强对信用评级机构的监管这一路径。虽然也有少数学者提出了加强监管会带来成本的增加、信用评级机构向投资者转移其监管成本、削弱信用评级机构竞争力、监管本身未必有效等问题,但监管成本和监管失灵是任何一个市场都会面临的问题,相关法律制度构建要考虑的问题是如何找到适当监管的"度",以避免过度监管导致效率降低乃至市场失去活力,以及如何最大程度地避免监管失灵,让监管措施发挥其应有作用。在对信用评级机构进行监管之前,信用评级机构接受的是自律为主的声誉机制规制模式,他律的政府监管十分宽松,因此,加强监管取得了各国学者、实务界和国际社会的共识。① 即便是三大信用评级机构自身也认可对信用评级机构加强监管,只不过监管要"适度、适当",以维持其市场主导地位。从这个角度上看,上述少数学者提出的问题也只是在提醒立法者在加强信用评级监管时需要把握"度",避免走入"过度

---

① 加强对信用评级机构的监管包括信用评级机构的内控自律监管、信用评级行业协会组织的自律监管以及政府监管,虽然在以何种途径为主来加强对信用评级的监管的具体选择上,大家会有不一样的看法,但就加强监管这一主旨本身仍取得了广泛的共识。

监管"的另一个极端,以及审慎考量监管措施的有效性,避免监管成本和监管效益的倒挂。

正是在加强监管这一理论共识和监管理念的指导下,IOSCO 规则以及欧美立法进行了相应的改革。IOSCO 作为自律机构制定的行为准则为信用评级机构的自律规制提供国际标准,也为监管机构制定监管标准提供有益的参考,供各国根据实际情况灵活地加以采纳,同时要求信用评级机构应当披露《信用评级机构基本行为准则》的每一条是如何规定或反映在其机构行为准则中的,如果其自身的行为准则与《信用评级机构基本行为准则》有偏离,则应当做出解释为什么会有这种偏离以及这种偏离对实现《信用评级机构基本行为准则》和《信用评级机构活动的指导原则》中规定目标的影响,①从而提高监管者判断信用评级机构内控管理水平和合规情况的能力。此外,IOSCO 还将信用评级工作小组升级为常设性的信用评级委员会,并成立信用评级机构监管当局联席会议,以加强各国监管之间的协调。美国先后颁布《2006 信用评级机构改革法》《多德-弗兰克华尔街改革和消费者保护法》等法律法规,设立信用评级办公室,要求证券交易委员会应至少每年一次对每一 NRSRO 进行检查,加强信用评级机构和人员利益冲突管理,加强信用评级机构信息披露,提高信用评级透明度,加强 NRSROs 内控管理等。欧盟连续颁布《信用评级机构管理条例(一)》《信用评级机构管理条例(二)》和《信用评级机构管理条例(三)》及其实施细则等法律法规,开启了欧盟的信用评级机构法律规制进程,包括建立高效的信用评级机构监管架构,赋予特定的单一监管机构对欧盟境内的信用评级活动的监管权,并确保信用评级机构的规则得到一致适用,建立和维护欧洲统一评级平台,从信用评级机构的注册登记方面加强信用评级机构的市场准入监管,创设信用评级机构的背书制度和认证制度,加强利益冲突的避免和管理,加强信用评级质量管理,加强

---

① Code of Conduct Fundamentals for Credit Rating Agencies, Report of the Technical Committee of IOSCO, December 2004.

透明度,确保评级活动的高度透明,加强对信用评级机构行为的问责。

从上述 IOSCO 规则和欧美立法的具体措施来看,加强信用评级机构的监管,其核心理念包括(1)制定、修改与完善法律规范;(2)建立专门的监管机构;(3)加强信用评级机构内部控制管理建设;(4)加强市场准入监管;(5)加强利益冲突的防范和管理;(6)加强信息披露和透明度以及相关平台建设;(7)加强监管机构的检查和评估;(8)加强对信用评级机构的问责。

(二) 单独立法

信用评级机构法律制度的立法模式有合并立法和单独立法两种,前者是指在征信法律制度中对信用评级机构进行一并规范,后者指不在征信法律制度中对信用评级机构进行规范,而是单独出台信用评级机构法律规范。欧美国家都选择了单独立法模式。在制定单独的信用评级机构法律制度之前,欧美信用评级机构与征信机构一起受国家信息保护、信用管理、征信业务方面的法律法规规范,例如欧盟境内的《英国数据保护法》《瑞典数据保护法》和美国的《信息自由法》和《公平信用报告法》等,直到 2006 年美国国会颁布《信用评级机构改革法》,2009 年欧盟出台《欧盟信用评级机构管理条例》,从而开启了对信用评级机构单独立法的规范进程。

(三) 对信用评级机构从事结构性债务融资工具时予以特别规范

2008 年金融危机以来,国际信用评级法律制度的一大亮点就在于对信用评级机构从事结构性债务融资工具时予以特别规范。结构性金融工具有不同于传统公司债务工具的效果,如果对这两类工具适用同样的评级类别而不做进一步解释的话,就会误导投资者。信用评级机构应在提高信用评级使用者对结构性债务融资工具相对于传统产品的特殊性的认识方面发挥重要作用,[1]因此信用评级机构应通过在评级类别中添加适当符号的方式明确区分用于结构性金融工具的评级类别和用于其他金融工具或金融债券

---

[1]　Rousseau, S., "Regulating Credit Rating Agencies after the Financial Crisis: the Long and Winding Road toward Accountability," *Capital Market Institute Research Paper*, July 2009.

的评级类别。

IOSCO 特别关注到信用评级机构为发行人如何设计结构性债务融资工具提供咨询会带来利益冲突的问题，要求信用评级机构披露结构性债务融资工具的发行人是否已经告知信用评级机构其公开披露了所有涉及被评级产品的信息以供投资者和其他信用评级机构可以独立于已签约的信用评级机构之外进行自己的分析。

2009 年，美国在证券交易委员会交易法规则第 17g—5(a)(3)条额外要求 NRSROs 对结构性债务融资工具的评级方法进行额外的信息披露，公开披露其评级历史，保留更多的内部记录以及向证券交易委员会提交额外的信息帮助其工作人员开展 NRSROs 检查；RMBS 和其他结构性债务融资工具发行人为信用评级之目的向受聘用的信用评级机构提供的有关被评级对象的基础数据信息，其他未受聘用的 NRSROs 也能获取，从而使得其他信用评级机构可以对结构性债务融资工具进行主动评级，以扩大信用评级机构之间的竞争。2010 年《多德-弗兰克华尔街改革和消费者保护法》指出，结构性债务融资工具的安排人就这些产品的未来评级提供咨询意见时，信用评级机构面临利益冲突，需要得到认真的监管。

欧盟 2009 年《信用评级机构管理条例(一)》规定，信用评级机构不得从事咨询服务，尤其不应对结构性金融工具的设计提供建议或意见，但在与其发布信用评级不会造成潜在利益冲突时，信用评级机构可以提供其他附属服务。如果信用评级机构缺乏可靠的数据或认为某一新型金融工具(特别是结构性金融工具)结构复杂，其对能否能够做出可靠的信用评级存在严重疑问时，信用评级机构则不应发布信用评级或者应撤销现有的信用评级。[①]此外，为了避免结构性债务融资工具信用评级市场出现的评级选购现象，该条例规定，发行人应避免评级选购，同时信用评级机构应采取措施，避

---

① YairListokin, BenjiaminTaibleson, You Misrate, "Then You Lose: Improving Credit Rating Accuracy Through Incentive Compensation," *Yale Journal on Regulation*，Vol.27:1, 2010.

免发行人从许多信用评级机构处获取对某一结构性融资工具的初步评级结果，并从中选择提供最佳信用评级结果的机构为其评级。2011 年《信用评级机构管理条例（二）》针对复杂的结构性金融工具规定了双评制（为结构性金融工具评级而向信用评级机构付款的发行人至少要聘请两个不同的信用评级机构对其结构性融资工具予以评级①）和强制轮换制（含有再证券化资产的结构性债务融资工具的发行人向信用评级机构支付费用获取评级时，应每四年更换一次信用评级机构。即将解雇的信用评级机构不得对同一发行者的再证券化产品进行评级，禁止期限不短于上述到期合同的期限，但不得超过 4 年②）。此外，2014 年 9 月，欧盟还专门出台了第 2015/3 号欧盟委员会授权管理条例，就结构性债务融资工具信息披露明确了其规范性技术标准。

（四）加强对非公开信息的保护，提高监管机构的市场服务和投资者保护能力

信用评级机构从事评级服务过程中涉及的信息问题一直是被评级主体和债务工具发行人相当关注的问题。没有充足的基础信息，信用评级机构不可能进行客观公正的信用评级，因此法律赋予了信用评级机构主动收集或被动获取相关信息并建立自己的数据库的权利，甚至规定了被评级主体及被评级产品发行人提供相关信息的义务。同时，信用评级机构的评级业务档案必须保存，其中出具评级报告所依据的原始资料和相关基础信息也应包含在内予以保存。所以，信用评级机构能否有效保护其获得的个人信息或商业秘密以及如何平衡信息披露与信息保密之间可能存在的冲突成为大家关注的焦点。为回应社会关注，IOSCO 和欧美都选择了加强对非公开信息的保护。例如，2015 年 IOSCO《信用评级机构基本行为准则》要求信用

---

① 刘琳、曹瑞、范家琦：《信用评级行业的准入制度与监管：国际经验和启示》，载《浙江金融》2019 年第 4 期。

② 孔婷、刘莉：《欧盟信用评级机构最新监管草案研究及启示》，载《征信》2019 年第 4 期。

评级机构应当制定、维护、记录和执行一定的政策、流程和内控制度,以避免违反有关保密信息和/或重要的非公开信息的处理和使用的法律法规;同时对第 3.19 条和 3.21 条进行了修订,以"保密信息和/或重要的非公开信息"代替原来的"保密信息",并在第 3.19 条中举例说明了保密信息和重要的非公开信息的区别。

除此之外,IOSCO 和欧美监管部门也非常重视在对信用评级机构规制的同时为信用评级机构提供相应便利性服务以及促进对投资者的保护。对信用评级机构的规制不是终极目标,立法者和政策决策者的最终目标是要通过客观公正的信用评级解决市场信息不对称问题以促进金融市场的健康发展,因此监管部门在加强监管的同时也致力于提高其市场服务和投资者保护能力。例如,IOSCO《信用评级机构基本行为准则》特别强调,其本质目的是要通过加强评级过程的公正性来保护投资者。美国和欧盟的相关立法文件也都在其序言部分关于立法目的和修订目的阐述中明确了对投资者的保护,其具体措施包括信用评级统一信息平台的搭建、年度市场跟踪报告和特殊问题的特别研究报告制度、"百分百要求"信息披露制度,等等。

(五) 阻力不断,在博弈中前行

欧美在信用评级机构法律制度的发展过程中,遇到了不少阻力,许多规则的出台都是博弈的结果。(1)评级机构方面的阻力。修改和完善对信用评级机构的法律规制,加强对信用评级机构的监管,无疑会给信用评级机构带来成本以及责任和市场话语权方面的压力。信用评级机构也通过游说、反对等各种方式影响和制约有关规则和制度的出台。为此,时任美国总统奥巴马也需要对华尔街进行安抚,"政府推动的金融监管改革不是零和游戏,并非华尔街受损、大众受益"[1]。(2)监管机构权限划分遭受的阻力。在欧盟,为了提高欧盟规范和监管的统一性,欧洲证券和市场管理局于

---

[1] 张路:《从金融危机审视华尔街改革与消费者保护法》,法律出版社 2011 年版,第 133—134 页。

2011年取得信用评级注册机构登记以及对注册登记的信用评级机构持续监管的职能,剥夺和限制了各成员国信用评级主管机关对信用评级机构享有的相应权力,并规定各成员国信用评级主管机关向欧洲证券和市场管理局提供信用评级机构监管所要求的任何信息,协助和配合欧洲证券和市场管理局工作,因此遭受了来自成员国方面不小的阻力。在美国,《多德-弗兰克华尔街改革和消费者保护法》赋予了 SEC 更大的权力,但基于之前 SEC 对信用评级机构监管的表现,外界质疑 SEC 是否有能力和有精力履行好这些权力。(3)具体规则的出台和暂缓执行。正因为信用评级机构的规制遇到了很大的阻力,很多制度和规范的出台也是各方博弈的结果,对这些制度和规范的执行,我们也能看到妥协和博弈的痕迹。例如,IOSCO 只是提供了一个有效工具,制定了高标准的目标,供各国根据市场情况和法律体系特征通过不同的形式赋予其效力,其规则中包含的那些措施也并不是强制性的,信用评级机构和各国立法机关可以根据实际情况灵活地加以采纳。再如,美国交易法规则第 17g—5(a)(3)条的"临时有条件豁免"适用的不断延期。该条规则于 2009 年 11 月通过,2010 年 2 月 2 日生效,根据其规定,NRSROs 应从 2010 年 6 月 2 日起执行该规则。但在 2010 年 5 月 19 日,证券交易委员会发布命令,赋予 NRSROs 有条件的临时豁免适用交易法规则 17g—5 条的规定。随后证券交易委员会不断将其延期,最近一次于 2017 年 11 月发布豁免命令,将其延期至 2019 年 12 月 2 日。这种豁免适用实际上使得被豁免适用的法律规定成为一纸空文,不具备实际执行效果。而这种临时性的豁免一再延期,实际效果相当于没有制定颁布法规。

二、国外信用评级机构规则和制度发展的差异所在及理论争议

虽然 IOSCO 以及欧美国家都在致力于加强信用评级机构的法律规制,在加强监管、加强信用评级机构内部控制管理建设、加强利益冲突的防范和管理、加强信息披露和透明度以及相关平台建设、加强对信用评级机构的问

责等方面取得了目标方向上的一致,但对于具体如何实现这些目标以及何种程度的加强已经是目标的实现,却有着不同的选择。这些选择的不同表现为发展进路的不同,而背后反映的则是改革理念的差异、理论认识根源的差异。

(一) 发展进路差异:他律监管与自律监管

受自身金融市场尤其是信用评级市场发展现状和历史传统影响,欧盟和美国在信用评级机构的法律规制上选择了不同的发展进路。美国信用评级机构尤其是三大评级机构从诞生以来主要依靠自律和信誉机制来获取市场认可和行业自身发展。次贷危机过后,美国试图通过各项措施解决阻碍声誉机制发挥作用的各种问题,恢复声誉机制和自律约束功能的良性互动,从而帮助评级机构解决评级失灵的问题和重新获取市场信心,促进信用评级市场的健康有序发展。因此,美国信用评级机构的法律规制仍然是以评级机构的自律监管模式为主,同时以政府的他律监管为辅,有限度地提升政府监管作为辅助自律工具的监管力度和监管有效性。美国学者曾经对 SEC 的改革方案提出过批评:"这些方案只是看起来比较积极,但实质上无意从根本上改变信用评级机构的自律发展之路和现行的监管模式。"①因此,美国信用评级机构的法律规制可以概括为"以自律为主、他律为辅"。而与美国不同,欧盟没有在全球信用评级市场占据垄断地位的信用评级机构,没有受到来自强大的信用评级机构利益集团的游说,相反欧盟深受次贷危机中信用评级失灵引发的美债及欧债危机之害,因此欧盟在信用评级机构无法进行有效的自律监管时没有选择对自律监管模式进行完善而是选择了放弃次贷危机前以信用评级机构自律为主的监管模式,认为有必要对信用评级机构的行为进行他律约束,以强制性的法律规范和有效的政府监管奖励守

① John Patrick Hunt, "Credit Rating Agencies and the 'Worldwide Credit Crisis': the Limits of Reputation, the Insufficiency of Reform, and a Proposal for Improvement," *Columbia Business Law Review*, 2009(109).

法、制裁违法,使评级机构的所有行为都能够在法律规制的框架之内,从而在世界范围内建立起最为严格的规制监管制度,以确保欧洲金融体系的稳定与安全。[①]因此,我们可以将欧盟信用评级机构的法律规制概括为"他律为主、自律为辅"。

(二) 背后理念差异

改革进路和监管模式的不同在于背后理念的不同。从信用评级机构立法规范的必要性、强制外部评级及监管引用制度的存废与否,欧美学界和实务界都存在不少争议,这些争议导致了改革的阶段性目标的不同,并影响着改革成果的实效。

1. 声誉资本理论的坚守与否定

对声誉资本理论的坚守,则会支持自律为主、他律为辅的监管模式,反对对信用评级机构通过立法过度规制;对声誉资本理论的否定,则会转向他律为主、自律为辅的监管模式,赞同信用评级机构立法规范必要论。

声誉资本理论是指,声誉是信用评级机构所持有的资本,是信用评级机构生存和发展的基础,独立、客观、公正的信用评级会提高信用评级机构的声誉资本,而评级失灵和评级丑闻则会减损其声誉资本,从而导致其市场份额的减少或其他竞争者对其市场地位的取代,[②]只有那些积累了一定声誉资本的信用评级机构才会生存并得以发展,[③]因此在声誉资本的约束下,信用评级机构会严格自律,即使没有政府监管,市场也会健康发展。法律和信誉是维持市场有序运行的两个基本机制,事实上,与法律相比,信誉机制是一种成本更低的维持交易秩序的机制,特别是在许多情况下,法律是无能为

---

① 彭秀坤:《国际社会信用评级机构规制及其改革研究》,中国民主法制出版社 2015 年版,第163 页。

② Jonathan R.Macey, "Wall Street Versus Main Street: How Ignorance, Hyperbole, and Fear Lead to Regulation," *The University of Chicago Law Review*, Vol.65, 1998, p.1487.

③ Timothy E.Lynch, "Deeply and Persistently Conflicted: Credit Rating Agencies in the Current Regulatory Environment," *Indiana Legal Studies Research Paper*, No.133, September 14, 2010.

力的,只有信誉能起作用。①自律监管模式支持者和立法干预反对论者认为,声誉机制可以实现对信用评级机构的自我约束,信用评级机构不需要立法的过多干预。相反,过度的立法干预会带来许多问题,例如管制俘获(监管者总是被受监管者俘获,越来越迁就被监管者的利益,成为一小部分被监管者利益的代言人,成为少数人"合法地"剥夺多数人的制度守护者②),政府干预导致的信用评级客观性降低,监管成本带来的效率降低等。

声誉资本理论的否定者则认为,首先,声誉机制对信用评级机构有一定的约束作用,但其约束作用是有前提的,包括信用评级质量能够被监督、低质量信用评级会马上减损其声誉资本、信用评级市场信号传递机制畅通等。信用评级质量当下很难准确判断,③信用评级机构出于对短期利益的追求而降低产品的质量不会马上在声誉资本上表现出来,以及信用评级市场的信息传递机制并不通常,因此在前提不完全满足的情形下,声誉机制不能发挥恰当的作用,需要政府的监管和立法干预。其次,信用评级的监管引用使得信用评级市场声誉机制的约束作用进一步缩小。信用评级引用制度给予了信用评机构来自评级质量以外的价值来源,使得投资者和发行人不是完全基于信用评级本身的市场功能而选择信用评级机构,而是监管引用中的强制评级制度和评级许可制度使得他们不得不选择信用评级机构,从而使得信用评级机构有恃无恐,不在乎其信用评级质量的高低和自身声誉资本的大小。再次,声誉机制虽然是信用评级行业商业模式的核心,但并不是全部,即便是纯粹商业上的问题也并不排斥法律的介入和干预。法律和信誉是相互促进的关系,无论声誉机制是否发挥作用或者发挥多大作用,都应当

---

① 张维迎:《信息、信任和法律》,北京三联书店 2006 年版,第 59 页。

② G.J.Stigler, "The Theory of Economic Regulation," *Bell Journal of Economics and Management Science*, 1976(2).

③ Adam B.Ashcraft, Til Scheuermann, "Understanding the Securitization of Subprime Mortgage Credit," *Wharton Financial Institutions Center Working Paper No.07—43*, *FRB of New York Staff Report*, No.318, March 2008.

对信用评级进行立法干预,制定和完善评级业务规范。①

　　声誉机制在美国信用评级机构规制理念中始终处于统治地位,尽管声誉机制在次贷危机等事件中表现失灵,但监管者认为这是由于投资者的过度依赖、评级市场的竞争受限、监管的过度依赖和法律责任的缺失等外部原因以及信用评级机构自身利益冲突的激化、内控机制的不健全、评级体系的落后和信息披露的过于粗略等内部原因共同造成的,②而不是声誉机制本身存在根本性问题。因此,美国没有为低质量评级进行直接救济,而是采纳间接和迂回的措施提高评级市场的积极性,以期信用评级机构自我改正错误、提高声誉。③正是基于这一立场,次贷危机后的美国采纳了信息披露主义,进行制度构建:加强信息披露的目的也是通过满足投资者的信息获取权而提高其独立评估风险和鉴别信用评级机构的能力,从而以投资者的市场选择带领发行人的市场选择,增加信用评级机构的"声誉溢价"和"声誉成本",让声誉机制发挥其应有的作用;增加竞争安排的目的是为新设的或小型的信用评级机构提供积累声誉资本的平台,验证处于垄断地位的信用评级机构的声誉,督促后者保持警惕,提高评级服务质量;完善信用评级机构内部质量控制和合规机制的目的是为了优化其评级体系和提高评级质量,从而积累其声誉资本,提高其自律约束的标准和能力。换而言之,正是由于对声誉资本的坚守,美国虽然加强了对信用评级机构的外部监管,但没有改变自律监管的主线,他律监管仍然处于辅助地位;也正是对声誉机制的坚守,使得美国依然延续了信息披露主义的监管方式。

---

① Timothy E.Lynch, "Deeply and Persistently Conflicted: Credit Rating Agencies in the Current Regulatory Environment," *Indiana Legal Studies Research Paper*, No.133, September 14, 2010.

② 彭秀坤:《国际社会信用评级机构规制及其改革研究》,中国民主法制出版社 2015 年版,第164 页

③ John Patrick Hunt, "Credit Rating Agencies and the 'Worldwide Credit Crisis': the Limits of Reputation, the Insufficiency of Reform, and a Proposal for Improvement," *Columbia Business Law Review*, 2009(109).

次贷危机之前,欧盟认可声誉资本理论,坚持的也是自律监管模式,认为欧盟对信用评级的依赖并不严重,信用评级机构已经具备了足够的自律监管措施,因此无须另行制定他律监管法规。次贷危机之后,欧盟转而对声誉资本理论持怀疑和否定的态度,认为声誉机制的激励约束作用不足以让信用评级机构严格约束自己,克服信用评级失灵的种种诱因和充分有效地保护投资者的利益。因此,欧盟改变了之前采纳的自律监管模式,转为以他律监管为主,自律监管为辅,通过制定更严格的法律规范和实施更严格的行政执法来规制和监管在欧盟范围内开展业务的信用评级机构。

2. 信息披露主义与核准主义的取舍

欧美信用评级机构法律制度发展进路的背后反映的是美国和欧盟对信用评级机构乃至整个金融市场的规则理论基础:美国历来推崇信息披露主义,而欧盟则坚持核准主义。信息披露主义,又称为形式审查,是指法律法规对相关主体在信息披露方面做出强制性的规定,要求其做到信息披露的真实、准确、完整和及时,但对其业务方面的实质内容不进行过多干预;相反,核准主义又称为实质审查,不仅强制性要求相关主体进行信息披露,同时也对相关主体的实质条件做出规定并审查。①

核准主义对新的或小型信用评级机构更为有利,因为监管机构的核准相当于对新的或小型信用评级机构的认可,投资者也会对其专业能力和资格水平有一定的认可,在一定程度上为其免除了漫长的声誉资本积累过程,也为投资者、被评级主体和债务工具的发行人提供了更多的选择,从而扩大了信用评级机构之间的竞争,同时其后果承担也从声誉机制的市场功能发挥强化至法律上的强制退出,从而为信用评级机构提供高质量的信用评级服务提供更强有力的制度激励。②核准主义的弊端则在于当核准条件和程

---

① 彭秀坤:《国际社会信用评级机构规制及其改革研究》,中国民主法制出版社 2015 年版,第166 页。

② 赵磊等:《信用评级失灵的法律治理——美国次贷危机对中国的启示》,中国政法大学出版社2013 年版,第166 页。

序设计不合理时会造成新的市场准入障碍,阻碍金融市场的创新,引起投资者对信用评级的过度依赖以及在评级失灵时对政府公信力的怀疑。①信息披露主义为投资者提供了更多的信息,从而让声誉机制更好地发挥其作用,促使评级机构提供更高质量的信用评级服务。同时,人们对信息披露主义也存在若干质疑,包括其与保密信息的保护之间的冲突、信息披露与解决信息不对称之间未能直接画等号、对新设信用评级机构设置的声誉资本积累障碍,等等。

以信息披露主义为规制基础决定了美国信用评级机构法律制度的修改和完善重点在于弥补信息披露制度的缺陷,包括加强信息披露和增加透明度,加强对信用评级机构的问责,以责任追究来保障信息披露的真实、准确、完整和及时。当然,以信息披露主义为规制基础并不意味着完全不存在其他方面的实质性监管;与此相对应,以核准主义为规制基础,更加注重对信用评级机构其他方面的问题进行实质性监管,也并不意味着对信用评级机构业务的任何方面都进行监管。欧盟对于信用评级的实质内容也没有进行监管,而是要求信用评级机构"使用具有严密性、系统性、持续性,并经过历史检验证明有效的评级方法"进行评级。②在对信用评级机构的法律规制中也可以随处找到理论的相互影响、借鉴和融合的影子。

3. 监管许可理论的认同和质疑

认同监管许可理论,则会更同意信用评级机构准监管废除论(信用评级引用制度废除论)的观点;质疑监管许可理论,则会赞同信用评级机构准监管存续论(信用评级引用制度存续论)的观点。监管许可理论是指,在信用评级机构在市场中占重要地位和信用评级频频失灵的冲突中,可以得出信

---

① European Securities Markets Expert Group, Role of Credit Rating Agencies, Report to the European Comission, 2008, p.22.

② P.Cinquegrana, "The Reform of the Credit Rating Agencies: A Comparative Perspective," *ECMI Policy Brief*, 2009(12).

用评级机构之所以重要是因为监管部门认为它们重要,依赖信用评级结果,赋予了其监管许可,而不是因为信用评级机构本身的评级表现。就像弗兰克·帕特诺伊(Frank Partnoy)所言,没有历史事实或经济理论证实,信用评级机构的繁荣是由于其可靠的信用评级服务——声誉机制足以产生可资信赖和准确的信用评级信息,相反信用评级机构是通过销售"监管许可"而获得发展、赚取暴利和取得支配地位,因此需要消除基于监管目的而使用信用评级,即废除信用评级引用制度。[①]但同样也有学者对监管许可理论存在质疑,认为没有经验事实证明被评级主体或债务工具的发行人取得信用评级的唯一目的是获取相对应的监管待遇,信用评级机构的价值不限于监管许可。[②]

对监管许可理论持有的态度的不同,也造成了欧盟和美国监管部门对信用评级引用范围和监管引用方式上的不同。从信用评级引用范围上看,美国信用评级引用多是指对证券评级结果的引用,主要集中在直接融资市场,而欧盟的信用评级引用则包括直接融资市场的证券评级结构的引用和间接融资市场的企业评级结果的引用。[③]从信用评级监管引用方式上看,美国的信用评级结果除了"债券发行、投资者保护、金融审慎监管"这些为监管"做加法"的方面,还包括"信息披露内容的省略、审批程序的简化、法律责任的减轻"等为监管"做减法"的方面,而欧盟的信用评级结果则集中在"债券发行、投资者保护、金融审慎监管"这些为监管"做加法"的方面。这也导致了美欧在信用评级引用法律制度改革上的不同态度和措施。美国在这一方面采用了"监管许可理论"的观点,废除了部分信用评级引用制度;而欧盟一开始未对信用评级引用制度采取任何措施,直到 2013 年才提出这一问题,

---

① Frank Partnoy, "The Paradox of Credit Ratings," in Richard M. Levich, *Garmen Reinhart*, *Giovanni Majnoni*, *Rating Agencies*, *and the Global Financial System*, Kluwer, 2002, p.81.

② Lcait M. Mulligan, "From AAA to F: How the Credit Rating Agencies Failed America and What Can be Done to Protect Investors," *Boston College Law Review*, Vol.50, 2009.

③ 封红梅:《信用评级法律制度研究》,法律出版社 2014 年版,第 216 页。

但其重点在于要求金融机构加强自身的信用风险评估,而不是仅仅机械地依赖外部信用评级。①

(三) 竞争与垄断的艰难取舍:对自由竞争悖论的不同回应

自由竞争悖论是指市场自由竞争和垄断视角下的金融监管的两难局面。一方面,金融市场的高度垄断会导致效率低下和侵害消费者权益,从而影响到社会经济的正常运行和健康发展,因此需要政府监管以消除市场垄断;另一方面,金融市场的激烈竞争又容易导致金融体系的波动。具体到信用评级市场,高度垄断、竞争不足的不利影响在于以下几点。首先,会造成利益冲突。高度垄断、竞争不足意味着市场参与者的可选择余地较小,大公司和复杂结构性债务融资工具的评级只能由少数信用评级机构进行,各市场主体间不可避免地会存在各种利益的纠葛,这些信用评级机构的股东之间有时也会重叠,信用评级机构往往很难独立于被评级实体,②难以防范利益冲突带来的种种问题。其次,高度垄断、竞争不足会限制投资者的比较和选择空间,也会影响投资者对评级过程的质量和可靠性的应有关注和审视。再次,高度垄断、竞争不足抑制了评级意见的多样化和评级市场的创新性,不利于风险的揭示和信息的传递。最后,高度垄断、竞争不足会影响声誉机制对信用评级机构的约束,造成信用评级服务质量的下降。在具有充分竞争的市场环境下,声誉机制会激励信用评级机构提供高质量的信用评级结果满足投资者的需求和服务整个市场以获取良好的声誉,进入市场约束的良性循环,但在竞争不足的市场环境下,尤其是在监管引用的庇护下,信用评级机构会有恃无恐,无须通过声誉(市场和投资者的认可)去获取市场份额,从而使得声誉机制无法正常发挥其对信用评级机构的约束作用。但同时,激烈竞争

---

① 窦鹏娟:《后危机时代评级机构的监管改革、评价与未来趋势——兼对我国评级监管的启示与借鉴》,载《人大法律评论》2017 年第 3 期。
② 孟翔韬:《欧盟信用评级机构监管的最新发展及其对我国的启示》,载《金融法苑》2014 年第 6 期。

会导致恶性竞争,造成评级虚高,同时,新进入市场的信用评级机构由于本身缺乏声誉资本的约束,而可能成为"评级虚高"的最大犯罪者。①

国际信用评级行业呈现寡头垄断、竞争不足的特点。据不完全统计,目前世界上有来自 47 个国家的 118 家信用评级机构,标准普尔、穆迪和惠誉三大信用评级机构占据主导地位,在美国的市场份额自不必说。2019 年,标准普尔、穆迪和惠誉三大信用评级机构共占据欧盟市场份额的 92.1%,其中标准普尔市场份额为 42.09%,穆迪为 33.39%,惠誉为 16.62%。次贷危机后,虽然美国 SEC 以扩大市场竞争为目的加速批准了一些已经申请 NRSRO 多年但一直未获得批准的信用评级机构,然而截至 2019 年 12 月 23 日,得到 SEC 认证的信用评级机构也只有美国的 A. M. Best Company、Egan-Jones Rating Company、Fitch Ratings、Kroll Bond Rating Agency、Moody's Investors Service、Morningstar Inc.、S&P Global Ratings,加拿大的 DBRS Ratings Ltd.,墨西哥的 HR Ratings de México, S. A. de C. V. (HR Ratings),日本的 Japan Credit Rating Agency Ltd.等信用评级机构。换而言之,美国虽然有促进市场竞争的尝试,但不彻底,信用评级行业还是呈现寡头垄断局面。此外,美国扩大市场竞争的一些法律制度也被延缓实施,并走向可能被取消的境地。例如,美国交易法规则第 17g—5(a)(3)条规定,RMBS 和其他结构性债务融资工具发行人为信用评级之目的向受聘用的信用评级机构提供的有关被评级对象的基础数据信息,其他未受聘用的 NRSROs 也能获取,从而使得其他信用评级机构可以对结构性债务融资工具进行主动评级,以扩大信用评级机构之间的竞争。但这一条在实践中却被"临时有条件豁免",且不断延期。并且在不断延期之后,证券交易委员会提出议案,建议修改该条规定,赋予满足豁免条件的信用评级永久豁免。也就说明,

---

① John Patrick Hunt, "Credit Agencies and the 'Worldwide Credit Crisis': the Limits of Reputation, the Insufficiency of Reform, and a Proposal for Improvement", *Columbia Business Law Review*, Vol.1, 2009.

这一鼓励竞争的条文实际上已经成为一纸空文,不具备实际执行效果。

相比较而言,欧盟对竞争持有更积极的态度,截至 2019 年 12 月 23 日,共 45 家信用评级机构得到欧盟证券交易与管理局的许可或认证。在制度安排上,鼓励新设和小型信用评级机构参与竞争,尤其是在结构性金融工具的信用评级市场中。欧盟在评估竞争不足和完全竞争的利弊之后,以提升新设和小型信用评级机构的竞争力为突破口,促进信用评级市场的竞争,解决竞争不足带来的不利影响,同时又不至于完全冲击信用评级市场的竞争秩序,避免陷入恶性竞争陷阱。欧盟规定,各成员国主管机关在小型信用评级机构满足一定条件的情况下免除它们遵守本条例规定的有关独立董事、合规人员和轮换机制方面的义务,以此减轻它们的合规成本和压力。欧盟规定,为结构性金融工具评级而向信用评级机构付款的发行人至少要聘请两个不同的信用评级机构对其结构性融资工具予以评级;①欧盟还引入了强制性轮换规则,规定含有再证券化资产的结构性债务融资工具的发行人向信用评级机构支付费用获取评级时("发行人付费模式")应每四年更换一次信用评级机构。即将解雇的信用评级机构不得对同一发行者的再证券化产品进行评级,禁止期限不短于上述到期合同的期限,但不得超过 4 年。②此强制轮换制度不适用于小型信用评级机构(尤其是那些雇员人数小于 50 或年营业额少于一千万欧元的机构,集团按全部人员和数额计算),也不适用于那些聘用四家及以上信用评级机构分别为其结构性金融工具评级且各自评级标的份额不超过结构性金融工具 10% 的发行人。欧盟还出台了"遵守或解释"规则,③即规定结构性金融工具的发行人应聘请至少一个

---

① 刘琳、曹瑞、范家琦:《信用评级行业的准入制度与监管:国际经验和启示》,载《浙江金融》2019 年第 4 期。

② 孔婷、刘莉:《欧盟信用评级机构最新监管草案研究及启示》,载《征信》2019 年第 4 期。

③ "Regulation(EU) No 462/2013 of the European Parliament and of the Council of 21 May 2013 Amending Regulation(EC) No 1060/2009 on Credit Rating Agencies," *Official Journal of the European Union*, Vol.56, 31 May 2013.

总市场份额不超过 10％但有能力可以对相关产品或实体进行评级的信用评级机构,否则要给出合理解释,从而鼓励被评级实体和发行人采纳小型信用评级机构的信用评级。

三、国外信用评级机构规则和制度构建的借鉴与启示

(一) 根据本国国情修改和完善信用评级机构法律制度

实践是理论和制度发展的根基。欧美也正是基于其国家和地区信用评级行业发展现状和历史传统来制定信用评级机构规则和制度。例如,在主权评级的规制上,美国没有针对这方面出台专门的规定,这和在国际信用评级市场美国信用评级机构具有领导地位的现状是分不开的,美国信用评级机构在国际信用评级市场上的话语权决定了主权评级风险并不是信用评级机构法律制度完善中需要单独规制的问题。而欧盟的情况则不同,正因为美国信用评级机构几乎控制了整个国际信用评级市场,因此主权评级的风险成为欧盟立法者关注的焦点之一。欧盟认为,需要针对主权债务评级采取比一般信用评级更有效的措施,以完善欧盟主权债务评级过程,提高欧盟成员国主权债务评级的质量,并通过特别的制度安排减少主权信用评级的变动对金融市场稳定的影响。

我国在完善信用评级法律制度过程中,一定要牢牢把握我国信用评级机构面临的与国外国情不一致的地方,避免盲目地对国外制度和理论加以引用,而应当在了解这些不一样的表现的基础上,对国外制度和理论进行充分的评估和考量,对适合我国具体情况的制度和理论加以借鉴。我国信用评级机构面临的与国外国情不一致的地方包括相较国外依赖声誉机制的自律传统,我国声誉机制并非被给予了过高期望,而是长期以来几无容身之所,[①]市场并不认可信用评级结果,利率倒挂现象时有发生;相

[①] 闫维博:《信用评级机构声誉机制的兴衰与重塑》,载《私法》2019 年第 2 期。

较国外寡头垄断的市场形态,我国信用评级机构恶性竞争现象令人担忧;相较国外信用评级引用法律制度产生在前,信用评级机构业务规制和监管法律制度产生在后的发展进程,我国信用评级引用法律制度和评级业务及监管法律制度属于同时出现,等等。这些情况是我们在借鉴和吸收国外信用评级机构规则和制度时必须始终牢记于心的,是我们在思考声誉机制的定位、信用评级引用制度的取舍、竞争制度的安排时必须认真考虑的因素。

(二) 信用评级引用制度的定位

欧美国家信用评级法律制度的演进有一个鲜明的共性,就是信用评级引用法律制度产生在前(美国信用评级引用制度产生于20世纪30年代,欧洲信用评级引用法律制度出现在20世纪80年代),信用评级机构业务规制和监管法律制度产生在后(2006年美国信用评级机构业务和监管制度才姗姗出台,2009年欧洲信用评级业务和监管法律制度才正式出现),评级引用法律制度和评级监管法律制度之间有一个明显的时滞。[①]在我国,信用评级引用法律制度和评级业务及监管法律制度属于同时出现。1992年底,国务院下发了《国务院关于进一步加强证券市场宏观管理的通知》,首次规定债券信誉评级工作应作为债券发行审批的一个程序。[②]1993年国务院发布《企业债券管理条例》,规定企业发行企业债券,可以向经认可的债券评信机构申请信用评级。同年,中国人民银行致函国家工商行政管理局,指出企业资信、证券评估属金融服务性机构,其业务涉及金融活动,此类机构由中国人民银行负责审批管理。[③]这使得欧美国家在讨论信用评级机构业务或监管法律制度时必须将之前的信用评级引用制度予以讨论,而我国在讨论信用评级机构业务或监管制度时可以与信用评级引用制度独立分开讨论,而非

---

① 封红梅:《信用评级法律制度研究》,法律出版社2014年版,第210页。
② 《国务院关于进一步加强证券市场宏观管理的通知》第2条规定:"证券的发行必须按上述程序和职责分工,在国家下达的规模内,经过严格财务审核、信用评级,按照产业政策的要求从严掌握。"
③ 《中国人民银行关于企业资信、证券评估机构审批管理问题的函》(银函〔1993〕408号)。

在讨论信用评级业务或监管制度时必须前置性地或同时讨论信用评级的引用。

但不管是同时讨论还是独立分开讨论,信用评级引用制度是否要保留,以及保留权力是否需要归属于信用评级机构主管机关也一直是绕不开的话题。反对保留信用评级引用制度的理由包括,信用评级引用制度给予了信用评级机构准监管特权,从而阻碍了声誉机制的功能发挥,诱发评级失灵;信用评级引用制度改变了信用评级付费模式,加剧了信用评级机构的利益冲突;信用评级引用制度通过行政手段制造了行业垄断,诱发了评级失灵;信用评级引用缺乏法律依据,也与行政许可限定适用的条件相违背,缺乏足够的合法性和合理性。①这些理由和论证也受到了质疑和反驳:信用评级机构特权的赋予、声誉机制作用的减损、利益冲突的加剧、行业垄断的催化、结构性债务融资工具信用评级失灵的恶化是信用评级引用制度设定适当、实施失度所致,不能因此动摇信用评级引用制度存在的价值和正当性,也不能抹杀信用评级在结构性融资产品中的作用,相反,信用评级引用制度是在信息社会、信用经济和政府职能社会化背景下优化金融监管、提高金融绩效的必要制度安排和完善金融市场结构、提高金融市场效率的重要手段。②

因此,综合正反两方面的意见,信用评级引用制度有保留的价值,也有限制其适用范围的必要。正如前文所述,各国都认可,要减少市场监管者和投资者对信用评级的过度依赖。所以问题的关键在于,什么是过度依赖。如果没有过度依赖,只是正常地对信用评级加以利用,那么现行的强制外部评级制度和监管引用制度就应该保持原状,无须改变;如果存在过度依赖,则需要对强制外部评级制度和监管引用制度加以改革,减少对信用评级的强制或半强制使用和引用;如果对信用评级的利用不足,没有发挥信用评级

---

① 韩玎、鲁篱:《强制外部信用评级与投资者依赖的法律分析》,载《社会科学研究》2015 年第 3 期。
② 胡志光、封红梅:《信用评级结果引用制度论析》,载《重庆大学学报(社会科学版)》2012 年第 6 期。

可以发挥的作用,则需要进一步强化强制外部评级制度和监管引用制度。这是一个很具体很细致的问题,因为甚至可能在同一国家不同领域内也有差距,此处过度依赖了信用评级,而在彼处未能合理利用信用评级的作用。因此,将其留给具体的各金融监管部门自行决定是最合理、最安全和最有效率的选择。

(三) 声誉机制的定位

我国学界也一直在进行有关信用评级机构约束机制的理论和实证研究,但受国外对声誉机制的批评和反思的影响,对声誉机制多抱怀疑态度,往往是在论证声誉机制对信用评级机构自律约束的不足基础上,提出要加强对信用评级机构的政府监管和追责。这一观点的正确并不代表这是对声誉机制的研究终点,或者换句话说,我国对声誉机制的研究不应止步于对其批评和反思,这是我国信用评级市场和国外信用评级市场实际发展状况不同而决定的。换而言之,由于强制外部评级和监管引用制度的同步施行,我国信用评级自出台之日就跳过了投资者付费模式而直接进入发行人付费模式,没有经过所谓的声誉资本积累过程,缺乏真实的投资者需求。可以说我国信用评级机构声誉机制问题存在着特异性,声誉机制约束并非是被给予了过高厚望,而是没有什么存在空间。[①]

声誉机制的自律监管不足以解决评级失灵问题,并不代表可以全盘否定声誉机制的客观存在价值。帮孩子洗澡时,不能把孩子和洗澡水一起泼出去。[②]声誉机制本身是一种效率型的、辅助公共执法的社会治理形式。[③]国外提出减少对信用评级的依赖,是因为监管者、投资者和金融市场都过于依赖信用评级。而我国的问题正好相反,根据调查问卷的信息,我国投资者的

---

① 阎维博:《信用评级机构声誉机制的兴衰与重塑》,载《私法》2019 年第 2 期。
② [美]兰德尔·克罗茨纳、罗伯特·希勒:《美国金融市场改革:〈多德-弗兰克法案〉颁布前后的反思》,王永恒、陈玉财译,东北财经大学出版社 2013 年版,第 53 页。
③ 吴元元:《信息基础、声誉机制与执法优化——食品安全治理的新视野》,载《中国社会科学》2012 年第 6 期。

问题在于不信任信用评级,而法律又规定了强制外部评级和监管引用制度,所以国外的评级失灵所引发的首要问题是对信用评级机构的依赖问题,而我国评级失灵所引发的首要问题是如何加强信用评级机构的声誉建设。在制度安排上,信用评级机构要回归信息传递的应然定位,夯实信用评级机构的信息功能;优化声誉信息的识别,加强违约数据库建设,推动信用评级机构市场化评价标准的统一;构建统一的信用评级机构信息披露平台,畅通和便利声誉信息的传递;建立以声誉评价为考量因素的市场退出机制,加重声誉资本减损行为的不利后果。

（四）竞争制度的定位

我国信用评级市场活跃的信用评级机构主要有中诚信国际信用评级有限责任公司、中债资信评估有限责任公司、中诚信证券评估有限公司①、联合资信评估有限公司、上海新世纪资信评估投资服务有限公司、东方金城国际信用评估有限公司、联合信用评级有限公司、中证鹏元资信评估股份有限公司、远东资信评估有限公司、大公国际资信评估有限公司、上海资信有限公司（投资者付费模式）、中证指数有限公司（投资者付费模式）、北京中北联信引用评估有限公司（投资者付费模式）、四川大普信用评级股份有限公司（投资者付费模式）等。在 2018 年全年承揽的债券产品只数中,中诚信国际占比 22.84%,上海新世纪、联合资信、中诚信证评、东方金诚和联合评级业务量占比在 10%—18% 之间,大公资信和中证鹏元占比在 3%—6% 之间,远东资信占比 0.29%。②从信用评级机构数量和信用评级行业的体量来看,信用评级机构的竞争态势比国外要激烈,但与其他完全竞争的市场仍然有差距。

结合前文分析,我国信用评级机构声誉资本没有完全建立起来,恶性竞

---

① 中诚信证券评估有限公司于 2020 年 2 月 26 日起终止证券市场资信评级业务,承做的证券市场资信评级业务由中诚信国际信用评级有限责任公司承继,详见中诚信证券评估有限公司公司公告。

② 罗晗:《债市评级机构 2018 年业务情况出炉　中诚信国际承揽债券数量居首》,载《中国证券报》2019 年 2 月 14 日。

争时有发生,因此,现阶段我国信用评级行业的主要任务是培育声誉资本。声誉资本在一定程度上是通过竞争和比较得来的,因此我国应把竞争制度放在信用评级机构法律制度完善的重要位置上,放宽市场准入,扩大改革开放,鼓励竞争,加强事中事后监管,防范恶意竞争。在制度安排上,可以从提升小型或新进入市场的信用评级机构的竞争力入手,规定结构性债务融资工具的信用评级采用双评级制(结构性债务融资工具的信用评级必须由两家信用评级机构分别做出)和轮换制(发行人为其结构性债务融资工具评级时应至少每四年轮换一次信用评级机构),且规定发行人在双评级制度下或者选择一家小型信用评级机构(信用评级业务市场份额小于 10%)为其评级或者做出解释为何没有适当的小型信用评级机构可以为其提供评级服务。

在扩大信用评级机构之间的实质性竞争上,限制信用评级机构股东在不同信用评级机构里的股权、投票权持有和信用评级机构实际控制人在不同信用评级机构的控制权限,除非这些信用评级机构属于同一信用评级集团。属于同一信用评级集团的,则应当更好地发挥其人力和技术资源,争取做强做大。实践中,人民银行已经会同证监会等部门按照"政府引导、市场主导"的原则积极推动信用评级行业整合工作,以提升信用评级机构竞争力。2018 年 9 月,人民银行会同证监会联合发布第 14 号公告,鼓励"同一实际控制人下不同的信用评级机构法人,通过兼并、重组等市场化方式进行整合,更好地聚集人才和技术资源,促进信用评级做大做强"[1]。2020 年 2 月,证监会正式核准了中诚信国际信用评级有限公司的证券市场资信评级业务许可,同时注销了中诚信证券评估有限公司的证券市场资信评级业务许可。这标志着我国本土信用评级机构首次完成跨市场整合工作。[2]

---

[1]　中国人民银行、中国证券监督管理委员会:《中国人民银行中国证券监督管理委员会公告 2018 年第 14 号》,2018 年 9 月 4 日。

[2]　征信管理局:《大力推进评级市场资源整合　促进我国信用评级业高质量发展》,2020 年 2 月 28 日,http://www.pbc.gov.cn/zhengxinguanliju/128332/128352/3979139/index.html,2020 年 3 月 1 日访问。

（五）付费模式的思考

尽管国际社会对信用评级机构付费模式进行了广泛的讨论和研究，但最终 IOSCO 和欧美国家信用评级机构规则没有对付费模式这一问题做出直接回应，而是对其从利益冲突的防范和管理这一角度间接予以回应。这一做法值得我们反思。现行信用评级市场主要采用发行人付费模式，这一方式引来了许多批评，因为在发行人付费模式下，信用评级机构需要"取悦"作为付费者的发行人，从而易产生利益冲突，[①]即信用评级机构为获取评级合同而根据发行人的需求来调高评级结果。[②]利益冲突引发的问题严重影响信用评级机构的评级质量，因此一些学者建议废除发行人付费的方式，而回归投资者付费方式，[③]实行投资者付费模式的评级机构比发行人付费评级机构在评级标准的制定和执行上更为严格，评级结构更为公正客观，评级质量更高。[④]但投资者付费模式也遭到了很多的批评，投资者付费模式限制了信用评级信息的传播，与信用评级的公共产品属性相悖，并降低市场对信用评级结果的检验力度，最终阻碍信息披露制度目标的实现；[⑤]其产生的搭便车现象会导致信用评级行业整体效益的降低，并最终导致评级质量的下降；[⑥]投

[①] Bolton, P., Freixas, X., Shapiro, J., "The Credit Ratings Game," *Journal of Finance*, 2012, 67(1), pp.85—111. He, J., Qian, J., Strahan, P.E., "Credit Ratings and the Evolution of the Mortgage-backed Securities Market," *American Economic Review*, 2011, 101(3), pp.131—135.当然，信用评级机构与发行人之间还会有其他形式的利益冲突，例如，发行人为获取更高级别的评级结果而以购买其他服务的方式"取悦"评级机构，或评级机构因参与结构性金融产品的设计或咨询而主动干预调高其信用级别，但这与信用评级的发行人付费无关。

[②] Jiang, J., Harris, S., Mary, Xie, Y., "Does It Matter Who Pays for Bond Ratings? Historical Evidence," *Journal of Financial Economics*, 2012, 105(3), pp.607—621.

[③] J.C.Coffee, *Gatekeeper: The Professions and Corporate Governance*, Oxford University Press, 2006, p.298.

[④] Xia, H., "Can Investor-paid Credit Rating Agencies Improve the Information Quality of Issuer-paid Rating Agencies?" *Journal of Financial Economics*, 2013, 111(2), pp.450—468.

[⑤] Standard & Poor's, "The Role of Investment Rearch—An Examination of How Investor Needs Are Served by Various Rating Business Models," November 30, 2009, https://www.standerdand-poors.com/en_us/web/guest/home.

[⑥] Fennell, D., Medvedev, A. "An Economic Analysis of Credit Rating Agency Business Models and Ratings Accuracy," Financial Services Authority, 2011.

资者付费模式也存在利益交换,因为评级机构的收入主要来自投资者,所以也会倾向于考虑投资者的利益从而扭曲评级结果,在部分投资者想要从低评级债券中获取溢价时也可能导致这种模式下的评级结果过于负面。[①]

各种收费方式都有利有弊,从法律角度来强行规定信用评级机构如何收费并不符合市场规律,也会产生许多次生问题。因此,收费模式留待商业解决是值得肯定的做法,但这并不意味着法律对此置之不理。根据实证研究(2008—2014 年交易所发行的公司债券数据),在投资者付费模式压力下,发行人付费模式的评级机构会调低发行主体的信用评级,却提高了评级的质量。[②]因此,在不强行改变现有的发行人付费方式的前提下,投资者付费模式的存在是有必要的,因此法律可以推广投资人付费机制。我国银行间市场交易商协会已有实践做法,即规定凡是创新类产品的双评级机构之一必须是投资者付费的信用评级机构。这一制度安排未来可以尝试以鼓励的方式推广至整个金融市场的结构性债务融资工具的信用评级上,甚至可以扩展至发行数额特别大的公司债券的信用评级上。

立法制度的完善不是一蹴即就的事情,在这一过程中,会遇到很多的难题和阻力,有许多理念上的不同要调和,不同部门、不同主体之间的利益要平衡,不同目标、不同标准要协调。我国 2013 年颁布《征信业管理条例》,至今已逾七年。2016 年 1 月,中国人民银行会同发展改革委、证监会起草《信用评级业管理暂行办法》(征求意见稿),直到 2019 年 11 月才正式出台《信用评级业管理暂行办法》,历时 3 年 10 个月,可见制度完善之不易。《信用评级业管理暂行办法》在建立健全信用评级机构业务制度规范,弥补信用评级机构监管漏洞,进一步促进信用评级行业对外开放和健康发展上走出了

[①] 刘琳、查道林:《付费模式、声誉与信用评级质量——基于我国债券市场的经验证据》,《中南财经政法大学学报》2018 年第 3 期。

[②] 林晚发、何剑波、周畅、张忠诚:《“投资者付费”模式对“发行人付费”模式评级的影响:基于中债资信评级的实验证据》,载《会计研究》2017 年第 9 期。

十分重要的一步,未来我们要在此基础上,以"进一步改善行业竞争秩序,推动国内信用评级机构高质量发展,促进我国信用评级机构走出去,支持和引导我国信用评级机构在'一带一路'倡议实施中发挥更大作用,促进评级市场资源整合,形成具有一定国际影响力的国内信用评级机构,发挥行业引领示范作用,加强国际评级监管合作,建立跨境评级监管协调机制,进一步健全自律机制,强化评级行业自我约束"①为目标,不断评估现有措施的效果和找准改进方向,进一步完善我国信用评级机构法律制度。

---

① 刘琪:《央行等四部门发布〈信用评级业管理暂行办法〉》,载《证券日报》2019 年 11 月 30 日。

第四章
信用评级机构法律制度完善的宏观
思考与微观考察

信用是市场经济的基石,市场经济的发展离不开信用市场的发展,尤其是资本市场的发展离不开信用评级机构这一不可或缺的金融中介所提供的服务。然而,信用评级机构若评级失灵则会误导市场参与者做出错误的投资决定,打击市场和投资者信心,甚至引发系统性金融风险,给市场和投资者造成巨大的损失。我国2016年颁布实施的《国民经济和社会发展第十三个五年规划纲要》指出,要发展信用评级等产业,支持征信、信用评级机构规范发展,而信用评级产业的发展以及信用评级机构的规范发展都离不开法律制度的推动、支持和保障。因此,有必要对信用评级机构予以法律规范和监管,通过提高信用评级机构评级过程的质量和公正性、保证其独立性、减少利益冲突、加强透明度以及保护秘密和非公开信息,让信用评级机构真正发挥资本市场"守门人"的作用,保护投资者的合法利益,促进资本市场的健康发展。

如前文所述,我国于1992年开始在企业债券发行中开展信用评级。为促进和规范信用评级业的发展,中央到地方的各级政府、中国人民银行、中国证监会等政府部门相继出台了一些管理办法和行业标准。我国已经有了信用评级机构法律制度的框架,但法律层级不够、细化度不够,监管冲突和监管空白并存,有些重要问题没有厘清,因此完善信用评级机构的法律制度是摆在我们面前的一道重要课题。我国信用评级机构法律制度的完善必须立足我国资本市场和信用评级行业发展的新情况新需要,积极吸收国际先进立法经验,取长补短,为社会主义特色法律体系的进一步完善添砖加瓦,为我国信用评级机构进入国际信用评级市场提供有力支持。①

第一节 完善我国信用评级机构法律制度
所面临的市场新环境

信用评级机构的规范发展离不开法律制度的推动、支持和保障,完善法律制度的目的也是为了信用评级机构以及整个信用评级行业的规范健康有序发展,并且法律制度的完善离不开对信用评级机构所在环境的整体把握。

现阶段,完善我国信用评级机构的法律制度必须基于信用评级机构所面临的市场新环境,以下三个方面值得我们高度关注。

一、"刚性兑付"时代宣告终结,债券违约数量激增

尽管信用评级机构的专业职能是预测债务工具和发行人的信用风险,但由于我国债券市场的特殊情况,实际上在 2014 年前,没有出现过真正意义上的违约事件。信用评级机构在资本市场的作用象征性意义大于实质意义,更多是为了满足监管引用的需求。2014 年,我国债券市场首次出现实质性违约,"刚性兑付"时代宣告终结;2015 年,债券违约开始进入常态化阶段,违约主体从民营企业向国有企业蔓延;2016 年,供给侧结构性改革持续推进,过剩产能行业违约事件集中爆发;2017 年,经济去杠杆和金融严监管力度加大,债券市场违约数量有所回落;2018 年,我国社会融资规模存量增

---

① 《欧盟信用评级机构管理条例》中的认证制度,是指对第三国的信用评级机构法律与监管框架进行评估,对其是否与《欧盟信用评级机构管理条例》具有相当性进行认定。

速持续下降、广义信用收缩,企业融资难度上升,债券市场进入违约高发期,新增违约发行人数量与所涉及的债券金额均远超往年水平。①据国泰君安统计,自 2018 年初至 2019 年 4 月 26 日,国内共有 183 只债券发生违约,涉及金额 1 569.07 亿元。②

从市场角度而言,"刚性兑付"时代的终结和债券违约的现实化发生,一方面赋予了信用评级机构市场化发展和建立自己声誉资本的充分可能性,另一方面,投资者和其他市场参与者乃至监管者也需要信用评级机构真正发挥其市场"看门人"的作用,为市场提供充分的信用风险信息。然而,我国信用评级机构的表现却不尽如人意,在 2018 年违约的债券中,AA 级债券几乎是违约债券中的最低等级,甚至还有评级为 AAA 最高信用级别的债券。根据彭博数据显示,截至 2017 年年中,中国"四大"评级机构对被其评估的 1 500 家中国上市公司中的近 70%都给予"AA"级或以上的等级,其中900 家即总数 60%更得到最高的"AAA"评级。高盛对此评价说,"实质上,中国信用评级机构并没有反映出任何有意义的分别"③。

这也说明,我国信用评级机构还没有从"刚性兑付"的市场环境中走出来。在"刚性兑付"的市场环境下,信用等级的高低区分意义不大,但在打破"刚性兑付"的债券市场中,信用等级的高低会直接接受市场的检验,投资者和市场都需要信用评级机构对发行人和债务工具的信用等级做出有意义的区分。在"刚性兑付"的市场环境下,缺少债券违约数据这一对评级质量进行客观评价的市场化评级要素,评级机构的声誉资本约束机制作用不大,投资者和市场参与者对信用评级机构评级质量的批评和不满也缺乏"实质违约、遭受损失"的切肤之痛,不会影响信用评级机构和信用评级行业的生死

① 新世纪评级:《新形势下信用服务业发展新机遇》,载《上海商业》2019 年第 2 期。
② 《违约债券兑付率快速下滑民企道德风险须谨慎对待》,载《中国经济导报》2019 年 5 月 30 日。
③ 《标普已获准正式进入中国信用评级市场》,http://dy.163.com/v2/article/detail/E6SERMV 30519906Q.html,2019 年 5 月 5 日访问。

存亡,信用评级机构也因此更加肆无忌惮,评级虚高、评级买卖的现象屡禁不止。而在打破"刚性兑付"和债券违约数量激增的市场情况下,投资者和市场参与者对信用评级机构的评级质量要求必然上升,信用评级机构的评级活动必然要接受市场的检验。如果我国信用评级机构不能提升信用评级的质量和公正性,则整个行业的存在基础就会逐渐被蚕食。信用评级机构以及信用评级行业的发展需要关注债券市场的这一新特点和新情况,对信用评级机构法律制度的完善也必须关注到这一新特点和新情况,从而做出相应的规范和监管调整。

二、信用评级机构合规情况不容乐观

自 2014 年债券实质性违约发生以来,我国信用评级机构各监管部门以及行业协会陆续对信用评级机构开展了业务运行和合规情况等方面的检查,结果并不尽如人意。根据中国银行间市场交易商协会对信用评级机构业务运行及合规情况的检查,部分评级机构存在自律规则落实不力、调查访谈工作疏漏、评级作业流程多环节管控不严、合规管理不到位、利益冲突管理尚有欠缺、内控机制建设及执行不足、信用评级委员会机制建设有待完善、评级模型使用不当、跟踪评级滞后、评级质量控制不严、不定期跟踪评级的信息披露不充分、评级档案资料管理不严等问题。[①]

根据证监会对 2018 年评级机构检查情况的通报,部分评级机构存在以下问题,包括机制防范机制有所缺失,评级质量控制不到位,评级结果上调缺乏依据,跟踪评级制度不到位、启动不及时,资产证券化项目调查不充分、现金流不审慎等。[②]具体可细分为:一是证券评级机构对同一类对象评级未采用一致的评级标准和工作程序;二是证券评级过程中使用的评级方法、模

---

① 中国银行间市场交易商协会:《交易商协会业务通报(评级专业委员会专报)——2018 年第三季度银行间债券市场信用评级机构业务运行及合规情况通报》2018 年第 42 期。

② 《证监会通报 2018 年评级机构检查情况 7 机构被查》,载《上海证券报》2019 年 3 月 22 日。

型与其披露的评级方法、模型不一致；三是证券评级未进行尽职调查或未按规定进行尽职调查；四是评级委员会未按规定要求和业务流程进行评审、决议和确定信用级别；五是未建立复评制度或未按规定开展复评工作；六是未按规定及时出具定期或者不定期跟踪评级报告；七是未按规定勤勉尽责地开展跟踪评级；八是原受托证券评级机构未按规定公布未被发行人采纳的评级结果；九是未按要求管理证券评级业务档案或业务档案不完整。①

　　2018年，中国最大的五家信用评级机构全部被金融监管机构发现存在违法违规行为，被陆续出具警示函，责令其限期改正。北京证监局对大公国际资信评估采取一年责令限期整改的行政监管措施，整改期不得开展业务；对东方金诚出具监管警示函。上海证监局对上海新世纪资信评估出具监管警示函，对中诚信出具监管警示函。②深圳证监局对鹏元资信评估有限公司出具监管警示函。天津证监局对联合信用评级有限公司出具监管警示函。交易商协会就大公资信向被评级企业提供大额咨询服务、在调查取证过程中提供的多份文件材料存在虚假表述和不实信息等违反银行间市场相关自律管理规则的行为，给予严重警告处分，责令整改并暂停非金融企业债务融资工具市场相关业务一年。③截至2019年5月，地方证监局已对债市评级机构"出手"四次：2019年1月2日，上海证监局发布公告，中诚信证券评估有限公司因多个资产证券化评级项目尽职调查不充分、假设不审慎被出具警示函；④同一天，上海证监局还对上海新世纪资信评估投资服务有限公司出具警示函；2019年4月8日，中诚信证券评估有限公司再次被辽宁证监局出具警示函；2019年5月23日，联合信用评级有限公司因为尽调相关主体不

---

① 中国证监会：《2015年证券评级机构现场检查情况通报（2016—03—21）》，www.csrc.gov.cn，2018年12月8日访问。
② 《证监会通报2018年评级机构检查情况　7机构被查》，载《上海证券报》2019年3月22日。
③ 中国银行间市场交易商协会：《交易商协会业务通报（评级专业委员会专报）——2018年第三季度银行间债券市场信用评级机构业务运行及合规情况通报》〔2018〕第42期。
④ 陈晨：《被罚后再犯！中诚信二次收到ABS罚单》，载《每日经济新闻》2019年1月3日。

到位被黑龙江证监局出具警示函。①

三、信用评级市场进入对外开放实质性阶段

2016 年以前,境外评级机构一般采取合资或合作等方式参与国内评级市场,②但持股比例较低,参与合资企业经营管理的程度较低,多属于财务投资,合作主要不涉及具体评级工作,多为技术输出和管理。2016 年 12 月,国家发展和改革委员会与商务部联合发布《外商投资产业指导目录》,将"资信调查与评级服务公司"从限制外商投资产业目录里移除。2017 年 7 月,中国人民银行发布 2017 年第 7 号公告,明确了境外信用评级机构进入银行间债券市场开展业务的条件,标志着我国信用评级市场向境外评级机构的逐步开放。③2018 年 3 月,银行间债券市场交易商协会发布了《银行间债券市场信用评级机构注册评价规则》,相应地对境外信用评级机构的注册和评价做出了规定。随着信用评级市场的对外开放,境外评级机构将改变原来的间接市场参与方式,由合资、合作为主转变为设立独资企业,以自己的名义参与我国信用评级市场,开展经营与竞争。④2019 年 1 月 28 日,中国人民银行发布公告,"美国标普全球公司获准进入中国信用评级市场";同一天,中国银行间市场交易商协会也发布了公告,接受标普信用评级(中国)进入银行间债券市场开展债券评级业务的注册。⑤这标志着我国信用评级市场对外开放进入了实质性阶段。

信用评级市场的对外开放必将对我国信用评级行业格局、行业发展模

---

① 《联合评级多次被罚仍吃"警示函" 债券行业监管趋严》,载《经济观察报》2019 年 5 月 26 日。
② 2006 年穆迪收购中诚信 49%的股权,2007 年惠誉收购联合资信 49%的股权,2008 年标准普尔与上海新世纪签署战略合作协议,在培训、研究和评级技术等多领域开展合作等。
③ 金嘉捷:《央行允许境外评级机构开展债市评级》,载《上海证券报》2017 年 7 月 4 日。
④ 惠誉于 2018 年初退出了在中国的合资企业。
⑤ 俞春江、张伊君:《评级业开放促进我国债市及评级业规范健康发展》,载《中国证券报》2019 年 2 月 2 日。

式、人才流动和信息安全产生巨大的影响。借助国外信用评级机构声誉资本、先进评级理念和评级技术，可以加快重塑我国评级行业公信力，提高市场主体评级意愿，提升外部评级有效需求，从而促进评级行业由政策驱动向市场驱动模式转型。①然而，与此同时，其可能会导致的市场集中度大幅提升与充分竞争如何平衡、国内信用评级机构的发展和人才需求在市场化和法治化前提下如何有效得到保障、信息充分提供与信息安全之间的矛盾如何解决等问题是我们在完善信用评级机构法律制度时所要时刻关注的。

第二节　信用评级机构法律制度完善的宏观思考

从本书第二章我国信用评级机构法律制度的发展和现状和第三章 IOSCO 以及欧美国家信用评级机构规则和监管框架的改革，我们可以看到信用评级机构法律制度发展的共同点和趋势，包括加强对信用评级机构的法律规制和对信用评级机构的监管，减少金融监管和金融体系对信用评级机构的过度依赖，增加信用评级机构的市场竞争，保证信用评级机构的独立性和防范利益冲突，加强信用评级透明度和信用评级机构信息披露，加强信用评级机构内部控制机制建设，促进信用评级过程的质量和公正性，加强对信用评级机构所需信息的提供和对保密及非公开信息的保护，加强对信用评级机构的责任追究，等等。

但在改革方向、具体制度构建和规则设计上，也存在不少差异或有待解决的问题。在法律制度规范和监管模式上，学者们将美国改革总结为"自律为主、他律为辅"②，认为美国对信用评级机构在监管问题上所持的基本立

---

① 金兵兵、王龙：《信用评级市场的开放及其影响》，载《金融时报》2019 年 3 月 18 日。

② 彭秀坤：《国际社会信用评级机构规制及其改革研究》，中国民主法制出版社 2015 年版，第 163 页。

场没有发生过根本变化,信用评级机构的评级失灵虽然是信誉机制的失灵,但改革的目的不是为了否定信誉机制,而是要恢复信誉机制的良好运作,重建信誉机制。欧盟则对信誉机制的激励约束作用持怀疑甚至否定态度,尤其是考虑到国际三大评级机构在世界金融市场上的垄断地位,欧盟选择了对信用评级机构严格监管的"他律为主、自律为辅"的模式。我国学者对我国法律制度规范和监管模式的"他律为主"模式似乎已经达成共识,在信用评级机构面临新的市场环境下,其内涵和意义是否有新的发展?市场和政府关系的法学结构应如何在规范和监管信用评级机构这一领域合理安排?

在制度设计的目的上,美国信用评级机构改革中强调信息披露的目的重点在于规范信用评级机构行为,促使信用评级机构提高其评级过程质量和公正性,而欧盟信用评级机构改革中强调信息披露的目的固然包含以上内容,但其侧重点更在于加强投资者的知情权,让投资者在信息充分的基础上有选择性地对信用评级机构提供的服务加以利用,所以二者在信用评级机构信息披露的内容上也有所不同,信息披露的渠道要求也不尽相同。

在评级需求驱动模式上,减少金融监管和金融体系对信用评级机构的过度依赖虽然是共识,但过度依赖和高效的监管引用之间的界限应在何处?如果不再引用外部信用评级,是否有其他可替代工具和措施?美国证券交易委员会在其研究报告中给予的回复是暂时无法做到全部用其他替代工具和措施代替。①因此尽管 2010 年《多德-弗兰克华尔街改革和消费者保护法》要求各联邦金融监管部门审视自己的部门立法,尽量减少对信用评级机构信用评级结果的引用,消除不必要的监管引用,但最终其只会减少对其的依赖,而非取消对其监管引用。欧盟委员会对该问题也进行了专门的研究,其报告指出,虽然现在欧盟存在大量的对信用评级的监管引用,但也有许多替代措施,这些措施(包括信用评级)各有利弊,监管者和市场参与者应该根据

---

① The Staff of the U.S. Securities and Exchange Commission, Report on Review of Reliance on Credit Ratings, July 2011.

自己的具体情况采用最合适的措施或综合利用不同的措施,①并力求在2020 年消除欧盟层面金融监管部门对信用评级的引用。

这些差异实际上反映了欧美对信用评级机构的不同定位、对信誉机制的不同认识、对投资者保护的不同方式。美国基于其信用评级机构强大的市场地位,认可信用评级机构的资本市场"守门人"角色,认为信誉机制只是暂时失灵,通过他律监管恢复信誉机制之后,信用评级机构可以发挥准监管职能。因此,美国选择了"自律为主、他律为辅"的监管模式,对信用评级机构仍然寄予厚望,期待通过金融体制监管改革,使得信用评级机构可以准确评级,解决市场信息不对称,因此其信息披露不在于让投资者进行新的评级比较,而在于产生让投资者信赖的评级结果,监管机构也在必要的范围内继续依赖信用评级机构的评级结果。而欧盟则认为信用评级机构只是同样的市场参与主体,为资本市场其他参与主体提供中介服务,信誉机制并不足以保障其行为的合法合规性。因此,欧盟选择了"他律为主、自律为辅"的监管模式,希望可以通过金融体制改革,一方面促进信用评级机构评级过程的质量和公正性,为市场提供有效的信用产品;另一方面,时刻教育投资者和提醒金融监管者信用评级机构信用评级服务的局限性,为投资者比较信用评级机构的服务质量以及自己进行信用风险评估尽可能地提供条件,也要求金融监管者逐步取消对信用评级机构评级结果的监管引用。

这些制度发展和改革的异同为我国完善信用评级机构法律制度提供了重要的参考和借鉴。我国应当从信用评级机构法律制度的立法理念、立法模式、立法位阶上进一步完善信用评级法律机构法律制度。

一、立法理念

我国信用评级机构法律制度完善应当秉承"投资者保护""国家干预与

---

① European Commission, "Study on the Feasibility of Alternatives to Credit Ratings: Final Report," December 2015.

市场自治的平衡""安全优先、兼顾效率"等立法理念。

（一）投资者保护

如前文所阐述,我国信用评级制度和信用评级机构并非应投资者需求而产生,而是基于立法的强制规定应监管者的需求而诞生,作为监管工具借助于行政力量而发展,尤其是在 2014 年实质性债券违约发生之前,市场内驱力严重不足,投资者对信用评级机构的评级质量并没有赋予应有的关注。监管机关在制定信用评级机构法律制度时关注的重点也就不在投资者身上,而是更多从监管者的角度和利益出发,对信用评级机构进行规范和监管。2014 年"刚性兑付"打破之后,从理论上说,市场对评级质量和公正性有保障的信用评级有很大需求,信用评级机构评级过程的质量和公正性对投资者而言有十分重要的意义,涉及投资者对资本市场的信心,影响投资者的具体投资决策,等等。

从本质上而言,信用评级机构的存在逻辑就是解决市场信息的不对称。这种市场信息的不对称主要是指作为潜在债权人的投资者与作为债务人的发行人或债务载体的债务工具之间的信息不对称。换而言之,信用评级机构的存在逻辑主要就是为了保护投资者。纵观 IOSCO《信用评级机构基本行为准则》以及欧美信用评级机构法律制度的改革,它们都把投资者保护放在核心位置。例如,IOSCO《信用评级机构基本行为准则》中特别强调,"尽管基本行为准则许多方面都是涉及信用评级机构对发行人的义务和责任问题,但基本行为准则的本质目的是要通过加强评级过程的公正性来保护投资者"。美国和欧盟的相关立法文件也都在其序言部分关于立法目的和修订目的阐述中明确了对投资者的保护。

因此,投资者理应处在信用评级机构法律制度完善的中心,要完善信用评级机构法律制度就是要加强对投资者的保护,以投资者保护为制度导向,透过良好的信息传导机制与有效的投资者教育,有机地串联投资者、发行人、监管者等市场主体，从而为资本市场的健康发展提供重要助力。①

（二）政府干预与市场自治的平衡

政府干预与市场自治的平衡是任何一个行业发展都要面对的问题，也是相关法律制度构建和完善所要应对的基本命题。政府干预有时会产生干预过多或监管不到位的问题的"管制失灵"问题。一方面，政府的干预并不总是有效率的，干预过多或者过少都会导致越改越乱、越乱越改的无效干预；另一方面，政府干预也会导致市场主体管制套利的行为。以施蒂格勒为代表的经济学家构建了"政府捕获论"，认为政府监管并非总是服务大众利益，也可能是私主体寻租（或者说政府被捕获）的结果，并由此认为政府干预在大多数情况下是不效率的。②哈耶克为代表的经济学派则预言，任何企图改善市场条件的政府干预最终都会失败。③2013年，党的十八届三中全会通过的《中共中央关于全面深化改革若干重大问题》提出，"经济体制改革的核心问题是处理好政府和市场的关系，使市场在资源配置中起决定作用和更好发挥政府作用"④。在依法治国的基本国策下，市场自治和政府干预之间的平衡就反映在法律制度的具体构建中。就总体原则而言，第一，政府干预应当依附于市场之手，只有存在市场失灵的时候才进行市场干预，没有市场失灵的时候并不需要政府干预；⑤第二，政府干预的主要目的是为了恢复市场机制，而非替代市场机制；⑥第三，"市场在资源配置中起决定性作用，并不是起全部作用，健全社会主义市场经济体制需要政府着力解决市场体系

---

① 董维：《我国信用评级的制度完善与理念革新——从监管工具到投资者保护》，载《私法》2018年第10期。
② 倪子靖：《规制俘获理论的变迁》，载《制度经济学研究》2008年第3期。
③ Friedrich Hayek, *Law, Legislation and Liberty: Vol.2 The Mirage of Social Justice*, Routledge, 1982, pp.142.
④ 《中共中央关于全面深化改革若干重大问题》，载《求是》2013年第22期。
⑤ 侯利阳：《市场与政府关系的法学解构》，载《中国法学》2019年第1期。
⑥ 刘大洪、段宏磊：《谦抑性视野中经济法理论体系的重构》，载《法商研究》2014年第6期。

不完善、政府干预过多和监管不到位问题"①。

新制度经济学将政府规制认定为公共服务,也存在成本与收益问题。市场失灵并不必然导致政府干预,政府干预只有在收益高于成本的时候才具有合理性;同时,政府干预的目的应当是为了降低交易成本,并应当在竞争机制能够发挥作用之后退出市场,或者说不再规制。换而言之,政府干预适度则可以弥补市场不足,与市场取长补短;政府干预不当则有可能产生政府"寻租"和引发新的市场失灵问题。如何在法律制度构建和完善中寻求政府与市场的平衡成为考验我们智慧的一个持久而艰巨的问题。

首先,政府干预与市场自治的平衡表现在政府干预范围的合理化。政府干预范围的合理化,要求政府和市场分工明确,各司其职,各尽其责,需要政府做出规定的,政府做出规定,需要留给市场主体自主决定的,留给市场主体自主决定。例如,为了促进信用评级结果的客观和公正,政府监管部门需要对信用评级机构的评级过程的质量和公正性做出规定,比如规定信用评级机构应制定内部控制制度、应披露和说明评级程序和评级方法,等等;但不宜对信用评级机构的评级程序和评级方法进行具体干预,不宜强制性规定信用评级机构进行信用评级时的考虑因素以及信用评级机构评级作业的时间。这些都是信用评级机构专业范围内的事,监管部门不宜管得太细,否则就成为另外一种对信用评级机构独立性的侵害。

其次,政府干预与市场自治的平衡表现在政府干预措施的市场化。政府干预措施的市场化,要求政府在实施监管过程中多采取市场化手段,例如信息披露制度和市场化评价机制。信用评级机构法律制度改革的一大亮点就是加强信息披露,提高信用评级机构评级活动的透明度。通过信息的披露,供投资者和其他信用评级使用者便利地开展自己的风险评估,对各信用

① 习近平:《关于〈中共中央关于全面深化改革若干重大问题的决定〉的说明》,载《人民日报》2013年11月16日第1版。

评级机构的信用评级结果进行比较,从而促进信用评级机构之间的良性竞争,提升评级过程的质量和公正性。监管机构对信用评级机构的检查中应该包含以投资者为导向的市场化评价机制,以便更全面地反映信用评级机构的信用评级服务质量。

再次,政府干预与市场自治的平衡表现在政府干预手段的社会化。因为信用评级活动的复杂性和专业性,对信用评级机构的监管也是一项十分复杂和专业化的工作,监管机构在监管过程中,亦需充分利用社会化力量,委托行业协会和相关组织开展具体的监管工作。我国信用评级机构行业协会发展相对落后,1997年4月我国成立了华东资信评估联席会,1998年其扩大成为中华资信评估联席会,但发声较少,对信用评级机构监管中的作用比较有限。在信用评级机构监管领域作用较大的行业协会为中国银行间市场交易商协会和中国证券业协会。2010年7月,中证协证券资信评级专业委员会成立,同年10月,交易商协会信用评级专业委员会成立,但它们只是协会的下属机构,没有形成信用评级机构自己的行业协会,缺乏自己的行业独立性,没有发挥有效的自律作用。[1]2019年5月24日,中证协、交易商协会联合发布的《一季度债券市场信用评级机构业务运行及合规情况通报》指出,信用评级机构表现不佳,需要强化对信用评级机构的自律管理。[2]因此,信用评级机构未来应发展自己的信用评级机构行业协会,形成以行政监管为主、行业监管为辅的他律和自律协调发展、互相配合的信用评级机构监管体系。

(三) 安全优先、兼顾效率

"安全优先、兼顾效率"的立法理念既是国外立法经验总结,也是由我国信用评级市场的发展现状决定的,更是信用评级机构的本质属性。如前所述,在信用评级机构违规情况较为突出、信用评级市场对外开放步伐加快、

---

[1] 姜楠:《信用评级机构监管研究——后危机时代》,经济日报出版社2014年版,第173页。
[2] 卢丹:《评级机构预警能力不足,行业自律管理将强化》,载《上海证券报》2019年5月24日。

债券违约数量激增的情况下,安全是我们必须关注的首要问题。信用评级机构的历史存在逻辑在于解决市场信息不对称问题,其作为资本市场"守门人"的角色决定了安全的优先性,市场参与者对信用评级机构评级结果的使用、私人引用以及金融监管部门的监管引用都是建立在安全的基础上的。在信用评级市场,只有在安全的基础上,效率才有意义,或者说只有在安全的基础上,才有效率存在的空间。在不安全的基础上,效率越高,市场毁灭性越大。

"安全优先、兼顾效率"的立法理念首先应反映在信用评级机构法律制度的内容上。为了向资本市场提供安全可靠的信用风险信息,我国信用评级法律制度应该追求信用评级机构信用评级活动的质量和公正性,这也是信用评级机构法律制度完善的主要目标和根本出发点。为了促进信用评级机构评级活动的质量和公正性,信用评级机构法律制度采取了加强利益冲突防范和管理、促进信用评级机构有效和良性竞争、加强信用评级机构信息披露、加强信用评级机构内部质量控制和合规机制构建、加强行政监管等措施,这些措施无疑加大了信用评级机构合规成本,为信用评级机构业务的开展带来一定的阻碍,但这是为了安全而必须采取的措施。在保证安全的基础上,也要兼顾效率,所以在信用评级机构的利益冲突的防范和管理上,我国的信用评级法律制度不应该一刀切地对信用评级机构会遇到的所有利益冲突情形予以禁止,而是根据利益冲突的性质,将其分为禁止性利益冲突和披露性利益冲突。对于披露性利益冲突,信用评级机构仍然可以从事此类业务,只是需要向主管机关和公众披露此等利益冲突情形的存在、可能对信用评级的影响,以及信用评级机构采取了哪些措施消除这些影响,从而在制度安排上力求体现"安全优先、兼顾公平"。

"安全优先、兼顾效率"的理念也体现在立法机关承认信用评级机构规范和监管立法的动态变化需求上。为了更有效地保障法律规范的有效性和安全性,我国立法机关不必追求对法律制度改革的一步到位,也不畏惧根据实际需要对法律制度进行调整和修改。这在国外法律制度的发展中也有了明显的反映。我们可以看到,欧美国家在法律制度的修改上十分谨慎,对一些已经有立法建议,但立法机关尚未进行彻底研究或还未取得共识的部分,都采取了"在法规中明文规定相关主管机关对若干事项进行进一步的调查和研究,并根据调研结论,提出立法修改意见"的处理方式。而在研究有了一定的共识结论之后,也并不会盲目为了维持法律的稳定性而对其置之不理,而是根据需要及时进行修改,尤其是欧盟自 2009 年至 2014 年保持了每两年一大改、每年有小改的频率。我国在完善信用评级法律制度时,也应该承认信用评级业务的高度专业性,对立法的修改不可激进亦不回避,秉承"安全优先、兼顾效率"的立法理念,特别注重对相关问题的调查研究和意见反馈,根据市场发展和监管动态,及时慎重地对其做出调整。

二、立法模式

信用评级机构法律制度完善中的立法模式问题涉及征信法律制度与信用评级法律制度的合并与分立问题、评级引用法律制度与信用评级机构监管法律制度的合并与分立问题,以及结构性债务融资工具和非结构性债务融资工具信用评级法律制度的分别构建问题。

第一,对于征信法律制度与信用评级法律制度的合并与分立问题,第一章在论述信用评级和征信活动的异同时已经对此作了回答。我国宜采取征信法律制度与信用评级法律制度分开的立法体例,这是信用评级与征信活动本质的不同所决定的,也符合信用评级机构单独立法的发展趋势。

第二,关于评级引用法律制度与信用评级机构监管法律制度的合并与分立问题,这与信用评级机构的立法定位密切相关。实际上,要完善信用评级机构法律制度,加强对信用评级机构的规范和监管,必须要解决的一个问题就是在法律上如何对信用评级机构加以定位。正如前文第一章概念部分的分析,信息功能是信用评级机构的本质功能,后续延伸功能和衍生功能的产生与发展都是基于市场主体和监管者对评级机构信息功能的认可。如果信用评级机构不能正确发挥其信息功能，则后续延伸功能和衍生功能的设定就是空中楼阁，会受到公众质疑，甚至会陷入恶性循环，进一步加剧金融市场的系统性风险，引起整个金融系统的危机。

信用评级机构法律制度的一切出发点都在其本质功能上，信用评级机构的存在逻辑是提供信用信息。信用评级机构在解决信息不对称问题上具有十分重要的作用，是市场不可或缺的金融中介服务机构之一。因此，法律制度的规范和监管应紧紧围绕"评级过程的质量和公正性"，在加强信用评级过程质量和公正性的基础上，法律规范的设置应有助于信用评级机构的发展和成长，不应为信用评级业务的开展增加过多的成本负担，而信用评级机构违反信用评级过程质量和公正性的行为理应受到法律的问责，由于不当行为给投资者造成损失的，应当承担民事责任。

只有在保证了信用评级机构本质功能的基础上，信用评级机构才可以有效发挥其延伸功能和衍生功能。这代表了其他监管机构和市场主体对信用评级机构评级结果的认可程度和认可效力，因此，作为广义上信用评级法律制度一部分的评级引用法律制度应由各金融监管部门自行决定，不宜在专门的信用评级机构法律规定中予以规范。①换而言之，我国信用评级机构的法律制度主要围绕信用评级机构的规范和监管而展开，而信用评级监管引用法律制度只涉及对信用评级机构信用评级结果反映信用风险的认可，与狭义的信用评级机构的规范和监管法律制度应当分开。各监管部门在监管法律法规中引用信用评级结果时，不宜再对信用评级机构的市场准入和

---

① 当然，这并不妨碍信用评级机构法律制度中明确规定，金融机构、公司、企业以及其他市场参与者为监管目的而使用的信用评级必须是经由注册登记的信用评级机构做出的，因为这一规定的本质并不涉及监管部门在某一监管规则中引用信用评级与否，这本质上还是对信用评级机构的市场准入和业务许可做出规定，属于信用评级机构规范和监管的法律制度。所以从这一角度，在信用评级机构法律制度完善的立法位阶问题上，也必须是由国务院出台新条例，只有国务院的规定才能实现各监管部门将其监管引用中的信用评级机构市场准入和业务许可规范权限统一让渡给单一监管机关。

业务规范作进一步规定,即各监管部门不应对信用评级的监管引用而获取对信用评级机构的监管权限,信用评级机构的监管权限应专属于信用评级机构监管机关。当然,各金融监管部门在对信用评级机构的评级结果予以监管引用,发现任何有必要对信用评级机构规范和监管的要求或意见时,可以向信用评级机构监管机构提出。同时,信用评级机构的监管部门也不宜规定或干涉其他监管部门对评级结果的监管引用与否。

将评级引用法律制度和信用评级机构法律制度分别对待之后,将更有助于信用评级机构监管的统一化。目前我们信用评级机构的多头监管模式正是来源于众多金融监管部门对评级的监管引用。只要某个金融监管部门对评级结果予以监管引用了,该监管部门就在其权限范围内对信用评级机构规定了一定的监管要求,从而导致了"债券市场不统一,信用评级机构监管亦不统一"的现有模式。如果我们从立法模式上确认了评级引用法律制度和信用评级机构法律制度的独立性,那么也就厘清了"金融监管部门不应因为对评级进行引用而自然获得对信用评级机构的规范和监管权限"这一理念,从而将信用评级机构的专属规范和监管权限还给未来法律规定的单一机构,解决多头监管问题。

第三,应区分结构性债务融资工具和非结构性债务融资工具的法律制度构建。就复杂的结构性债务融资工具而言,其风险建模超越了投资者的理解能力,信用评级结果几乎成为投资者就该金融产品做出投资决策时的唯一依据。但信用评级机构做出的信用评级也往往未能正确反映其风险,于是在危机存在时未能起到警示风险的作用,而在违约风险被市场、投资者或监管者有所察觉时对产品评级等级的下调又加剧了市场的恐慌,加剧了危机的恶化和传导。我们应当承认,信用评级机构的局限性。在非结构性债务融资工具领域,实践已经充分证明,信用评级机构可以胜任"看门人"的职责。只要在市场准入、竞争机制、利益冲突、信息披露和民事责任等方面构建合理,保持评级机构的中立性、公正性即可。评级结果作为一种专家意见,作出意见的评级机构对评级结果承担相应的法律责任。但对于结构性债务融资工具,我们应当可以承认不管法律制度如何构建,不管信用评级机构如何中立、公正,信用评级机构对结构性债务融资工具的评级都可能无法完全反映其风险。[①]所以对这两个领域的法律制度构建应当体现出区别,尤其是在对投资者的保护、风险提示以及信息披露方面,应当有不同的制度安排和规则设计。

三、立法位阶

现阶段,我国关于信用评级机构的专门性规范都是由各部委和各地方立法机关制定的。为统一其规范和监管,中国人民银行联合发展改革委和证监会起草了《信用评级业管理暂行办法》(征求意见稿),笔者认为这一立法位阶不能满足现行信用评级机构行业发展和法律监管的需要。因为这只是三家金融监管机构之间联合起草的,虽然它们是绝对主导力量,但目前我国对信用评级进行规范的主体还包括财政部、银保监局、人力资源社会保障部、各地方立法机关等等,仅由部分金融监管机构联合制定部门规章,其规制范围不够全面,我们仍缺乏统一的信用评级机构规范和监管框架。

从比较法角度看,国际社会对信用评级机构规则制定越来越重视,制定主体层级越来越高。2004 年和 2008 年 IOSCO《信用评级机构基本行为准则》的制定主体为国际证监会组织的技术委员会,技术委员会是 IOSCO 执行委员会下设的两个特别工作委员会之一。而在 2015 年做大幅修订时其发布机关为国际证监会理事会(Board of IOSCO)。理事会是国际证监会组织的最高决策机构,由 34 个国家或地区的证券监督管理部门组成,下设八

---

① John Patrick Hunt, "Credit Agencies and the 'Worldwide Credit Crisis': the Limits of Reputation, the Insufficiency of Reform, and a Proposal for Improvement," *Columbia Business Law Review*, Vol.1, 2009.

个标准制定委员会,其中第六委员会为信用评级机构。①美国对信用评级机构的规制主体也从证券交易委员会升级至国会,出台了专门的信用评级机构立法。欧盟亦一再强调,各成员国立法已经不足以达到予以目的,必须在欧盟层面制定规则。此外,欧盟信用评级机构三大条例,都是以条例形式制定,其效力等级比指令要高。

因此,我国应当由国务院制定《信用评级机构管理条例》,对信用评级机构予以规范和监管。第一,2018 年 8 月,国务院金融稳定发展委员会召开防范化解金融高风险专题会议,第一次提出"建立统一管理和协调发展的债券市场"。在有可能统一债券市场的趋势下,由国务院来行使规则制定权限更有前瞻性意义,其规范也更有生命力。第二,国务院制定颁布《信用评级机构管理条例》可以站在信用评级行业顶层设计的角度,对相关问题进行规制,避免了中国人民银行、证监会、发改委等部委监管机构仅从本部门角度出发、仅为本部门利益考虑的部门冲突问题,以及信用评级行业本身发展与各监管部门监管市场行业发展之间的冲突。虽然信用评级机构是中介服务机构,其存在的历史逻辑就是为了解决市场信息不对称问题,但发展至今信用评级行业已经具有自身的行业价值,已经是与证券、银行、保险等同样重要的行业所在,因此由国务院制定和颁布相关规范效果最好。第三,国务院已经制定了《征信业管理条例》,其征求意见稿原规定由国务院另行制定信用评级法律制度,虽然最终稿将该规定删除,但基于我国信用评级法律制度发展的过程来看,征信业法律制度和信用评级业法律制度一度混同,因此为进一步区分信用评级机构法律制度的独立性,更应该由国务院出台《信用评级机构管理条例》,以与《征信业管理条例》相并列。

---

① IOSCO Board,https://www.iosco.org/about/? subsection=display_committee&cmtid=11,2019 年 5 月 23 日访问。

第三节　信用评级机构法律制度完善的微观考察

　　如前所述,在信用评级机构法律制度的构建和完善上,国内外理论界和学术界在需要努力的方向上达成了一定的共识,问题的关键是如何通过具体的制度性安排达成这一目标,以及如何有效评估这些制度性安排在实际运行中的利与弊、成本与收益。比如,在信用评级机构的竞争问题上,在市场集中的现实下,充分竞争的目标如何通过市场化和法治化手段达到? 如何保证竞争性安排促发的是良性竞争而非恶性竞争? 如何保持竞争性安排引发的成本和效益之间的平衡? 完善我国信用评级机构法律制度,以下几个问题值得我们进行详细的分析和认真考察。

一、信用评级机构的竞争性制度安排

　　为保障市场机制的顺利运行,市场主体数量之充足与市场竞争之充分是必然的隐含假设。[1]而信用评级市场的一大特点就是高度集中,呈寡头垄断结构,特别是我国信用评级市场对外全面放开后,国际三大信用评级机构有可能会像攻克欧洲评级市场那样,在我国形成类似的市场格局。因此,竞争性制度安排就变得尤为重要,总的思路可以概括为放宽市场准入,扩大改革开放,鼓励竞争,加强事中事后监管,防范恶意竞争。

　　竞争是提高质量的最佳途径,加强竞争可以让市场参与者获取更多的选择权,避免对少部分信用评级机构的依赖,也让市场参与者可以比较信用评级机构的评级表现,从而促使信用评级机构从评级方法、内部治理等各方面提高自己。从这一角度而言,法律制度要做的就是让更多的信用评级机

---

[1]　侯利阳:《市场与政府关系的法学解构》,载《中国法学》2019 年第 1 期。

构进入评级市场,参与市场竞争,提升市场参与者的竞争能力,促进市场竞争的充分性。

要提升市场参与者的竞争力,就要分析市场竞争力的来源因素,而在这一点上,信用评级机构、发行人和投资者的观点并不完全一致。根据调查问卷结果显示,信用评级机构在评估其自身市场竞争力时,往往将重点放在行业经验(尤其是结构性金融工具的信用评级)、评级过程质量、信用评级机构的市场声誉这三个因素上;而发行人在选择信用评级机构时则更看重信用评级机构的市场声誉、与自己的关系以及对自己的了解、信用评级机构的地区和全球覆盖范围、信用评级机构的评级方法是否对自己有利以及其费用;投资者表示信用评级机构的竞争力来自其过往表现和评级过程的公正性,评级机构的规模也是重要因素之一。从中可以看出,对于小型信用评级机构以及新进入市场的信用评级机构,其面临的最大困难就是缺乏市场声誉、地区覆盖面不够广、与发行人之间缺乏之前的合作基础。针对这一现实,完善我国信用评级机构法律制度,我们在竞争性制度安排上可以做出以下努力。

首先,在市场准入上,应当施行注册登记制,取消现有的行政许可审核,以此鼓励更多的信用评级机构参与评级活动,提供评级服务。此外,根据欧盟委员会的一项实证调研,新进入市场的信用评级机构倾向于保守性对被评级对象出具评级结果,[①]从而在一定程度上消除"评级泡沫"现象。注册登记制中最重要的内容就是有关注册登记信息范围的规定,这可以由信用评级主管机关出台实施细则,进一步明确规定信用评级机构注册登记时所提交的申请表、申请人必须提供的信息和资料内容以及更新注册登记信息的义务。

其次,在提升小型或新进入市场的信用评级机构的竞争力上面,规定结

---

① Internal Market, Industry, Entrepreneurship and SMEs, "Study on the State of the State of the Credit Rating Market: Final Report," Research Report, January 2016, p.37.

构性债务融资工具的信用评级采用双评级制（结构性债务融资工具的信用评级必须由两家信用评级机构分别做出）和轮换制（发行人为其结构性债务融资工具评级时应至少每四年轮换一次信用评级机构），且规定发行人在双评级制度下或者选择一家小型信用评级机构（信用评级业务市场份额小于10％）为其评级或者做出解释为何没有适当的小型信用评级机构可以为其提供评级服务。通过双评级制和轮换制，可以扩大信用评级行业的市场需求，给小型或新进入市场的信用评级机构更多被选择的机会和积累声誉资本的机会；为结果性金融产品的信用评级提供更多的视角，进一步扩大投资者对被评级对象信用风险信息的掌握；也为投资者提供了更可观更直接的不同信用评级机构的评级表现的对比。此外，还可以规定小型或新进入市场的市场信用评级机构在某些合规要求方面可以获得豁免，例如，对于一般信用评级机构而言，其董事会或监事会的成员必须至少三分之一是独立董事或独立监事（且不少于两名），但对于被认定的小型信用评级机构而言，该标准可以降为一名。再比如，可以适当放松小型信用评级机构的辅助业务和评级业务隔离的禁止性要求，将其改为披露性要求，以及适当放松小型评级机构合规人员和复核人员的全职性要求等等，以减轻其合规成本，扩大其市场拓展能力，通过辅助性业务积累声誉，提高市场竞争力，尤其是鼓励小型信用评级机构在非信用评级但与信用评级相关的领域提供辅助服务以及在大型信用评级机构并不活跃的信用评级领域提供服务，以此积累过往表现，获取市场信赖和声誉资本。

再次，在扩大信用评级机构之间的实质性竞争上，限制信用评级机构股东在不同信用评级机构里的股权、投票权持有和信用评级机构实际控制人在不同信用评级机构的控制权限，除非这些信用评级机构属于同一信用评级集团。如果不同的信用评级机构之间具有股权持有和控制关系，或者不同的信用评级机构受同一主体控制，那么这些信用评级机构之间的市场化竞争就会受到潜在影响，无法得到保证。因此，为促进信用评级市场上的充

分竞争,信用评级机构持有 5％以上股权或拥有 5％以上投票权的股东以及
对该信用评级机构具有实际控制或决定性影响力的人不得持有其他信用评
级机构 5％以上股权或投票权,不得在其他信用评级机构担任董事或监事
或享有任命或开除董事或监事的权限,不得通过其他方式控制或决定性影
响其他信用评级机构,除非这些信用评级机构属于同一信用评级集团。

最后,在反映信用评级机构竞争力,为市场参与者选择信用评级机构提
供更多可能性和便利方面,信用评级机构主管机关应鼓励信用评级机构逐
步协调统一其使用的信用评级标度(不同信用评级机构对同种被评级对象
的信用等级和标识含义的统一),这样做的目的在于方便投资者对信用评级
的理解以及对不同信用评级机构评级表现的对比,也降低了被评级对象更
换信用评级机构的难度;信用评级机构主管机关应建立统一信息平台,公布
各信用评级机构列表及其评级范围、市场份额,供投资者更容易更轻松地从
中选择小型信用评级机构;公布信用评级机构所有公开发布的信用评级结
果,供投资者参考以及比较信用评级机构的评级活动和评级表现。同时,信
用评级机构主管机关应鼓励小型和新进入市场的信用评级机构开展主动评
级,并将其主动评级结果的展示在统一信息平台上设立专门的栏目上,并在
主页上设置链接,方便投资者或其他使用者快速访问。

当然,在竞争性制度安排上不能忽视的一点就是恶性竞争问题。①恶性
竞争带来的"买卖评级"和"评级泡沫"正是我国信用评级市场受人诟病的最
主要原因,对信用评级机构声誉造成的损害也最大。从根源上来说,这都是
"发行人付费"中蕴含的利益冲突所带来的结果:发行人为取得对其更有利
的评级结果,与多家信用评级机构接洽,从而选择评级结果最高的那家,形
成"评级选购";信用评级机构为获得更多的市场份额和取得更大的经济利
益,迎合发行人而为其出具相对实际情况偏高的信用评级,造成"评级泡

① 周俊杰:《信用评级机构监管法律问题研究》,2014 年武汉大学博士学位论文。

沫";更有甚者,信用评级机构以费用定信用等级,信用评级费用越高,信用等级越高,或者辅助性业务越多费用越高,信用等级越高。豪(Hau)等学者的实证研究结论也证实了利益冲突与评级质量之间的相关假设:发行人利用其市场优势会获得等级更高的评级,提供更多评级商业机会的发行人会被出具等级更高的评级,市场繁荣昌盛期和经济上行期的评级泡沫更多。[①]

考虑到发行人和信用评级机构最看重的市场竞争因素是信用评级机构在投资者中的声誉,投资者对信用评级市场和信用评级机构提供的信用评级服务的监测是决定竞争朝着良性发展还是恶性发展的关键,因此进行投资者教育,帮助投资者提高相关技能,便利投资者获取相关信息,降低投资者监测和尽职调查的成本亦是在进行竞争性制度安排时所要一并考虑的问题。埃芬(Efing)和豪的实证研究也证明,复杂和不透明的市场信用评级机构有特别的动力将信用评级朝着有利于其客户的方向调整。[②]同时,要加强信用评级机构利益冲突的防范和管理,避免恶性竞争对评级质量和评级公正性的损害。

二、信用评级机构利益冲突防范和管理的制度安排

信用评级机构利益冲突的防范和管理是保证其独立性和评级过程的公正性的必要手段。信用评级机构大部分采用的是发行人收费模式,这一商业模式是信用评级行业发展的自然选择,在公平和效率方面达到了市场化所能达到的最佳平衡。实务界和学界在金融危机以来一直存在要改变发行人收费模式的呼声,但根据欧盟委员会对该问题的专门研究报告,尽管有许多可供选择的商业模式(投资者付费模式、利益风险共担模式、平台付费模

---

① Hau et al., "Banking Ratings: What Determines Their Quality?" *Economic Policy*, 2013, No.28(74), pp.289—333.

② Efing and Hau, "Structured Debt Ratings, Evidence on Conflicts of Interest", *Journal of Financial Economics*, Elsevier, Vol.116(1), 2015.

式、非营利性模式、绩效付费模式等），但这些商业模式都各有利弊，且都同样会产生利益冲突。例如投资者付费模式不能避免投资者尤其是机构投资者对信用评级机构施加影响，从而导致评级结果不准确；利益风险共担模式下，信用评级机构会过分高估被评级对象的风险，以便其报酬可以更高的价格变现；平台付费模式下，被评级对象和信用评级机构之间信息交流的效率大打折扣，平台选择信用评级机构的标准成为新的难点和利益冲突点；非营利模式具有不可持续性而绩效付费模式操作性不强，等等。因此，现在不宜从法律制度上强制信用评级机构改变其收费商业模式，法律制度完善的重点应该是如何在发行人收费模式下防范和管理利益冲突，通过政府的适当干预维护和保障市场化的平衡，以及如何推广投资人付费机制。此外，利益冲突还会发生于信用评级机构及其股东之间、信用评级机构与信用评级人员之间。因此，可以从以下几个方面进行制度安排管理信用评级机构的利益冲突。

（一）信用评级机构业务利益冲突的防范和管理

信用评级机构的业务利益冲突分为两类，一类为披露性利益冲突，此类利益冲突在目前的商业模式下没有办法根除，法律以充分披露为条件允许信用评级机构从事此类业务，即信用评级机构不得从事此类业务，除非信用评级机构向信用评级机构主管机关和公众披露此类利益冲突，并建立、维持和执行了相应的政策和流程以应对此种利益冲突。第二类为禁止性利益冲突，法律直接禁止信用评级机构从事涉及此类利益冲突的业务。

披露性利益冲突包括：（1）向信用评级机构付费获取信用评级服务的发行人、承销人、债务人、订阅人付费从信用评级机构获取其他服务（市场预期、经济趋势分析、价格分析、数据分析等）；（2）被评级实体或其相关第三方与信用评级机构的业务往来占信用评级机构年收入 5％以上；（3）其他影响信用评级机构独立性但不为法律禁止的利益冲突。

禁止性利益冲突包括：（1）信用评级机构直接或间接持有被评级实体或

其相关第三方的金融工具,或对该实体或第三方具有其他直接或间接的所有权利益,经由基金份额持有除外;(2)信用评级机构与被评级实体或其相关第三方之间具有直接或间接的控制关系;(3)信用评级机构不得为被评级实体或其相关第三方的企业和法律结构、资产、债务等问题提供评级咨询服务;(4)信用评级机构不得对自己或关联实体所直接或间接参与设计的金融工具进行信用评级。

禁止性行为包括:(1)为被评级对象出具预评级结果;(2)无论主动评级还是被动评级,评级结果确定后尚未批准前不得擅自停止评级活动,确有必要的,应当向信用评级机构主管机关提交报告,说明情况,并报送初步评级结果;(3)信用评级机构不得以给予较低信用评级或威胁给予较低信用评级要求潜在的被评级实体购买信用评级机构的其他服务;(4)信用评级机构不得以任何方式或手段将被评级对象的信用等级与收取被评级对象的费用联系。

（二）信用评级机构的人员利益冲突的防范和管理

信用评级机构应主动发现、尽量消除、在不能消除的情况下管理和披露任何存在的或可能存在的会影响从事信用评级活动的有关人员(包括信用评级机构的信用评级分析人员与信用评级活动有关的员工以及外聘的直接从事信用评级出具和批准活动的人员)的分析和判断的利益冲突。

1. 禁止性利益冲突

信用评级机构中的信用评级分析人员以及其他与信用评级活动有关的员工、外聘的直接从事信用评级出具和批准活动的人员在以下情形下不得参与某一具体被评级对象的信用评级活动或以其他方式影响该评级结果:持有被评级实体的金融工具,经由基金份额持有除外;担任被评级实体或其相关第三方的董事或监事;信用评级机构分析人员或批准人员不得为有可能由本信用评级机构进行信用评级的结构性金融工具的设计提供任何正式或非正式的建议和意见。如果信用评级机构没有及时发现此类利益冲突的存在,而让此类人员参与了该信用评级活动,信用评级机构应当对此信用评级进行复核,向信用评级机构主管机关报告并向社会公众披露复核结果以及对该信用评级人员的处理结果。

2. 披露性利益冲突

其中包括持有与被评级实体之间有利害关系的其他实体的金融工具,且该种持有会带来利益冲突的,经由基金份额持有除外;在过去一年与被评级实体有雇佣关系,与被评级实体有商业合作或其他关系有可能会或被认为会导致利益冲突的;其他影响信用评级人员独立性但不为法律禁止的利益冲突。

3. 禁止性行为

信用评级机构中从事信用评级活动的有关人员不得要求或接受来自信用评级机构业务客户的任何金钱、礼物或任何好处,且在发现其他人有此种禁止性行为时有义务向信用评级机构合规人员报告;信用评级机构中从事信用评级活动的有关人员的薪酬不得与信用评级机构业务收入直接挂钩;信用评级机构中从事信用评级活动的有关人员不得参与任何营销和业务费用谈判等活动。

4. "回头看"措施

实践中,信用评级机构与被评级实体之间的人员流动也成为产生利益冲突的一种方式,并且这种职业规划上的利益诱惑比信用评级机构内部薪酬激励安排对信用评级机构的人员的吸引力更大,因此为防范和管理被评级实体利用这种职业上的诱惑对信用评级机构人员独立性的影响,信用评级机构应采取"回头看"措施,即信用评级机构中从事信用评级活动的有关人员离职而加入被评级实体或与被评级实体有关的第三方,且该人员系信用评级机构的高管、有能力直接或间接决定信用评级的信用等级、或加入被评级实体或与被评级实体有关的第三方担任高管的,信用评级机构必须对其离职前两年内的涉及该评级实体或与该评级实体有关的信用评级进行复核,将复核结果报告信用评级机构主管机关,并向公众披露。①

5. 人员轮换制

为避免同一人员在同一岗位任职时间过长可能被侵蚀或收买,信用评级机构内部应当实行人员轮换制。评级分析项目组组长不得连续五年参与同一被评级实体或相关第三方的信用评级活动;普通信用评级分析人员不得连续十年参与同一被评级实体或相关第三方的信用评级活动;信用评级批准人员不得连续十年参与同一被评级实体或相关第三方的信用评级活动;上述人员的轮换间隔期不得少于两年,亦即上述人员在连续参与同一被评级实体或相关第三方的信用评级活动一定期限后,必须间隔两年以上,方可再从事与该被评级实体或相关第三方有关的信用评级活动。

(三) 记录保存

为使上述信用评级机构的业务利益冲突和人员利益冲突得到有效管理,使有关制度得到有效执行,信用评级机构应当建立有效的记录保存制度,相关记录包括以下几点。

(1) 信用评级的性质(主动评级或被动评级)、参与确定信用等级的信用评级分析人员的身份信息、批准信用等级的批准人员的身份信息、信用评级的流程和方法、信用评级工作记录、信用评级分析报告、评估报告;

(2) 信用评级机构从被评级实体、其相关第三方以及信用评级用户、订阅人获取收入的全部财务凭证,以及规定信用评级机构与被评级实体、其相关第三方以及信用评级用户、订阅人之间权利义务的协议;

(3) 信用评级机构具体信用评级活动中管理和防范利益冲突所采取的措施和流程;

---

① 《信用评级业管理暂行办法》第 15 条规定了"回头看"政策,但只规定了信用评级机构的检查义务以及当评级结果确有影响时的披露和调整义务,应当将其扩大至不管检查结果是有影响还是没有影响,信用评级机构都应当将检查过程和结果向社会公众公布,给予公众充分的知情权。

（4）以上记录至少保存 5 年，且一经要求应立即向信用评级机构主管机关提供。

三、信用评级机构信息披露制度安排

信用评级机构的信息披露是加强评级活动透明度、防范和管理利益冲突、促进信用评级过程质量和公正性、保障投资者和信用评级使用者知情权、提高投资者对信用风险的把握和理解、便利投资者对信用评级机构进行"评级"的有效手段。信用评级机构的信息披露可以分为以下不同的类别。

（一）在信用评级报告中的信息披露

在某一具体信用评级报告中，信用评级机构应该对本次信用评级进行说明和解释，对本次的被评级对象的信用风险进行披露。内容具体可包括以下几点。

（1）信用评级分析人员，信用评级批准人员的姓名、职务；

（2）信用评级所使用的主要评级方法、模型及其版本，并对其进行必要的解释和说明；若其他评级方法或模型或其他因素对信用评级的最终结果有实质影响或应该引起投资者注意的，信用评级机构也应该对其他评级方法或模型或其他因素及其对评级结果的影响做出说明和解释；

（3）被评级对象是否属于创新性金融工具，信用评级机构对此类创新性金融工具的评级是否有经验；

（4）评级报告中使用的术语的定义、评级类别、风险标识的含义，关键性评级假设的敏感性分析；

（5）信用评级所依据的信息来源以及除保密信息和非公开信息之外的重要信息介绍，并披露其是否认为现有信息质量足以满足其进行信用评级的需求以及其对被评级实体或有关第三方提供的信息验证的程度；

（6）信用评级机构评级过程中的初步评定等级是否征求被评级实体的意见以及信用评级机构是否根据其意见做出调整；

（7）信用评级初次发布以及每次更新的日期和内容的简要介绍（如果有）；

（8）本次信用评级的性质以及信用评级的局限性，尤其在信息来源不够充足、质量无法得到完全保证或无法完全验证的情况下；

（9）本次信用评级中所涉及的利益冲突（如果有）；

（10）除向订阅人提供的信用评级及其报告之外，其他信用评级及其报告应该用便利的可供下载的方式在各信用评级机构官方网站以及信用评级机构主管机关的统一信息平台上发布。

（二）通过其他途径进行的信息披露

信用评级机构除了在信用评级报告中对本次信用评级的相关信息予以披露外，还应该在其官网上以及向信用评级机构主管机关提交的资料和报告中对信用评级机构的相关信息予以披露。

（1）该信用评级机构已经向信用评级机构主管机关注册登记，相关信息可以在其官网及统一信息平台进行查询。

（2）信用评级机构的法律结构和股权持有详细情况，可比照我国证券法对证券发行人上市时对其信息披露的要求，包括公司章程，营业执照，公司实际控制人，公司前十大股东名单和持股份额，董事、监事和高管的姓名、资质及持股份额。

（3）信用评级机构所有进行的信用评级活动以及提供的除信用评级之外的业务，二者之间的收入情况，信用评级机构进行信用评级、信用评级复核、信用评级方法和模型审查以及行政性管理事务人员的配比，管理人员及信用评级分析人员轮换政策。

（4）信用评级机构的薪酬安排。

（5）信用评级机构所采用的评级方法、模型和关键性评级假设的说明和介绍，以及对这些评级方法、模式和关键性评级假设所做的实质性调整和改变。

（6）信用评级机构所制定的内部制度、政策和程序，尤其是确保其信用评级活动质量的内部控制机制和记录保存政策。

（7）信用评级机构各评级类别的历史违约数据。

（8）信用评级机构的收入来源分布（前10大客户信息披露）。

（9）信用评级机构合规情况，利益冲突发现、管理和防范情况。

（10）信用评级机构应每年向信用评级机构主管机关提交专门的信息披露报告，说明其信息披露政策和制度、执行情况以及信息披露重要信息的具体内容。

四、信用评级机构内控和合规机制建设

加强信用评级机构内控和合规机制建设也是国际社会信用评级机构法律制度改革的一项大趋势和基本共识。信用评级机构法律制度的完善不仅要强调信用评级机构评级过程的质量和公正性，信用评级分析人员、员工以及其他与评级有关的人应该做什么不应该做什么，而且要通过信用评级机构内控和合规机制建设告诉信用评级机构如何做才能达成这一目标。例如，2015年IOSCO《信用评级机构基本行为准则》中第1.19条将原来"信用评级机构不得聘用公正性有损的人"的规定改为"信用评级机构应制定和实施相关政策和流程以确保公正性有损的人不会得到聘用"。这就是很典型的从"结果式要求"转向为"过程性控制"，引导信用评级机构从内控和合规机制完成立法目的。但同时，市场调查问卷结果显示，合规要求往往为信用评级机构带来巨大的成本，对于一些小型信用评级机构而言，它们最为担心的是为满足可能的合规要求而支出的人力成本，因此在制定信用评级机构内控和合规要求时不得不考虑到这一现实问题。

综上，完善我国信用评级机构法律制度，具体可以从以下几个方面加强对信用评级机构内控和合规机制的建设。

（1）董事会或监事会的制度性安排。规定信用评级机构必须设立董事

会或监事会,其中董事会或监事会成员必须至少三分之一为独立董事或独立监事(且不少于两名),他们不参与信用评级活动。独立董事或独立监事的任期不得超过五年,且不得连任。信用评级机构无正当理由(严重行为不当或行为能力减损)不得开除独立董事或独立监事。独立董事或独立监事的薪资不得与信用评级机构的营业收入挂钩。董事会或监事会负责制定信用评级机构的评级政策,确定评级方法,每年对信用评级机构内部质量控制制度,利益冲突的发现、防范、管理和披露制度,合规和内部治理制度的有效性进行评估并向信用评级机构主管机关提交相应的报告。

(2) 高级管理人员的资质要求。信用评级机构的高级管理人员应当是信誉良好(征信平台查询上无不良记录)、具备相应专业技能(取得证券从业资格,通过信用评级人员胜任能力考试①)和有经验的人士(从事信用评级行业三年以上)。

(3) 合规政策和程序以及合规人员。信用评级机关应制定合规政策和程序,指定专门合规人员,负责信用评级机构雇员以及其他参与该信用评级机构评级活动的人员的合规事宜。合规人员具有监督和协助职责,为履行其职责,信用评级机构应为其提供必要的信息获取权限。合规人员可以直接向信用评级机构主管机关报送有关合规报告,信用评级机构主管机关合规人员不得参与信用评级活动,合规人员的薪酬不得与信用评级机构的营业收入挂钩。

(4) 会计程序、风险评估程序、信息处理控制和安全措施、决策程序的制定、保持、实施和记录。信用评级机构应当制定并保持会计程序、风险评估程序、信息处理的控制和安全以及决策程序措施,对其予以有效实施,记录其制定、保持和实施情况。

---

① 目前,我国相关法律法规规定,从事证券信用评级业务需获得证券从业资格。建议对证券从业资格考试进行改革,在证券从业资格考试的现有专项业务类资格考试中单列一项"信用评级人员胜任能力考试"。

（5）评级方法和评级假设复核人员。信用评级机构应设立复核人员，定期对现行的信用评级的方法、模型、关键性假设复核，对它们的重大改变和修正进行复核，尤其关注此种重大改变和修正是否是专为某一特定被评级对象而做，对新的债务工具进行评级所拟适用的信用评级方法、模型和关键性假设进行复核。复核人员不参与信用评级活动。

（6）内控机制。信用评级机构应制定并保持适当的内部控制机制，以确保其所有的活动都符合信用评级机构的所有规章制度和内部流程。

（7）披露其内部制度建设是否符合 IOSCO 信用评级机构活动原则以及基本行为准则的要求，如果指明不符合之处，需给出合理解释以及其他替代措施。

（8）以上（1）、（3）、（5）条规定对小型信用评级机构（全部员工人数不超过 50 名）可以适当豁免，但信用评级机构应当向信用评级机构主管机关提交报告，说明原因以及可以采取的替代措施，并在其信用评级报告中披露这一豁免情况。

五、结构性债务融资工具的特别制度安排

从国外经验来看，信用评级机构对传统的公司企业债券评级表现相对更好，即便在 2008 年金融危机时期，备受谴责和质疑的也是信用评级机构对结构性金融工具的评级表现，其原因部分在于结构性债务融资工具的创新性和复杂性。这种市场表现和结构性债务融资工具本身的特质也再一次提醒立法者，对于传统的债券类评级，其重点在于促进信用评级机构评级过程的质量和公正性，消除信用评级机构的利益冲突，让声誉资本机制充分发挥其效用；而对于结构性债务融资工具，立法重点应在于（1）风险提醒：以更广泛和更多元的方式提醒投资者和其他市场参与者乃至金融监管部门，信用评级的本质在于信用评级机构对信用风险的评估，具有主观性和局限性；（2）信息披露：以更广泛更多元的渠道提供有关结构性债务融资工具的信用

评级信息,包括结构性债务融资工具信用信息本身以及信用评级机构评级信息,供投资者更好地评估信用风险;(3)利益冲突:结构性金融工具与传统的证券相比,其带来的利益冲突种类更多,比如基础资产池的信用评级与结构性金融工具的信用评级之间的利益冲突,结构性金融工具产品设计咨询和信用评级之间的冲突等等,所以对结构性金融工具的利益冲突防范和管理应当更加严格。

对结构性债务融资工具,可以做出如下特殊制度安排。

(1)双评级制。结构性债务融资工具的信用评级应当由两家信用评级机构分别做出。这可以潜在提示和表明信用评级的主观性,以及结构性债务融资工具信用评级的局限性,所以需要两家信用评级机构分别进行评级,以尽可能地为信用评级的使用者提供参考。同时,两家信用评级机构的评级可以为投资者和其他市场参与主体提供更多的有关被评对象的信用信息,两家信用评级机构为同一被评级对象评级也有利于投资者更好地对信用评级机构进行比较。这两家信用评级机构必须是独立的具有竞争意义的两家信用评级机构,因此它们不得因为股权、合作、人事或其他原因彼此之间存在控制或关键性影响关系。

(2)小型机构选择要求或解释制度。为结构性债务融资工具进行信用评级的机构应当有一家为小型信用评级机构(信用评级业务市场份额少于10%),否则应说明理由。结构性债务融资工具的信用评级备受市场诟病,也正说明在这一评级领域大型或老牌信用评级机构没有太多的声誉资本优势,小型或新进入的市场评级机构正好可以在此领域有所作为,为自己积累声誉资本,以期在传统的证券评级领域获取自己的一席之地。

(3)轮换制。信用评级机构为同一发行人的结构性债务融资工具信用评级不得连续超过四年,即结构性债务融资工具的信用评级至少每四年轮换一次信用评级机构;信用评级机构为同一发起人的基础资产再证券化信用评级不得连续超过四年,除非市场情况不允许它们进行此番轮换。在此情形下,信用评级机构应向信用评级机构主管机关说明理由,并在信用报告中披露此种破例之举。

（4）信用评级方面的额外信息披露义务。首先,结构性债务融资工具的发行人、发起人和赞助人应主动向信用评级机构主管机关的统一信息平台报送结构性债务融资工具基础资产的信用质量和表现的信息。这一信息披露义务是额外施加给被评级对象的发行人、发起人和赞助人的,在传统的证券信用评级过程中,有关被评级对象的信用信息的发布义务都归属于信用评级机构。这一制度安排的目的在于更直接地披露结构性债务融资工具的信用信息,减少信用评级机构筛选和加工信息的环节,投资者等信用评级使用者可以更好地做出自己的风险评估,同时也为其他信用评级机构的主动评级提供了充分的信息机会。因为结构性债务融资工具设计更复杂,基础资产池的信息也更难以获得,如果没有该条规定,主动评级几乎是一件不可能的任务。

其次,披露有关损失和现金流分析的信息。信用评级机构为结构性金融工具评级时,应在信用评级中提供所有对损失和现金流进行分析的信息,或其进行此种损失和现金流分析所依赖的信息,以及表明信用评级可能发生的改变。

再次,披露对基础性资产的尽职调查信息。信用评级机构应说明其对结构性金融工具的基础金融工具或其他基础性资产实施尽职调查程序的评估进行到了何种程度,披露是否进行了此种尽职调查程序的评估、是否依赖第三方的评估,并说明此种评估对信用评级的影响。

最后,对评级方法、模型和关键性假设的详细解释和说明。信用评级机构在发布结构性金融工具的信用评级时,必须同时披露其采用的评级方法、评级模型和关键性假设,并说明评级方法和模型的假设、参数、限制和不确定因素。这些说明必须以清晰易懂的方式表述。

此外,为了预防发行人的"评级选购",信用评级机构还应当持续披露所有提交过来初步复核或预先评级的结构性金融工具的信息,并披露发行人联系信用评级机构是否是为了最终评级。

六、主权评级的有关制度安排

主权评级事关一国经济安全和经济主权。[①]在国外三大评级机构几乎主导整个国际信用评级市场的环境和我国加快金融领域改革开放步伐的当下,我国在完善信用评级机构法律制度时应当对此有所回应,而这一法律领域也正是我国信用评级机构法律制度的薄弱之处。

主权评级的有关制度安排应当包括以下几个方面。

(1)主权评级的预先安排制度。信用评级机构进行主权评级应预先进行安排,包括一年内准备进行多少次主权评级和评级展望,其中主动评级不得超过三次,预计在哪个月进行主权评级和评级展望,并将此种安排及时汇报信用评级机构主管机关注册登记。如果信用评级机构需要对日期进行调整,应当事先或在紧急情况下事后做出解释和说明。临时调整过于频繁则属于内部管理制度不严谨的表现,可以被监管机关纳入评分因素之中。同时,主权评级和评级展望的发布应在每周五交易场所营业时间结束之后。

(2)主权评级报告的详细说明制度。发布主权评级和评级展望必须同时发布详细的评级报告,包括披露评级过程、评级所依赖信息的来源、解释信用评级的关键因素等内容。

(3)主权评级过程中的信息保护。信用评级机构在进行主权信用评级和评级展望时,应当合理谨慎地收集和采纳信息,对主权实体主动或被动提供的信息采取合理有效的保护措施,在未得到主权实体同意的情况下,不得随意披露其信息,除非此信息从其他一般途径亦可获取,或主权实体没有合理理由不同意此种披露。

---

① 郑良芳:《发展民族信用评级业事关国家经济安全》,载《红旗文稿》2010 年第 16 期。

（4）信用评级机构主权评级的禁止性行为。信用评级机构不得假借信用评级活动干涉他国经济、劳动和其他相关政策，即便这些政策可能是主权评级信用风险的要素之一。信用评级机构不得在信用评级活动中明示或暗示要求或建议主权实体采取或废除某一政策。

此外，考虑到国外信用评级机构在国外对我国进行主权评级的情况，应赋予我国信用评级机构法律制度的域外效力。因为国外信用评级机构虽然是在国外发布对我国的主权评级，但其行为效果对我国国家以及我国企业具有影响，其效果发生在我国境内。我国《反垄断法》的适用范围也有类似规定，对于发生在中国境外但排除或限制了我国境内市场竞争的垄断行为，适用我国《反垄断法》。因此，根据"效果原则"，我国信用评级机构法律制度可以适用于在国外发布我国主权评级和评级展望的国外信用评级机构。

七、加强监管的制度性安排

适当加强对信用评级机构的监管是国内外信用评级机构法律制度发展的共识。声誉资本虽然对信用评级机构约束自我行为有非常重要的作用，但不能完全解决信用评级机构面临的利益冲突问题，不能保证信用评级机构以及信用评级人员的内控和合规，不能有效保障投资者和其他信用评级使用者的知情权，必须借助监管机关的有效监管，以"他律"促"自律"，维护信用评级行业的健康有序发展。

（一）改革现行"多头监管"模式，建立单一监管机制

在加强信用评级机构监管的制度性安排上，我国面临的首要问题就是监管主体的问题。如前所述，我国信用评级市场一直是多头监管，其带来的弊端也受到实务界和学界的关注。欧盟在2009年信用评级机构法律改革时采纳的也是"多头＋协调"模式，规定欧洲证券监管机构委员会（CSRE）与各成员国主管机关协调、配合与合作，共同履行对信用评级机构在欧盟领域内评级活动的监管职责。但两年的实践让欧盟在2011年做出了统一监管、

规定单一监管主体的调整,将欧盟领域内评级机构的监管权赋予了欧洲证券和交易管理局,令其全权负责信用评级机构在欧盟领域内的注册和监管事宜。我国要改变多头监管的不利局面,也应当选择"根本改革,建立单一监管机制"模式,而不是"保持多头监管,加强协调"的模式,①因为协调不能从根本上解决监管冲突、监管空白、规则不一、资源浪费、效率不高等问题。此外,随着银监会和保监会正式合并为银保监会,证监会依法对银行间债券市场、交易所债券市场统一执法,②金融体系统一监管的趋势也更加明朗。尤其是 2018 年 8 月 24 日国务院金融稳定发展委员会专题会议指出债券市场要统一管理和协调发展,中国人民银行和证监会联合发布的 2018 年第14 号公告也在信用评级机构的监管统一上迈出了重要一步,为今后"单一监管"模式的实施打下了良好的基础,因此采取"根本改革,建立单一监管机制"模式是较为前瞻性又有坚实依据的选择。

如果采取"单一监管"模式,那么应由哪个监管机关承担该监管职责?或者更具体地说,应该从证监会和中国人民银行这两个监管机构中做何种选择? 我国信用评级业的发展始于债券市场,但一度繁荣于信贷市场。这与我国资本市场融资渠道中信贷市场和银行间市场占据重要比重有关。信用评级机构早期的产生、演变与发展伴随着中国人民银行的主导、清理和监管。发展至现在,中国人民银行和证监会两家监管机关在规则制定和业务监管方面都有着十分重要的地位,也都为我国信用评级机构的发展和资本市场的发展做出了巨大的贡献。

笔者认为,在采取"单一监管"模式必须对现有信用评级机构监管机关做出取舍的情况下,选择证监会作为信用评级机构主管机关更符合国际社

---

① 笔者认为,《征信业管理暂行办法》(征求意见稿)采取了"中国人民银行为信用评级机构主管机关+其他金融监管部门为市场监督机关"的模式,本质上还是"保持多头监管,加强协调"的模式。

② 2018 年 12 月 3 日中国人民银行、中国证监会、国家发展改革委员会联合发布《关于进一步加强债券市场执法工作有关问题的意见》公告。

会发展趋势,也与我国当前债券市场的监管发展现状和趋势相吻合。首先,这符合国际社会发展趋势,有利于开展信用评级机构监管的国际合作。在国际层面,为信用评级机构指定指导原则和自律监管规则的是国际证监会组织,美国作为信用评级机构的起源地和最为发达的市场,其监管机构是美国证券交易委员会;欧盟作为地区一体化的代表,其领域内信用评级机构的主管机关亦为欧洲证券和交易管理局。随着资本流通的国际化以及信用评级影响的国际化,信用评级机构的国际化监管合作是十分重要的,从这一点看,选择证监会作为信用评级机构的主管机关更有利于规则的沟通和监管的合作。

其次,我国征信业由中国人民银行负责监管,征信业与信用评级业有联系,但更本质的是它们之间的区别,将信用评级机构的监管权限统一赋予证监会更能突出二者之间的区别。中国人民银行宏观上掌管整个资本市场,所以作为整个资本市场基础化建设设施和直接与主体信用信息(包括企业和个人)挂钩的征信行业由中国人民银行负责较为合适;而信用评级行业是对债务主体或债务工具的信用风险专业化评估,由证监会负责更为合适。中国人民银行负责制定和执行征信机构监管细则,证监会负责制定和执行信用评级机构监管细则,二者相互配合,又各有重点。

再次,从信用评级机构的服务对象来看,信用评级机构主要是为了满足投资者需求,商业银行或其他金融机构作为专业主体,其内部信用评级在解决信息不对称方面有重要作用。近几年,减轻对外部信用评级的依赖是国际趋势,我国也有相关规定。证监会面对的是广大投资者,让证监会成为信用评级机构的主管机关更为合适,更能实现信用评级机构存在的价值,实现对投资者更好的保护。

此外,我国目前对信用评级机构规范的法律只有《证券法》,其中授权证监会规定证券信用评级机构的设立条件、审批程序和业务规则以及认定信用评级机构业务人员从事证券业务资格的标准和管理办法,明确证监会对信用机构及其业务活动进行监督管理。因此,如果要实现信用评级机构的专属监管,确定单一主管机关,将其设定为证监会是与法律规定对应最顺畅的,无须对法律进行修改即可完成。如果将其设定为其他金融监管机构或新设一个机构,都涉及对《证券法》的修改。此外,根据 2018 年 12 月中国人民银行、中国证监会、国家发展改革委员会联合发布的《关于进一步加强债券市场执法工作有关问题的意见》公告,证监会依法对银行间债券市场、交易所债券市场违法行为开展统一的执法工作,树立了证监会对债券市场统一监管的核心地位,赋予其信用评级机构的主管机关地位更顺理成章、水到渠成。

(二)建立信用评级机构办公室

信用评级是专业度极高的一项活动,对其进行监管也是一项专业度极高的工作,因此证监会应当建立专门的信用评级机构办公室,招聘具有丰富技能、知识和能力的专业人士,负责以下事项。

(1)监测市场发展和监管动态,发布年度检查和监管报告,为信用评级机构打分,提请证券监督管理委员会对相关违法违规信用评级机构处罚;

(2)研究信用评级市场和对信用评级监管有关的问题,广泛征求意见,根据研究结果和回复意见起草立法建议等。国外信用评级机构法律制度中也特别注重规定监管部门对相关问题的研究与征求意见的义务,因为信用评级的专业性特别强,立法者在立法时必须注重其规则的问题导向性、可操作性,以及规范修订和实施前的意见收集和可行性评估。《欧盟信用评级管理条例》要求欧盟委员会就有关问题提交专项报告,美国 2006 年《信用评级机构改革法案》以及 2010 年《多德-弗兰克法案》都要求证券交易委员会就专项问题提交研究报告,还分别要求其每年提交年度监管情况报告和受监管信用评级机构对监管的回应情况报告。

(3)与其他监管部门合作,接受其他监管部门对相关信用评级机关的监管意见和信息。尤其是在信用评级结果引用方面,虽然其他监管机构的监管引用制度与信用评级机构的监管制度相互独立,但它们之间仍然有非常重要的联系,信用评级机构法律制度中的若干条款(双评制、主权评级的特殊要求、结构性金融工具的信息提供、小型评级机构要求等)的监督与执行离不开其他监管部门的努力;

(4) 接收投资者对信用评级机构的投诉和意见,负责投资者信用评级相关教育,可委托中证中小投资者服务中心有限责任公司具体开展宣传和教育,为中小投资者涉及信用评级机构的维权提供法律方面、信息信息以及技术方面的服务。

(三) 建立统一信息共享平台

统一信息共享平台对信用评级机构的监管和对投资者的保护具有十分重要的意义,因此,证监会应当设立统一信息共享平台。

(1) 拓宽信息披露渠道,供信用评级机构披露强制性披露信息;

(2) 加强监管,监管者随时可上线查阅信息评级机构的信息披露是否符合要求;

(3) 汇总和便利信息查询,通过集中化处理,降低信息成本,让投资者和其他信用评级使用者便利地对各信用评级机构的信用评级结果进行比较以及开展自己的风险评估和尽职调查;

(4) 帮助小型和市场新进入的信用评级机构在市场上亮相,并为其主动评级提供更受人关注的传播渠道。

八、信用评级机构民事责任追究的制度安排

加强对信用评级机构的问责,弥补声誉机制约束的不足,促进信用评级机构评级质量的提升,也是 2008 年以来信用评级机构法律制度改革中采取的有力措施,这其中最令人关注的是有关信用评级机构民事责任的规定。

在信用评级业发源地的美国,信用评级机构一直坚称其对评级报告中发行人或其他人提供的信用信息的真实性不负责,以及评级结果仅仅是一

种观点,以宪法第一修正案的言论自由权作为抗辩,逃避民事赔偿责任的追究。少数起诉信用评级机构的案件,无论其依据的是侵权责任还是欺诈责任,几乎都没有成功过。这在一定程度上助长了信用评级机构的不当行为,例如,美国参议院在对安然事件的调查中发现,信用评级机构在对安然进行信用评级时并没有对安然提供的资料进行有效且全面的审核,没有对安然披露的公开信息进行进一步的核实,几乎全盘采用了安然单方面提供的表面信息,没有进行合理的调查;[①]在 2006 年初的时候,标普等评级机构已经科学地证明了其贷款的违约率要超过正常的 40%,但他们没有及时动态调整评级等级,没有做出预警。[②]因此,美国在《多德-弗兰克法案》中特别指出,信用评级机构应当承担与审计师、证券分析师和投资银行家同等标准的义务,从而倾向性地将其民事责任上定性为以"合理注意义务"为基础的"专家责任",但这也仅是一次投石问路的创新,其法律约束效力尚有待实践来验证。[③]

我国相关法律规范对信用评级机构的法律责任做出了一定的规定,但涉及民事责任的具体规定较少。证监会颁布的《证券市场资信评级业务管理暂行办法》第 35 条至 41 条对证券信用评级机构及其从业人员的不当行为,包括未勤勉尽责,出具的文件有虚假记载、误导性陈述或者重大遗漏,提供虚假材料等,仅规定了相应的行政责任,没有涉及民事损害赔偿责任。中国人民银行颁布的《信用评级管理指导意见》只规定了其"向社会公开披露,并中止违规机构在银行间债券市场和信贷市场信用评级业务"的责任,没有涉及民事责任。其他很多法律规范也都强调了信用评级机构应遵纪守法,勤勉尽责,出具的文件必须真实、准确、完整,对评级的客观、公正和及时性

[①] The Staff of the Committee on Governmental Affairs United States Senate, Financial Oversight of Anron: The SEC and Private-Sector Watchdogs, at http://hsgac. senate. gov/100702watchdogsreport. pdf., 2018 年 12 月 1 日访问。

[②] 陆游:《信用评级机构在次贷危机形成中的角色解析》,载《财经科学》2009 年第 1 期。

[③] 周嘉:《域外信用评级机构民事责任制度变迁对我国的启示》,载《南方金融》2019 年第 2 期。

承担责任,但没有具体明确此种责任是否包括民事责任。2005 年《证券法》修订时,规定了信用评级机构的民事赔偿责任,即证券信用评级机构制作、出具信用评级报告时,应当勤勉尽责,对所依据的文件资料内容的真实性、准确性、完整性进行核查和验证。其制作、出具的文件有虚假记载、误导性陈述或者重大遗漏,给他人造成损失的,应当与发行人、上市公司承担连带赔偿责任,但是能够证明自己没有过错的除外。[①]2005 年中国人民银行颁布的《短期融资券管理办法》也规定了信用评级机构的民事赔偿责任,即信用评级机构所出具的文件含有虚假记载、误导性陈述或重大遗漏,给他人造成损失的,应当就其负有责任的部分依法承担民事责任。2012 年中国最高人民法院发布的《关于人民法院为防范化解金融风险和推进金融改革发展提供司法保障的指导意见》的通知中也强调,要妥善审理违法违规提供金融中介服务的纠纷案件,正确认定信用评级机构的民事责任。

可以看出,我国一直很重视信用评级机构的民事责任承担问题,理念上一直认可信用评级机构应当对投资者承担民事责任,但规范层面上,缺乏对民事责任的详细规定,现行少数规范也只涉及有"虚假记载、误导性陈述或重大遗漏"过错的民事责任,但目前我国此类民事责任制度规定尚不健全,投资者向会计师、发行人、承销商等提起的此类民事索赔诉讼还存在许多困难,并且最重要的是,简单地以"虚假记载、误导性陈述或重大遗漏"来追究信用评级机构的民事责任没有解决信用评级机构提出的信息来源(评级机构在一定程度上依赖于发行方提供的信息,对其所依据的资料和信息的真实性无法做出保证)问题和消解其提出的信用评级结果是一种主观判断的抗辩理由。信用评级机构是对被评级对象的未来的主观预测与会计师是对财务对象的过去的客观描述不同,因此信用评级机构的民事责任承担理念虽然与会计师等其他金融中介相同,但在具体规定上理应有差别。目前我

---

① 2005 年《证券法》第 173 条。

国有关信用评级机构民事责任的法律规范没有做出这种区分。因此,完善我国信用评级机构法律制度,就是要把信用评级机构民事赔偿理念贯彻和落实到法律规范中去,同时充分考虑到信用评级信息呈现和评级结果出具与其他金融中介服务机构(审计师、会计师)的区别,明确规定信用评级机构承担民事损害赔偿责任的条件,有效保护投资者和被评级对象利益。

信用评级机构的民事责任的焦点在于信用评级机构对其所依据的资料和信息的真实性是否应当承担一定的责任,以及信用评级机构对其评级结果的做出是否应当承担一定的责任。在信用评级机构是否应对其所依据的资料和信息的真实性承担责任上,惠誉、穆迪曾明确表示在进行评级的过程中没有责任去确认或证实那些提交给它们的信息。笔者认为,虽然信用评级机构进行信用评级时在一定程度依上赖于发行人向其提供的信息,发行人应对其信息提供的真实性负责,但这并不意味着信用评级机构对此没有任何责任和义务,信用评级机构有尽合理谨慎注意义务对此予以调查的义务,也有将调查政策、程序和执行情况向公众披露的义务,在无法对信息真实性做出判断时或缺乏可信赖的信息予以风险评估时,信用评级机构应拒绝做出信用评级,这些责任和义务也都规定在了信用评级机构的评级质量内部控制、信息披露制度等规范中。信用评级机构违反相应的法律规范,给投资者带来损害时,应当承担相应的民事赔偿责任。

对于信用评级机构对其评级结果的做出是否应当承担责任的问题,评级结果是一种主观判断,这一点是信用评级的本质特征,所以信用评级机构不因其主观判断的结果而承担责任,但需要为其做出主观判断的过程而承担责任。换言之,信用评级机构的评级过程符合法律规定的质量性和公正性要求,符合其内部流程和控制制度,评级完成后的信息披露符合法律要求,信用评级机构不对评级结果承担民事赔偿责任,但如果信用评级机构故意违反相应的法律规定或有重大过失,违反相应的法律规定,则应承担相应的民事赔偿责任。

　　在投资者向信用评级机构主张民事赔偿责任时，投资者必须证明信用评级机构实施了违反《信用评级机构管理条例》的行为，且此违法行为影响了其发布的信用评级结果，并且投资者合理信赖或者已经尽了注意谨慎的义务而信赖该信用评级结果，从而做出了投资、持有和抛售该信用评级的被评级对象的决定。在发行人向信用评级机构主张民事赔偿责任时，发行人必须证明其自身或其发行的金融工具是信用评级的被评级对象，信用评级机构实施了违反《信用评级机构管理条例》的行为，且此违法行为影响了其发布的信用评级结果，以及信用评级机构的违法行为并非由发行人提供的误导性或虚假信息（包括直接向信用评级机构提供或向社会公众公开）所致。信用评级机构可以事先与发行人约定其民事责任限额或者在信用评级报告中向投资者做出民事责任限制的声明，但此种民事责任限制必须有充足理由且数额合理。

第五章
结语：《信用评级业管理暂行办法》的
文本优化和制度构建

——暨《信用评级机构管理条例》立法建议

综合上述完善我国信用评级法律制度的宏观思考和微观考察，笔者建议从文本优化和制度构建这两个方面对《信用评级业管理暂行办法》进行修改，为国务院制定出台《信用评级机构管理条例》提供立法建议。

一、文本优化

（一）名称：建议将《信用评级业管理暂行办法》改为《信用评级机构管理条例》。这里的修改包含两层含义：第一是规范的切入点和着力点从信用评级行业变为信用评级机构；第二是制定主体从部委提升到国务院，规范层级从部门规章提升到行政法规。

（二）定义：建议增加规定"信用评级分析人员""信用评级方法""经济主体""关联人"等术语的定义，将原文本中第 2 条第 3 款定义的术语"信用评级业务"改为"信用评级行为"。

（三）原则：建议在原文本的基础上增加信用评级机构评级活动的透明度原则、及时性原则以及保密信息保护原则。

（四）禁止行为：建议在原文本的基础上增加信用评级机构不得"为被评级对象出具预评级结果""不得以给予较低信用评级或威胁给予较低信用

评级要求潜在的被评级对象购买其他服务"等内容。

（五）内部管理制度有效性评估:建议在原文本的基础上增加"以国际证监会组织2015年《信用评级机构基本行为准则》为基准"。

（六）独立性要求:建议将该章名称改为"独立性要求与利益冲突防范和管理",并区分信用评级机构的"禁止性利益冲突"和"需披露的利益冲突",在禁止性利益冲突中增加规定"不得为被评级实体或其相关第三方的企业和法律结构、资产、债务等问题提供评级咨询服务""不得为自己或关联实体所直接或间接参与设计的金融工具进行信用评级";区分信用评级机构人员的"禁止性利益冲突"和"需披露的利益冲突",在需披露的利益冲突中增加规定"在过去一年与被评级实体有雇佣关系,与被评级实体有商业合作或其他关系有可能会或被认为会导致利益冲突的"。

（七）信息披露:建议区分"在信用评级报告中的信息披露内容"和"通过其他渠道(证监会统一信息平台)的信息披露内容",在信用评级报告中增加披露"被评级对象是否属于创新性金融工具,信用评级机构对此类创新性金融工具的评级是否有经验;现有信息质量情况;初步评定等级是否征求被评级实体的意见以及信用评级机构是否根据其意见做出了调整;本次信用评级的性质以及信用评级的局限性"等内容,在证监会统一信息平台的信息披露中增加披露"信用评级机构合规情况、信息披露报告、信用评级机构的薪酬安排"等内容。

二、制度构建

（一）单一监管机制构建

1. 建议改革现行"多头监管"模式,建立单一监管机制,确认证券监督管理委员会信用评级机构主管机关的法律地位,其他金融监管部门在信用评级监管引用的范围内就条例的执行对信用评级机构进行辅助监督。

2. 建议建立信用评级机构办公室,履行以下职责:第一,监测市场发展和监管动态,发布年度检查和监管报告;第二,研究信用评级市场和对信用评级监管有关的问题,广泛征求意见,根据研究结果和回复意见起草立法建议等;第三,与其他监管部门合作,接受其他监管部门对相关信用评级机关的监管意见和信息;第四,接收投资者对信用评级机构的投诉和意见,负责投资者信用评级相关教育。

3. 建议建立统一信息共享平台,供信用评级机构和监管部门披露信用评级信息和监管信息。

4. 加强自律监管:建议设立信用评级机构行业协会,举行信用评级从业资格考试。

(二)信用评级机构内控和合规机制构建

1. 建议对信用评级机构董事会的质量控制和合规职责以及新的结构做出新规定:信用评级机构应设立董事会,负责制定信用评级机构的评级政策,确定评级方法,每年对信用评级机构内部质量控制制度,利益冲突的发现、防范、管理和披露制度,合规和内部治理制度的有效性进行评估并向信用评级机构主管机关提交相应的报告;董事会三分之一以上成员应为独立董事(且不少于两名),独立董事不参与信用评级活动,任期不得超过五年,且不得连任,信用评级机构无正当理由(严重行为不当或行为能力减损)不得开除独立董事或独立监事;独立董事或独立监事的薪资不得与信用评级机构的营业收入挂钩。

2. 建议对信用评级机构的合规人员做出规定:信用评级机关应制定合规政策和程序,指定专门合规人员,负责信用评级机构、信用评级机构雇员以及其他参与该信用评级机构评级活动的人员的合规事宜;合规人员具有监督和协助职责,为履行其职责,信用评级机构应为其提供必要的信息获取权限,合规人员可以直接向信用评级机构主管机关报送有关合规报告,信用评级机构主管机关合规人员不得参与信用评级活动,合规人员的薪酬不得与信用评级机构的营业收入挂钩。

3. 建议对信用评级机构的评级方法和评级假设复核人员做出规定:信用评级机构应设立复核人员,定期对现行的信用评级的方法、模型、关键性假设复核,对它们的重大改变和修正进行复核,尤其关注此种重大改变和修正是否是专为某一特定被评级对象而做,对新的债务工具进行评级所拟适用的信用评级方法、模型和关键性假设进行复核。复核人员不参与信用评级活动。

(三) 小型信用评级机构的合规豁免制度构建

建议以上内控和合规机制规定对小型信用评级机构(全部员工人数不超过 50 名)可以适当豁免,但信用评级机构应当向信用评级机构主管机关提交报告,说明原因以及可以采取的替代措施,并在其信用评级报告中披露这一豁免情况。

(四) 结构性债务融资工具的特殊制度安排

建议对结构性债务融资工具的信用评级,做如下特殊制度安排。

1. 双评级制:结构性债务融资工具的信用评级应当由两家信用评级机构分别做出。这两家信用评级机构必须是独立的具有竞争意义的两家信用评级机构,它们不得因为股权、合作、人事或其他原因彼此之间存在控制或关键性影响关系。

2. 小型信用评级机构选择要求或解释制度:为结构性债务融资工具进行信用评级的机构应当有一家为小型信用评级机构(信用评级业务市场份额少于 10%),否则应说明理由。

3. 轮换制:信用评级机构为同一发行人的结构性债务融资工具信用评级不得连续超过四年,为同一发起人的基础资产再证券化信用评级不得连续超过四年。除非,市场情况不允许它们进行此番轮换。

4. 额外信息披露义务:第一,结构性债务融资工具的发行人、发起人和赞助人应向统一信息平台报送结构性债务融资工具基础资产的信用质量和表现的信息;第二,信用评级机构应披露有关损失和现金流分析的信息;第三,信用评级机构应披露对基础性资产的尽职调查信息;第四,信用评级机构应对评级方法、模型和关键性假设进行详细解释和说明;第五,信用评级机构还应当持续披露所有提交过来初步复核或预先评级的结构性金融工具的信息,并披露发行人联系信用评级机构是否是为了最终评级。

(五) 主权评级的有关制度安排

原《信用评级业管理暂行办法》没有对主权评级做出规定,建议从以下几个方面构建主权评级制度。

1. 主权评级的日程安排制度。信用评级机构应每年 12 月 15 日之前将下一年的主权评级日程安排提交统一信息平台,如果信用评级机构需要对日期进行调整,应当事先或在紧急情况下事后做出解释和说明。主权评级和评级展望的发布应在每周五交易场所营业时间结束之后。

2. 主权评级报告的详细说明制度。发布主权评级和评级展望必须同时发布详细的评级报告,披露评级过程、评级所依赖信息的来源、解释信用评级的关键因素等内容。

3. 禁止性行为。信用评级机构不得假借信用评级活动干涉他国经济、劳动和其他相关政策,即便这些政策可能是主权评级信用风险的要素之一。信用评级机构不得在信用评级活动中明示或暗示要求或建议主权实体采取或废除某一政策。

4. 赋予我国信用评级机构法律制度的域外效力。我国信用评级机构法律制度可以适用于在国外发布我国主权评级和评级展望的国外信用评级机构。

(六) 信用评级机构民事责任的制度构建

原《信用评级业管理暂行办法》第八章"法律责任"中没有对信用评级机构的民事责任做出规定,建议增加规定"信用评级机构故意或重大过失违反本条例,给投资者带来损失的,应当承担相应的赔偿责任""信用评级机构可以事先与发行人约定其民事责任限额或者在信用评级报告中向投资者做出民事责任限制的声明,但此种民事责任限制必须有充足理由且数额合理"等内容。

参考文献

著作

[1] 陈勇阳主编:《信用评估——理论与实务》,北京:清华大学出版社、北京交通大学出版社,2011。

[2] [英]戴维·沃克主编:《牛津法律大辞典》,上海:光明日报出版社,1989。

[3] 封红梅:《信用评级法律制度研究》,北京:法律出版社,2014。

[4] 方添智:《信用评级利益冲突规则研究——以美国为中心的研究与借鉴》,北京:中国商务出版社,2015。

[5] 高汉:《金融创新背景下的信用评级及监管的法律经济学分析》,北京:法律出版社,2012。

[6] 郭振乾等主编:《金融大辞典》,成都:四川人民出版社,1992。

[7] [日]黑泽义孝:《债券评级》,梁建华、王延庆、陈汝议译,北京:中国金融出版社,1991。

[8] 姜楠:《信用评级机构监管研究——后危机时代》,北京:经济日报出版社,2014。

[9] 寇勇、李晓珊、陈斌:《信用评级理论与实践》,北京:中国工商出版社,2007。

[10] [西]拉克尔·高科塔·阿尔库比拉、杰威尔·瑞恩·德尔珀瑞:《欧洲对信用评级机构的监管:从宽松到严格》,高汉译,北京:化学工业出版社,2016。

[11] [美]兰德尔·克罗茨纳、罗伯特·希勒:《美国金融市场改革:〈多德-弗兰克法案〉颁布前后的反思》,王永恒、陈玉财译,大连:东北财经大学出版社,2013。

[12] 李力:《信用评级》,北京:知识产权出版社,2010。

[13] 李振宇、陈东明等编著:《资信评级原理(修订版)》,北京:中国方正出版社,2003。

[14] 李双元、温世扬:《比较民法学》,武汉:武汉大学出版社,1998。

[15] 缪心豪:《跨境资产证券化私人治理法律问题研究》,厦门:厦门大学出版社,2010。

[16] [德]马克思、恩格斯:《马克思恩格斯全集(第25卷)》,中共中央马克思恩格斯列宁斯大林著作编译局译,北京:人民出版社,1974。

[17] 欧志伟、萧伟:《中国资信评级制度建设方略》,上海:上海财经大学出版社,2005。

[18] 彭秀坤:《国际社会信用评级机构规制及其改革研究》,北京:中国民主法制出版社,2015。

[19] 盛世平:《美国证券评级机构的法律责任》,南京:南京大学出版社,2005。

[20] 石新武:《资信评估的理论和方法》,北京:经济管理出版社,2002。

[21] 王利明:《人身权法研究》,北京:中国人民大学出版社,2005。

[22] 吴晶妹主编:《资信评级》,北京:中国审计出版社,2001。

[23] 夏征农:《辞海》,上海:上海辞书出版社,1980。

[24] 徐国栋:《民法基本原则解释》,北京:中国政法大学出版社,1992。

[25] 杨立新:《人身权法论》,北京:中国检察出版社,1996。

[26] 叶世清:《征信的法理与实证研究》,北京:法律出版社,2010。

[27] 叶伟春主编:《信用评级理论与实务》,上海:格致出版社、上海人民出版社,2011,第18页。

[28] 于光远主编:《经济大辞典》,上海:上海辞书出版社,1992。

[29] 袁敏:《资信评级的功能校验与实证研究》,上海:立信会计出版社,2007。

[30] [美]约翰·C.科菲:《看门人机制:市场中介与公司治理》,黄辉、王长河等译,北京:北京大学出版社,2011。

[31] 赵磊等:《信用评级失灵的法律治理——美国次贷危机对中国的启示》,北京:中国政法大学出版社,2013。

[32] 张路:《从金融危机审视华尔街改革与消费者保护法》,北京:法律出版社,2011。

［33］张维迎：《信息、信任和法律》，北京：北京三联书店，2006。

［34］张新宝：《侵权责任法原理》，北京：中国人民大学出版社，2005。

［35］中国银行间市场交易商协会，《中国银行间债券市场信用评级行业年度报告》编写组：《中国银行间债券市场信用评级行业年度报告(2010)》，北京：中国金融出版社，2011。

［36］中国银行间市场交易商协会，《中国银行间债券市场信用评级行业年度报告》编写组：《中国银行间债券市场信用评级行业年度报告(2011)》，北京：中国金融出版社，2012。

［37］中国银行间市场交易商协会，《中国银行间债券市场信用评级行业年度报告》编写组：《中国银行间债券市场信用评级行业年度报告(2012)》，北京：中国金融出版社，2013。

［38］中国银行间市场交易商协会，《中国银行间债券市场信用评级行业年度报告》编写组：《中国银行间债券市场信用评级行业年度报告(2013)》，北京：中国金融出版社，2014。

［39］中国银行间市场交易商协会，《中国银行间债券市场信用评级行业年度报告》编写组：《中国银行间债券市场信用评级行业年度报告(2014)》，北京：中国金融出版社，2015。

［40］中国银行间市场交易商协会，《中国银行间债券市场信用评级行业年度报告》编写组：《中国银行间债券市场信用评级行业年度报告(2015)》，北京：中国金融出版社，2016。

［41］周嘉：《主权信用评级规则研究》，经济科学出版社，2016。

［42］朱荣恩：《资信评级》，上海：上海财经大学出版社，2006。

［43］Baum et al., *Credit Rating Agency Downgrades and the Eurozone Sovereign Debt Crises*, Belgrade: Economic Institute, 2014.

［44］Danial Cash, *Regulation and the Credit Rating Agencies: Restraining Ancillary Services*, Florida: CRC Press Inc, 2016.

［45］Daniel Cash, *The Role of Credit Rating Agencies in Responsible Finance*, New

York：Palgrave Macmillan，2018.

［46］Davies，H.，*The Financial Crisis：Who is to Blame?*，London：Polity Press，2010.

［47］Henry Campbell Black，*Black's Law Dictionary*（Abridged Fifth edition），Minnesota：West Publishing Co.，Ltd.，1983.

［48］John C. Coffee Jr.，*Gatekeepers：The Professions and Corporate Governance*，Oxford：Oxford University Press，2006.

［49］Mahammed Hemraj，*Credit Rating Agencies：Self-regulation，Statutory Regulation and Case Law Regulation in the United States and European Union*，Switzerland：Springer International Publishing，2015.

［50］Raquel Garcia Alcubilla，Javier Ruiz Del Pozo，*Credit Rating Agencies on the Watch List：Analysis of European Regulation*，Oxford：Oxford University Press，2012.

［51］Trouillet，*Credit rating agencies，shock and public expectations*，Paris：Paris Dauphine University，2015.

期刊论文

［1］党玺：《论欧美信用评级监管制度的变革》，《福建金融管理干部学院学报》，2011（2）。

［2］董维：《我国信用评级的制度完善与理念革新——从监管工具到投资者保护》，《私法》，2018（10）。

［3］窦鹏娟：《后危机时代评级机构的监管改革、评价与未来趋势——兼对我国评级监管的启示与借鉴》，《人大法律评论》，2017（3）。

［4］封红梅：《信用评级法律制度的国际化发展趋势》，《时代法学》，2012（6）。

［5］龚宇：《美国信用评级业监管体制变迁——"次贷危机"下的反思》，《证券市场导报》，2008（7）。

［6］韩玎、鲁篱：《强制外部信用评级与投资者依赖的法律分析》，《社会科学研究》，

2015(3)。

[7] 何平、金梦:《信用评级在中国债券市场的影响力》,《金融研究》,2010 年(4)。

[8] 韩强:《人格权确认与构造的法律依据》,《中国法学》,2015(3)。

[9] 何苗苗:《国内外评级监管之比较》,《金融市场研究》,2019(2)。

[10] 侯利阳:《市场与政府关系的法学解构》,《中国法学》,(1)。

[11] 胡大武:《信用权性质论》,《西南民族大学学报(人文社科版)》,2008(10)。

[12] 胡志光、封红梅:《信用评级结果引用制度论析》,《重庆大学学报(社会科学版)》,2012(6)。

[13] 江平、程合红:《论信用——古罗马法到现代社会》,《东吴法学》,2000 年特刊。

[14] 金兵兵:《新时代市场开放条件下我国信用评级机构发展问题研究》,《征信》,2019(1)。

[15] 孔婷、刘莉:《欧盟信用评级机构最新监管草案研究及启示》,《征信》,2019(4)。

[16] 雷兴虎、蔡晔:《论我国的商事信用调节机制》,《法商研究》,2003(5)。

[17] 李红玲:《论信用权的若干问题》,《政治与法律》,2006(4)。

[18] 李建革、刘文革:《基于法经济学视角的信用权》,《东北师大学报(哲学社会科学版)》,2016(3)。

[19] 李克兴:《论英文法律文本中古旧词的使用原则》,《中国翻译》,2010(4)。

[20] 李晓安:《论信用的法权性质与权利归属》,《法学论坛》,2020(2)。

[21] 林浩鼎:《论信用利益的范围与信用权损害赔偿的探讨》,《齐齐哈尔大学学报(哲学社会科学版)》,2019(9)。

[22] 梁雪春等:《企业资信等级的定性定量评估模型研究》,《东南大学学报(哲学社会科学版)》,2006(5)。

[23] 林鸿:《信用的含义和属性与中国信用制度建设》,《福建金融》,2003(10)。

[24] 林晚发、何剑波、周畅、张忠诚:《"投资者付费"模式对"发行人付费"模式评级的影响:基于中债资信评级的实验证据》,《会计研究》,2017(9)。

[25] 刘大洪、段宏磊:《谦抑性视野中经济法理论体系的重构》,《法商研究》,2014(6)。

[26] 刘琳、查道林:《付费模式、声誉与信用评级质量——基于我国债券市场的经验

证据》,《中南财经政法大学学报》,2018(3)。

[27] 刘铭卿:《论电子商务信用法律机制之完善》,《东方法学》,2019(2)。

[28] 刘琳、曹瑞、范家琦:《信用评级行业的准入制度与监管:国际经验和启示》,《浙江金融》,2019(4)。

[29] 陆游:《信用评级机构在次贷危机形成中的角色解析》,《财经科学》,2009(1)。

[30] 罗培新:《美国金融监管的法律与政策困局之反思——兼及对我国金融监管之启示》,《中国法学》,2009(6)。

[31] 马建威:《美欧信用评级法律监管的发展及启示》,《北京社会科学》,2015(11)。

[32] 孟翔韬:《欧盟信用评级机构监管的最新发展及其对我国的启示》,《金融法苑》,2014(6)。

[33] 倪子靖:《规制俘获理论的变迁》,《制度经济学研究》,2008(3)。

[34] 聂飞舟:《信用评级机构法律监管困境及金融危机后的改革出路》,《法学》,2011(3)。

[35] 聂飞舟:《美国信用评级机构法律监管演变与发展动向——多德法案前后》,《比较法研究》,2011(7)。

[36] 沈杰:《西方发达国家个人诚信制度及其运行机制》,《社会科学管理与评论》,2006(2)。

[37] 石佳友:《人格权立法的进步与局限:评〈民法典人格权编草案(三审稿)〉》,《清华法学》,2019(5)。

[38] 孙秀娟:《信用评级机构的法律定位及其国际监管改革研究》,《时代法学》,2011(3)。

[39] 王秋香:《IOSCO信用评级监管改革及对我国的启示》,《征信》,2015(7)。

[40] 万俊人:《信用伦理及其现代解释》,《孔子研究》,2002(5)。

[41] 吴汉东:《财产的非物质化革命与革命的非物质化财产法》,《中国社会科学》,2003(4)。

[42] 吴汉东:《论信用权》,《法学》,2001(1)。

[43] 吴弘:《诚信价值观融入信用立法研究》,《东方法学》,2018(1)。

[44] 吴元元:《信息基础、声誉机制与执法优化——食品安全治理的新视野》,《中国社会科学》,2012(6)。

[45] 吴祖光、万迪昉、吴卫华:《国际信用评级监管改革对我国信用评级行业的启示》,《金融监管研究》,2013(4)。

[46] 谢怀栻:《论民事权利体系》,《法学研究》,1996(2)。

[47] 新世纪评级:《新形势下信用服务业发展新机遇》,《上海商业》,2019(2)。

[48] 徐静怡:《由信用评级机构监管引发的思考》,《时代金融》,2010(6)。

[49] 闫维博:《信用评级机构声誉机制的兴衰与重塑》,《私法》,2019(2)。

[50] 杨立新、尹艳:《论信用权及其损害的民法救济》,《法律科学》,1995(4)。

[51] 杨勇:《欧盟信用评级监管改革的主要内容及对我国信用评级工作的启示》,《金融会计》,2015(8)。

[52] 张继红:《个人信用权保护的司法困境及其解决之道——以个人信用权益纠纷的司法案例(2009—2017)为研究对象》,《法学论坛》,2018(3)。

[53] 赵国君:《从次贷危机看信用评级机构的道德风险及其改革》,《经济论坛》,2011(2)。

[54] 郑良芳:《发展民族信用评级业事关国家经济安全》,《红旗文稿》,2010(16)。

[55] 中诚信国际信用评级有限责任公司:《信用评级行业规范发展的指南》,《金融市场化》,2007(3)。

[56] 周嘉:《域外信用评级机构民事责任制度变迁对我国的启示》,《南方金融》,2019(2)。

[57] 周云涛:《信用权之反思与重构》,《北方法学》,2010(6)。

[58] 范南:《信用理论、制度与实践问题研究》,2004年东北财经大学博士学位论文。

[59] 石太峰:《论资产支持证券发行的法律监管》,2005年对外经济贸易大学博士学位论文。

[60] 王一兵:《信用资本问题》,2007年湖南大学博士学位论文。

[61] 黄鑫:《信用评级的本质》,2011年辽宁大学博士学位论文。

[62] 聂飞舟:《信用评级机构法律监管研究——美国法的考察和中国借鉴》,2011年

华东政法大学博士学位论文。

[63] 戴莹:《证券信用评级监管法律问题研究——美欧信用评级监管改革新规则与借鉴》,2012 年华东政法大学博士学位论文。

[64] 刘晓剑:《中国信用评级行业监管研究》,2012 年大学博士学位论文。

[65] 张宁:《我国寿险公司信用评级制度研究》,2012 年湖南大学博士学位论文。

[66] 刘文宇:《信用评级机构民事法律责任研究》,2013 年吉林大学博士学位论文。

[67] 詹明君:《中国信用评级机构研究——基于竞争机制和声誉机制的视角》,2016 年东北财经大学博士学位论文。

[68] 马林影:《金融危机中美国信用评级机构行为分析及监管改革研究》,2014 年吉林大学博士学位论文。

[69] 周俊杰:《信用评级机构监管法律问题研究》,2014 年武汉大学博士学位论文。

[70] 周懋:《基于〈多德-弗兰克法案〉的美国金融监管改革研究及借鉴》,2014 年河北大学博士学位论文。

[71] Amadou N.R.Sy, "The Systemic Regulation of Credit Rating Agencies and Rated Markets," IMF Working Paper, WP/09/129, 2009.

[72] Bonsall et al., "The Effectiveness of Credit Rating Agency Monitoring: Evidence from Asset Securitisation," The Accounting Review, 2015, 90(5), pp.1779—1810.

[73] Boumparis et al., "Has the Crisis Affected the Behavior of the Rating Agencies? Panel Evidence from the Eurozone," Economics Letters, No.136, 2014.

[74] C.Smith, Ingo Walter, "Rating Agencies: Is There an Agency Issue?", Working Paper, 2001.

[75] Camanhoetal, "Credit Rating and Competition," AFA 2011 Denver Meetings Paper, 2011.

[76] Directorate General Internal Market and Services, "EU Response to the Financial Stability Board(FSB)—EU Action Plan to reduce reliance on Credit Rating Agency(CRA) Ratings," Staff Working Paper, 2012.

[77] European Commission, "Study on the Feasibility of Alternatives to Credit Ratings," Research Report, 2015.

[78] Financial Stability Board(FSB), "EU Action Plan to reduce reliance on Credit Rating Agency(CRA) Ratings," Research Report, 2014.

[79] Griffin, Tang, "Did Subjectivity Play a Role in CDO Credit Ratings?" *The Journal of Finance*, 2009, 67(4).

[80] Griffin et al., "Rating Shopping or Catering? An Examination of the Responses to Competitive Pressure for CDO Credit Ratings," *The Review of Financial Studies*, 2013, 26(9).

[81] Hau et al., "Bank Ratings: What Determines their Quality?" *Economic Policy*, 2013, 28(74), pp.289—333.

[82] He et al., "Are All Ratings Created Equal? The Impact of Issuer Size on the Pricing of Mortgage-backed Securities," *The Journal of Finance*, 2012, 67(6).

[83] Hirth, "Credit Rating Dynamics and Competition," *Journal of Banking & Finance*, No.49, 2014.

[84] Hunt, "Credit Rating Agencies and the Worldwide Credit Crisis: the Limits of Reputation, the Insufficiency of Reform, and a Proposal for Improvement," *Columbia Business Law Review*, No.(109), 2009.

[85] Internal Market, Industry, Entrepreneurship and SMEs, "Study on the State of the Credit Rating Market: Final Report," Research Report, 2016.

[86] IOSCO Board, "The Role of Credit Rating Agencies in Structured Finance Markets," Final Report, 2008.

[87] IOSCO Board, "Code of Conduct Fundamentals for Credit Rating Agencies," Consultation Report, 2014.

[88] IOSCO Board, "Code of Conduct Fundamentals for Credit Rating Agencies," Final Report, 2015.

[89] Jeffrey Manns, "Rating Risk after the Subprime Mortgage Crisis: A User Fee

Approach for Rating Agency Accountability," *North Carolina Law Review*, Vol.87, 2009.

[90] Johnthan S. Sack, Kefira R. Wilderman, "Civil Liability of Rating Agencies: Past Success, Future Danger?" *New York Law Journal*, No. 9, 2010.

[91] Kraft, "Do Rating Agencies Cater? Evidence from Rating-based contracts," *Journal of Accounting and Economics*, No.59(2), 2015.

[92] Kristina St. Charles, "Regulatory Imperialism: The Worldwide Export of European Regulatory Principles on Credit Rating Agencies," *Minnesota Journal of International Law*, Summer, 2010.

[93] Kuvikowa, "Credit Ratings and their Information Value: Evidence from the Recent Financial Crisis," CERGE-EI Working Paper Series.

[94] Lawrence J. White, "An Assessment of the Credit Rating Agencies: Background, Analysis, and Policy," Mercatus Working Paper, 2011.

[95] Mariano, "Market Power and Reputational Concerns in the Ratings Industry," *Journal of Banking & Finance*, 2012, 36(6).

[96] Richard Cantor, Frank Packer, "The Credit Rating Industry," *Journal of Fixed Income*, 1995, 5(3).

[97] Staff of the Committee on Governmental Affairs, United States Senate, "Financial Oversight of Enron: the SEC and Private-Sector Watchdogs," Report of the Staff to the Senate Committee on Governmental Affairs, 2002.

[98] The Staff of the Division of Trading and Markets of the U.S. Securities and Exchange Commission, "Report to Congress on Assigned Credit Ratings," Research Report, 2012.

[99] The Staff of the Office of Compliance Inspections, Examinations Division of Trading and Markets and Office of Economic Analysis, "Summary Report of Issues Identified in the Commission Staff's Examinations of Select Credit Rating Agencies By the Staff of the Securities and Exchange Commission," Re-

search Report，2008.

[100] The Staff of the Office of Credit Ratings of the U.S.Securities and Exchange Commission，"Report to Congress Credit Rating Agency Independence Study," Research Report，2013.

[101] The Staff of the U. S. Securities and Exchange Commission，"Report on Review of Reliance on Credit Ratings," Research Report，2011.

[102] The staff of the U.S.Securities and Exchange Commission，"Report to Congress Credit Rating Standardization Study," Research Report，2012.

[103] Thomas J.Pate，"Triple-A Ratings Stench：May the Credit Rating Agencies Be Held Accountable," *Barry Law Review*，Issue 1，2010.

[104] U.S.Securities and Exchange Commission，"Report on the Role and Function of Credit Rating Agencies in the Operation of the Securities Markets," Research Report，2003.

[105] U. S. Securities and Exchange Commission，"Annual Report on Nationally Recognized Statistical Rating Organizations，As Required by Section 6 of the Credit Rating Agency Reform Act of 2006," Research Report，2009.

[106] Yair Listokin, Benjiamin Taibleson, You Misrate, "Then You Lose：Improving Credit Rating Accuracy Through Incentive Compensation," *Yale Journal on Regulation*，27(1)，2010.

图书在版编目(CIP)数据

信用评级机构法律制度的完善研究/陈玲著.—上
海:上海人民出版社,2021
(上海社会科学院青年学者丛书)
ISBN 978-7-208-17018-6

Ⅰ.①信… Ⅱ.①陈… Ⅲ.①信用评级-法律规范-
研究-中国 Ⅳ.①D922.282.4

中国版本图书馆 CIP 数据核字(2021)第 057147 号

责任编辑 钱 敏 项仁波
封面设计 路 静

上海社会科学院青年学者丛书
信用评级机构法律制度的完善研究
陈 玲 著

出 版 上海人民出版社
     (200001 上海福建中路 193 号)
发 行 上海人民出版社发行中心
印 刷 上海商务联西印刷有限公司
开 本 720×1000 1/16
印 张 15.5
插 页 4
字 数 203,000
版 次 2021 年 5 月第 1 版
印 次 2021 年 5 月第 1 次印刷
ISBN 978-7-208-17018-6/D·3732
定 价 65.00 元